FILOSOFIA PRÁTICA

MARCIA TIBURI

FILOSOFIA PRÁTICA
ética, vida cotidiana,
vida virtual

1ª edição

EDITORA RECORD
RIO DE JANEIRO • SÃO PAULO
2014

CIP-BRASIL. CATALOGAÇÃO NA PUBLICAÇÃO
SINDICATO NACIONAL DOS EDITORES DE LIVROS, RJ

Tiburi, Marcia, 1970-
T431f   Filosofia prática / Marcia Tiburi. – 1. ed. – Rio de Janeiro: Record, 2014.

ISBN 978-85-01-10233-1

1. Filosofia. 2. Ética. I. Título.

14-11208
CDD: 100
CDU: 1

Copyright © Marcia Tiburi

Texto revisado segundo o novo Acordo Ortográfico da Língua Portuguesa.

Direitos exclusivos desta edição reservados pela
EDITORA RECORD LTDA
Rua Argentina, 171 – 20921-380 – Rio de Janeiro, RJ – Tel.: 2585-2000

Impresso no Brasil

ISBN 978-85-01-10233-1

Seja um leitor preferencial Record.
Cadastre-se e receba informações sobre
nossos lançamentos e nossas promoções.

EDITORA AFILIADA

Atendimento e venda direta ao leitor:
mdireto@record.com.br ou (21) 2585-2002.

Para Marcelo, Magda, Bete e Cris, irmãos com quem primeiro aprendi o sentido da convivência.

A todos aqueles que, de algum modo, conhecem o sentimento de inadequação.

Sumário

Filosofia Prática: da ética à ético-poética   11

1. Como me torno quem sou?   31
   O mal e o vazio do pensamento   34
   A performatividade da tese da banalidade do mal   40
   A potencialidade do mal   47
   A banalidade do mal entre o gênio e o sujeito ordinário   50
   Produção social da ignorância   56
   Burrice como categoria moral   59
   Nossa personalidade autoritária de cada dia   64
   Ódio barato e ressentimento   67
   Humilhação — o cálculo do poder contra o espírito   68
   Experiência   73
   A experiência de Kafka   78
   Mistério da corrupção   84
   Mistério da honestidade   86
   Cultura da negligência   90
   O pessoal é impessoal — o outro me importa   94

2. O que estamos fazendo uns com os outros?   99
   O outro como estranho e enigma   101
   O vazio da ação: pseudoatividade   104
   Ética ou a luta contra o vazio da ação   110
   A relação como problema teórico-prático   114

Antirrelação   116
O diálogo contra o vazio da linguagem   120
Reconhecimento contra a fama   127
Prostituição do reconhecimento   130
A publicidade e a prostituição da ação   132
Alienação — a perda do ponto de vista do outro   138
Inadequação   142
Vergonha   145
Política da solidão   148
Anestesia   150
Vazio da emoção   152
Ostentação   157
Cultura da falsa expressão   160
O esteticamente correto e o declínio estético da ética   161
Mania de carrão, escravidão estética, morte da cidade   164
Indústria Cultural da Felicidade   170
Massa   173
Inação   181

3. Como viver junto?   185

Ética como anacronismo   189
Vida cotidiana como questão   192
Banalidade: nota etimológica   199
Feminicídio ou o ódio ao outro como questão de gênero   206
Vida   208
Vida ornamental   211
Vida reta, vida imediata, vida danificada   216
Ninguém mora onde não mora ninguém   218
Reconciliar-se com o fracasso?   220
Vidas secas   222
A fome e a privação da expressão   230

4. Ética e cotidiano virtual   235

Interação   238
Vida virtual, vida espectral   240
Cotidiano como rede   243
Pessoas e coisas   247
Cotidiano enquanto medialidade   250
Entre o império e a religião dos meios   252
Celular e reza — a religião digital na era da transcendência banalizada   254
De volta ao problema da internet como meio   256
Neobovarismo   258
Dissimulação   260
Mutilação existencial   262
Sobre Twitter e Severinos   263
Um cofrinho na economia política da fala   264
Será possível escrever poesia depois do Twitter?   266
Complexo de Roberto Carlos   268
Questão fantasmagórica   269
Cultura do logro — sobre o gozo do descompromisso   271
Vantagem pela enganação   272
A ratoeira da internet   274
Redes sociais como ratoeiras   275

Posfácio: Sobre o desejo de uma filosofia prática   277

Teoria e prática do autodesmascaramento   280
O filósofo no laboratório do pensamento   282
Uma filosofia encarnada   287
Filosofia com as pessoas   289
Filosofia como processo ou pensamento como autocriação   291
Para além do mito da história da filosofia   295
Chaves: concluir para abrir   298

Notas   301

Índice de nomes e temas   313

Filosofia Prática: da ética à ético-poética

"Por que não falar a língua de todo mundo?"
Roland Barthes

Todo escrito sobre ética tende a algo fora dele. Aquilo que está fora dele deve, ao mesmo tempo, estar nele antecipado. Antecipado não quer dizer pronto. Antes significa gerado neste lugar que é o texto, lugar onde se deseja marcar uma experiência com a vida que o transcende. A experiência textual é ativada pelo leitor que a toma como um convite. O texto é, por isso, uma potência, embora seja também um ato. Um texto de ética, no entanto, possui uma complexidade a mais. Ele observa sua própria ética enquanto a constrói sem fazer dela uma coisa que se possa possuir, que se possa ter e manipular. Ética não é uma substância, mas um processo. E o texto é apenas um caminho possível, um caminho no meio dos caminhos da vida. No livro este processo que é a ética não se entrega ao leitor. Antes, o leitor é aquele que se esforçar por partejá-lo.

Qualquer texto que se faz livro aspira a tocar aqueles que o leem, do contrário não seria escrito. Podemos deixar na estante algo cujo sentido é um pedido de conversa?

Um livro de ética é ainda mais complicado, pois quem venha a se interessar por ele já sabe que o objeto proposto pelo livro não cabe no próprio livro. Ética é algo que está sempre para além do texto. Está, portanto, para além da narrativa ou da teoria, ao mesmo tempo que, para falar dela, precisamos da textualidade que a põe em cena. Por outro lado, não podemos dizer que a ética que sempre nos remete à prática não dependa da teoria. Ela se situa justamente naquele lugar onde teoria e prática se enlaçam no momento mesmo em que essa conexão se apaga: o cotidiano. Mas podemos começar dizendo que a ética estará sempre fora do discurso pronto, fora da moral — que com ela erroneamente se confunde — que dita regras ao pensamento e à ação. Isso pode dificultar ainda mais as coisas. Para pensar a ética, pois que ela não se faz sem pensamento, teremos que ler sobre ética enquanto, no entanto, queremos algo como a "ética mesma", a ética que está além da fala sobre a ética.

Ora, se um escrito é ético, o elemento "ético" se coloca como um adjetivo, uma qualidade do desejo imanente ao texto, que impulsiona o texto e que não deixa que ele se transforme em discurso, aquele tipo de fala que se pode simplesmente repetir. A ética é, no texto, o que leva além do texto enquanto nele se antecipa. Podemos dizer que o escrito ético é, nesse sentido, aquele que se responsabiliza pelo que escreve, sendo ele mesmo uma ação ética. A ação ética é a ação responsável. Responsável quer dizer ciente do efeito de emancipação que produz. A ação responsável é aquela que busca a todo custo escapar do ordenamento, do lugar de autoridade. No caso do texto que se pretende ético, é o diálogo que ele deve propor. Um texto ético envia para a ética além dele. É o texto como porta que se abre, não que se fecha como resposta pronta. No além do texto, a ética é o caminho da autoconstrução de si para o leitor. Como uma potência interna ao texto que se lê. O leitor é quem descobre a sua própria autonomia — eu que leio sou autor da minha autodescoberta — enquanto a empresta ao texto numa atitude sempre generosa. Assim o leitor faz da leitura a vida da escrita, sem a qual todo texto é morto.

Ora, o termo "ética" transita entre nós em vários sentidos. Por exemplo, como teoria da ação, ou seja, como a ciência que estuda as motivações e consequências dos atos humanos. Ouvimos falar em ética da comunicação, em ética empresarial, em ética na política e até em ética do mercado. Como disciplina do campo filosófico devemos saber que ela é a que mais influencia as demais áreas enquanto é estudada em muitas delas, já que o tema da ação, da decisão, da liberdade, da vontade, da responsabilidade ou das motivações emocionais que afetam as ações humanas é problema em qualquer campo. A palavra ética, em "códigos" de ética usados em empresas privadas e públicas mesmo quando esses códigos não são lidos nem compreendidos, e se tornam algo "abstrato" em relação à experiência concreta, se confunde com a moral, cuja característica é ser um conjunto de regras habituais de ação. Do mesmo modo, a mera análise de uma teoria ética ou o seu ensino podem ser puramente moralizantes; não garantem que alguém se torne ético. Quantas vezes vemos um professor de ética faltar com a própria ética da qual é especialista teórico? Isso quer dizer que a ética remete ao grande desafio que a prática nos coloca diariamente, a cada momento em que vivemos no mundo da ação partilhado com outras pessoas.

Não longe deste lugar, ética se tornou uma espécie de palavra mágica que teria o poder de presentificar a exigência nela contida. Nesse sentido, qualquer um que diz "ética" põe em ação sua virtude de bumerangue: a pronúncia da palavra "ética" convoca a ser ético aquele que fala. Essa performatividade mágica da palavra, contudo, ainda não é a performatividade responsável. Pronunciando algo como "ética", alguém pode pensar que ela está autorrealizada como profecia; ao falar da falta de ética do outro, há quem acredite tornar-se automaticamente livre da falta de ética que pode estar justamente projetando no outro.

Mas a ética é performativa em outro sentido. Se, por um lado, a palavra pode servir para acobertar a falta de ética própria a um sujeito que sobre ela discursa, ao mesmo tempo, ela demanda sua realização na própria pessoa do sujeito que a pronuncia. Neste sentido, ética é um substantivo, mas além disso é adjetivo. Mas assume ainda a função de advérbio, enquanto é capaz de definir o sentido daquilo que se diz, para além do que se diz. Enquanto, ao mesmo tempo, implica um poder performativo sobre o falante, sobre o sujeito da enunciação. Assim, quando exijo ética do outro, a simples exigência me põe a pagar a conta do que digo. Posso precisar pagar a conta do que digo e faço se me torno responsável. Mas é certo que o outro com quem convivo é aquele que sempre precisará pagar a conta quando eu não sou responsável pelo que digo e faço, porque é sobre ele que recaem meus atos, inclusive os de fala.

Problema é que aquele que não vê vantagem em ser ético jamais poderá ser ético, porque a ética verdadeira é assim como a vida: não providencia vantagem alguma. A exigência de sua realização, contudo, torna-se abstrata quando a palavra "ética" serve apenas como fachada sobre o vazio subjetivo de quem a pronuncia. Essa fachada é o contrário do que se busca por meio da responsabilidade sem a qual não se pode falar em ética. A responsabilidade é a condição de quem está presente em si mesmo: é a conta que se paga quanto àquilo que se faz em relação a si mesmo e ao outro. Por isso, a responsabilidade é tão parecida com a culpa, embora seja dela essencialmente diferente. A responsabilidade como aspecto constitutivo da ética implica sinceridade, honestidade, autonomia pessoal. A responsabilidade produz liberdade. A culpa é o mero peso daquele que não conseguiu ser responsável. O lugar de cada um em seu direito a existir chama a responsabilizar-se pelo que se é no mundo em que se vive com outros.

Levando em conta todos esses aspectos, podemos dizer que a ética compõe uma expectativa geral em qualquer sociedade, em qualquer grupo; expectativa de uma vida boa e justa que, em princípio, cada um tem em relação ao todo. Mas que, ao mesmo tempo, constitui um tópico complexo quando se trata de avaliar a si mesmo a partir de seus termos. Nossa relação com o mundo ao nosso redor nunca é simples.

Consideramo-nos separados do mundo ao qual pertencemos por essa estranha ilusão-verdadeira que é a individualidade: pensamos que somos únicos. E, em certos aspectos, realmente o somos, mas não tanto quanto desejamos. Somos muito mais iguais do que gostaríamos. Em tempos de necessário elogio à diferença, é bom lembrar o que ainda nos assemelha, inclusive contra nós mesmos. Somos coletivos. Tanto que somos capazes de nos perder na massa, somos seduzidos por toda forma de rebanho em que nos incluímos com os confortos da inconsciência. A aventura humana é a de um bando orientado ao aconchego, à festa, à reunião. Mas também à violência, à alienação. Em qualquer dos casos, somos o que somos sempre "com" os outros.

No meio da multidão, ético é atributo particular. E não conhecemos quem se refira a si mesmo como alguém a quem falta ética. É muito fácil encontrar alguém com um temperamento melancólico que costume se autodepreciar. Há quem se diga feio, burro, mau, louco. Ninguém, no entanto, se autointitula canalha, adjetivo que expõe o máximo grau subjetivo da falta de ética. Infelizmente, o canalha se esconde. Mas, mesmo que se mostrasse, a exposição de sua verdade não seria suficiente para mudar seu rumo subjetivo. A escolha do canalha está desde sempre dada: ele vai escolher em favor de si mesmo, mesmo que não precise de nenhum favor, mesmo que não saiba que se trata de uma escolha.

O canalha é sempre o sujeito de um não saber. Mesmo quando sabe o que está fazendo, ele não sabe do outro. Por isso, ele é também o grau máximo do irresponsável. Infelizmente, sua postura é paradigmática em diversos níveis. Se a ética falta em mim, quantas vezes, em vez de assumir sua falta, lanço para o "todo" minha desilusão com o estado do mundo, como se o mundo também não fosse obra minha? O canalha não consegue responsabilizar-se pelo mundo que partilha com outros. A impotência em ser responsável é o nascedouro da antiética do canalha. Nela, ele é o centro do mundo. E o erro não está jamais em sua postura. Ética, contudo, é o processo de criação de si que implica o outro, o outro que justamente falta ao canalha. Pode significar a experiência que se tem com o que se diz e com o que se faz enquanto aquilo que se faz se faz "em favor de", "com" ou "contra" o outro. Afinal, posso também ser ético com aqueles que me servem de inimigo. O canalha, no entanto, apaga o outro porque ele não pode saber dele. O canalha é, por isso, mesmo quando inteligente do ponto de vista técnico, burro do ponto de vista social. A própria sociedade, enquanto "outro", não existe para ele.

O problema então é sempre a relação entre um e outro. Ética é sempre uma experiência que começa com a palavra que nos liga ao outro, que serve para oprimi-lo ou para emancipá-lo. Por isso, a ética deve ser como uma ético-poética capaz de questionar essa relação que se instaura pela linguagem. A ética, enquanto ético-poética, precisará questionar todo discurso, enquanto o discurso é a fala pronta e dominadora que manipula o outro, que o apaga ao manipulá-lo, em nome do diálogo que é a fala que se faz como abismamento no outro. O diálogo implica a responsabilidade no ato de fala. Se a ética começa por inventar seu próprio lugar, que será, por ser invenção e por ser responsável, sempre miúdo e inicial, ela será inevitavelmente um processo de invenção do ato de fala e, nesse caso, uma ético-poética em sentido amplo e também estrito. Invenção de si, invenção da vida: como se viver pudesse ser uma obra de arte, eis o que espero ao levantar a potência criativa dessa ético-poética.

Ética será, neste sentido, a qualidade das relações que estabelecemos com o que há neste mundo e, sobretudo, uns com os outros, enquanto essas relações se fazem como relações humanas baseadas na linguagem que criamos diariamente mesmo sem saber. A ético-poética é a luz que ilumina essa criação diária.

Ético-poética

Um quadrado mágico a sincronizar pensamento e ação, percepção e atuação, é o desenho feito de pedras no fundo arenoso do rio da vida cotidiana onde, apressados, molhamos os nossos pés, onde, menos atentos, nos afundamos até o pescoço sem perceber o que acontece. Cotidiano e banalidade, vida simples e vida administrada são outros elementos que compõem a peça inteira do quadrado mágico que se modifica com o tempo, com a mudança de nossa compreensão, de nosso corpo, que é — e ao mesmo tempo torna-se — sempre outro para si mesmo.

Chamo de Filosofia Prática à fotografia desse rio, ora barrento, ora cristalino, tendo ao fundo o quadrado mágico e seu desenho complexo, nosso desejo de entendê-lo até o limite de não mais poder, ou de finalmente ultrapassar fronteiras entre borramento e translucidez.

O quadrado mágico pode ser uma metáfora curiosa para começar um livro de ética. O que para uns parecerá estranho, para outros será a mais evidente relação entre razão e afeto. Esta é a tensão que, espero, virá iluminar sua leitura. Na forma deste livro, o quadrado mágico traduz uma impressão com que podemos começar a filosofar: o caminho da ética que concerne a todos e a cada um de nós não é menos que poético.

Este é o desafio da Filosofia Prática que pretendo apresentar por meio deste livro: contra a moral-biopolítica de nosso tempo dominado por poderes que impedem a lucidez, lançar-nos como seres de razão afetiva a uma aventura ético-poética. Falo do pensamento criativo da ação. Do pensamento-arte que volta sua ação para a vida. A perspectiva é de que uma ético-poética seja também uma ético-política contra a mera estetização da vida e, nela, da política, que não faz mais do que controlar e calcular a mera vida em nossos dias. Estetização que, na forma da propaganda e do culto — ele mesmo vazio —, das ações e emoções vazias, nos tem devorado. O foco de luz incide sobre a vida cotidiana enquanto se busca encontrar nela, mesmo que sendo preciso desmontá-la antes, os elementos de autocriação que nos levem à ideia de uma política autogerativa. Ética é a construção da política desde dentro da vida vivida à qual damos o nome de cotidiano.

Por cotidiano entendo a vida simplesmente vivida, a realidade partilhada como "naturalidade", como se as ideias e os conceitos que nos permitem entender jamais ultrapassassem o rés do chão. Aquela naturalidade que precisamos questionar se não quisermos que continue sendo a dura máquina que serve apenas para amarrar nossos corpos inteiros enquanto joga fumaça em nossos olhos. O objetivo dessa máquina é o controle pela subjugação de nossos corpos. E, certamente, a "coisificação" pelo consumo que atrapalha nosso ir e vir, nosso ser e estar. O cotidiano enquanto fantasia, enquanto narrativa e, ao mesmo tempo, enquanto cenário no qual transitamos como atores comuns, mais ou menos mascarados, mais ou menos encantados ou apavorados, é o campo de nossa viagem espiritual. É esse lugar de ilusão e experiência, no qual facilmente chegamos ao juízo de que as coisas "não importam", que nos cabe como desafio. Campo, lugar, cenário, repetição: começamos a olhar o rio que corre, e o quadrado mágico não para de se fazer e desfazer.

Ética é o modo de vida no qual o pensamento é íntimo da ação, tanto quanto o pensamento é íntimo da ação na poesia. O que chamo de poesia aqui não é a pura produção de poemas, ou de arte, embora tudo isso possa ser incluído em nossa busca. O que chamo de poesia refere-se a um certo jeito de fazer contato com as coisas do mundo e poder dizer sobre elas a si mesmo, aos outros. Poética é a produção da vida, contra a antipoética, produção da morte, com que nos deparamos todos os dias. Essa produção da morte que nos faz lembrar de Freud e seu "instinto de morte". Não creio que se trate de um instinto, mas de um modo de lançar as coisas, a vida inteira, ao abandono que nos cheira a morte.

Contra esse estado de coisas, a poesia está na pergunta de Barthes citada na epígrafe desta abertura: "Por que não falar a língua de todo mundo?", considerando que parecemos estar disso proibidos, afastados por falas especializadas, jargões, clichês. De um lado, o pedantismo das ciências; de outro, a repressão do diálogo pelo autoritarismo dos meios de comunicação e da moral vigente em acordo com o senso comum. Mas o que significa estar proibido quando nenhuma ditadura nos desautoriza formalmente? O controle das práticas dialógicas se dá pela sedução ao imediato, ao mais-do-mesmo, pela criação do jargão dos especialistas que impera sobre o senso comum que o repete como um ventríloquo. Falar a língua de todo mundo e, ao mesmo tempo, falar essa língua filosoficamente é o nosso desafio. Libertar o senso comum do jugo da falta de pensamento. Portanto, libertar a linguagem ordinária, libertar o dizer dos discursos prontos, dar-lhe o espírito do diálogo e da expressão, devolvendo assim a experiência ao corpo e à linguagem de cada um em seu encontro com o mundo. Tudo isso é o que espera esta filosofia prática enquanto prática ético-poética. Que possamos a partir daí pensar livremente e pensar juntos, eis o paraíso da linguagem finalmente criado para nosso esclarecimento prazeroso, como recriação do "comum" que a todos une ou devora.

É a atenção à linguagem, às suas práticas vivas diárias, mas também a ação autoprodutiva da vida como obra de arte, como obra da linguagem, o que se põe em jogo para esta filosofia prática que se traduz em ético-poética. Por isso, falo de poesia em sentido amplo, quando a ética é manchada pela potencialidade criativa de cada um. Uma atenção especial ao mundo como lugar daquilo que há, em que somos seres de exuberância criativa contra a automatização da ação socioeconômica na qual as pessoas foram reduzidas a meros consumidores de coisas e imagens. Estamos entregues a uma lógica de fantasmagorias que desfilam diante de nossos olhos sem respeito algum quanto ao que somos. E só a nossa resistência poderá nos salvar do grande roubo da alma (do nosso corpo-alma) pelo capitalismo em todas as suas formas sempre religiosas (das religiões mercadológicas aos avarentos rituais de consumo) ao qual estamos ingenuamente submetidos sem reflexão crítica.

Chamemos de filosofia em geral o pensamento atento ao tempo, e de filosofia prática o pensamento atento ao cotidiano de seu tempo. A atenção em jogo se volta para a presença das coisas no mundo e, especificamente, para a presença das pessoas físicas concretas, particulares e singulares com as quais compartilhamos a nossa própria presença. A palavra "presença" sinaliza para o estado da alma (do corpo-alma) na prática de atenção da qual somos constantemente desviados. Esta prática só pode ser poética, ou seja, marcada por nossas afetividades e as expressões que delas surgem.

Chamemos de cotidiano este espaço primeiramente experimentado como naturalidade. Este espaço cuja naturalidade possa ser desenhada na forma de mundo da vida. Naturalidade que precisa ser questionada, do contrário converte-se em engano e mito. As teorias críticas, sociológicas, antropológicas, históricas objetivaram até agora o cotidiano. Gostaria de voltar a ele, sem facas ou grilhões teóricos pressupostos. Sem, contudo, tomá-lo como algo dado, como algo natural. O natural é o "objeto" que devemos observar e compreender. É o que devemos desmontar.

O olhar poético, o gesto poético, nos ajuda, neste momento, a ter um outro contato com as coisas enquanto elas são empiricamente vividas por cada um de nós, para poder pensar nelas. A ético-poética que proponho não é estritamente um método, tampouco um código, mas um modo de pensar que, desenhando ou fotografando as coisas, mesmo que isso seja apenas uma metáfora da atenção ao mundo, nos faz ver seus esquemas, libera nossos olhos para outra relação com o mundo, à qual daremos, por enquanto, o nome de simples experiência. Ora, a vida não é senão um modo de experimentar a construção de metáforas ou de experimentar metáforas construídas. A filosofia prática é a ético-poética enquanto modo de compor a vida de modo que essa vida é mediada pelas metáforas que fazemos dela.

Para chegar a essa filosofia prática precisamos pensar na tangibilidade das coisas que são experimentadas. O mundo concreto é o que desejo para uma filosofia prática. Precisamos, para isso, partir de uma conceituação da ética que nos permita uma aproximação com nosso pensamento menos ocupado em filosofar, aquele modo de pensar que, instalado no cotidiano "como um animal em repouso",[1] chamamos tantas vezes de senso comum. O senso comum é justamente o modo de ser do pensamento no cotidiano. O senso comum é antipoético. É neste lugar, onde estamos, mesmo quando não podemos dizer que estamos exatamente nele presentes, onde se situa a investigação que é, ao mesmo tempo, a invenção da filosofia prática enquanto cava o antipoético senso comum. O cotidiano é, enquanto leito do senso comum, o próprio impensado, a própria verdade antecipada e que não resiste a qualquer análise. Se quisermos uma filosofia prática ético-poética, teremos que permanecer corajosamente neste lugar até o ponto do pavor, o lugar concreto das coisas tangíveis, das coisas presentes, da experiência física, da "empiria", da miséria da repetição, onde simplesmente se dão aqueles transcursos vitais de que falava Schopenhauer, o filósofo alemão do século 19 para quem a filosofia era uma prática da vida.[2] Por esta "situação de presença" que tantas vezes apavora, refiro-me à experiência viva em que, diante do mundo, dentro dele, nele, relacionados às coisas e às outras pessoas, tornamo-nos o que simplesmente somos. Refiro-me ao cenário das relações que implicam, portanto, alguma forma de convivência.

Que o espaço entre nós pareça um grande vácuo no qual o pensamento dorme sem hora para acordar põe em cena a urgência de algo como uma filosofia prática. Ela será a ética capaz de articular o quadrado mágico que implica a poética e também a crítica, a liberdade de expressão e a de análise. O diálogo, como grande contribuição da filosofia para a nossa época, é o fio que liga os pontos do quadrado mágico, dando fluxo a este livro escrito como um rio que corre, onde podemos beber água ou banharmo-nos, contrariando o estado de deserto do pensamento de nosso tempo.

Podemos, assim, denominar ética o modo de pensar e de agir que demonstra sua urgência justamente nesses contextos vazios de reflexão filosófica, em que o comodismo do pensamento é uma espécie de lei à qual se submetem todos os corpos. Ética é em si mesma a filosofia prática. Ela corresponde à pergunta e, ao mesmo tempo, poderia ser resposta aos problemas humanos enquanto são problemas do que podemos resumir como convivência. Seja a convivência com o outro, seja consigo mesmo, seja a convivência com a cultura mais ampla, com a sociedade do espetáculo, trata-se de um problema enfrentado por todas as pessoas no dia a dia, no contexto da vida simplesmente experimentada. A esta vida simplesmente experimentada damos o nome usual de cotidiano, o lugar não apenas de vivências, mas de "con-vivências", partilhas nebulosas que implicam abismos entre teoria e prática. O cotidiano é o lugar de "viver junto", de viver "com", o que nunca é simplesmente fácil.

Descobrimos que em termos de ética viver é conviver. Isso quer dizer que, em uma escala ampliada, a ética constrói a política. Sempre podemos pensar que existe uma interdependência entre elas, mas é fato que a ética é a política enquanto nos diz respeito imediatamente. A ética não é, portanto, diferente da política. É a construção da política desde dentro: a ética é a experiência da política muito de perto, na miudeza de cada gesto do dia a dia.

Como núcleo qualitativo da ação cotidiana, a ética é, na verdade, autopoética. Isso quer dizer que é a ética autogerativa da política que importa resgatar. Ética não é uma ideia ou teoria ou um conjunto de preceitos da ação que se encontra pronta ou que pode ser construída como uma coisa. Ao contrário, a ética é a criação que está sempre pronta a refazer-se processualmente no âmbito da vida. É isso o que implica o caráter de processo com que iniciamos a nossa reflexão. Nesse contexto, a ética pode ser ainda o desejo e os efeitos do desejo a que damos o nome de ação. É por isso que a política dependerá da capacidade autogerativa da ética que, por sua vez, depende de nosso pensamento, de nossos afetos, sentimentos, ações, de nosso modo de viver enquanto esse modo de viver não se contenta com simplesmente sobreviver. A crise da política de que tantos falam (mesmo que não se trate exatamente de uma crise, mas de algo muito mais grave, de uma morte) apenas corresponde à crise da ética enquanto perdemos de vista que o nascedouro da ética concerne a cada um de nós enquanto, neste mundo partilhado, encontramos com outros e agimos em sua direção, queiramos ou não. Dizer "cada um de nós" significa valorizar a singularidade individual no contexto em que todos vivem juntos e que a própria coletividade se faz como violência contra a singularidade que sofre.

Este *Filosofia Prática* considera a ética como experiência prática da vida e a vida como prática do espírito enquanto essa experiência reconhece seu corpo. Pela filosofia prática eu não gostaria de confundir corpo e espírito, o que põe em risco o corpo historicamente rebaixado pelo espírito. Certamente nosso espírito nasce de nosso corpo e o espírito que tenta se separar dele acaba caindo em contradição. Mas, ao mesmo tempo, não podemos sustentar um puro corpo que desconhece seu espírito. No corpo, o espírito é autoconhecimento do corpo que é espírito. Por isso, falarei tantas vezes em corpo-alma e não em corpo-espírito, porque a palavra alma tem uma vasta tradição poética. Porque a palavra alma me parece mais próxima do corpo enquanto ao mesmo tempo é próxima do espírito. É certo que estou inventando a alma, de certo modo inventando o corpo-alma. Mas isso também faz parte de uma ético-poética, a liberdade da invenção de conceitos. Está em jogo, portanto, a experiência de pensamento de cada um como experiência de autoinvenção e autoconhecimento para a qual este livro quer apenas abrir portas.

* * *

O tema do livro é a ideia de filosofia prática como experiência de pensamento de cada um. Daí a pergunta que articula a primeira parte: "Como me torno quem sou?" Trata-se, neste momento, de quem se dispõe a pensar. Aquele que não quer pensar não teria aberto este livro. Talvez o feche agora. No caso, se continuar a lê-lo, verá que quem nele pensa é a pessoa qualquer: qualquer um de nós que se veja, que se lance na aventura do pensamento, qualquer um de nós que não seja nem o sujeito de uma identidade preestabelecida, nem a substância existencial previamente constituída. Qualquer um que se disponha a pensar considerando o outro com quem se encontra, com quem convive, com quem partilha espaço e tempo. Ele é o nosso personagem. Nosso personagem somos nós mesmos que nos dispomos a algo que possa ser chamado de autoconhecimento e que não é outra coisa do que uma autoinvenção.

Não é possível pensar eticamente sem o recurso à alteridade. Daí a pergunta articulada na segunda parte: "O que estamos fazendo uns com os outros?" O outro, portanto, é a questão sempre pronta a se colocar para quem se encontrou com uma singularidade diversa, corpo além do próprio corpo. O outro também não é o "sujeito", nem a substância. O outro é o corpo-alma que posso descobrir mesmo que continue sendo para mim um mistério sem saída. Somos, enquanto seres concretos, justamente insubstanciais e, ao mesmo tempo, corpos concretos em estado de convivência. A "insubstancialidade" é o que partilhamos e o que a presença do outro vem desmanchar. O outro se apresenta todo: concreto ou fantasmático, ele é presença que invoca a minha própria presença. Vivemos com o espelho da morte a nos procurar enquanto perambulamos pelo cotidiano. O outro é apenas quem perambula como eu, molhando-se na chuva que enche o rio da vida. É quem de algum modo vive e experimenta alguma coisa: sensações, pensamentos, vivências. O outro também vive o encontro revelador e espantoso com esse mistério que chamamos de "outro". Isso quer dizer que para qualquer pessoa a ética está em jogo quando se trata de pensar, e que pensar é, pois, pensar o outro, com o outro, é ir além de si. Vemos que pensar reflexivamente é em si mesmo um ato ético. Neste sentido é um ato filosófico-prático eminentemente poético enquanto gerativo e autoprodutivo desse estar no mundo cuja insubstancialidade nos apavora.

Se o outro é o foco do pensamento ético, está dado que o pensamento ético só pode ser o pensamento da relação. Ética, portanto, seria o campo da experiência das relações, enquanto este mesmo campo não se desenha facilmente, já que ele mesmo é insubstancial: o cotidiano surge como espaço de experiência comum, de convivência. Ética seria a prática do espírito que concerne à relação com o que é diferente de mim, com o que não é mais simplesmente particular, nem próprio ao meu "eu". Em termos de ética somos obrigados a falar de algo como uma "subjetividade expandida" na direção dos encontros. Nem "eu", nem simplesmente "tu", mas algo que se constrói entre nós enquanto insubstanciais que somos. Neste sentido, se não há ética sem a experiência pessoal, também não há ética sem a experiência do impessoal. Não há ética que não tenha em vista a apresentação e a constatação da alteridade, mas sobretudo o deixar-se abismar nesta alteridade.

Ora, o caminho ao outro é a questão de toda ética. E a resposta à questão do outro é, ela mesma, uma questão: o diálogo. Não há ética sem esse curioso elo questionador ao qual damos o nome de diálogo. Não se trata da simples conversação. Se o cotidiano é também o espaço das múltiplas experiências com a alteridade, o cotidiano depende de nossa capacidade de diálogo com o que estranhamos, com o que nos nega, com o que não somos nós mesmos. A ética como potencialidade da ação concerne a qualquer um que habite a política como experiência do cotidiano que nos pede diálogo para oportunizar a convivência. Fora do diálogo só existe falsa política. Pseudopolítica. Isso quer dizer que o cotidiano é o lugar do político, inclusa a sua deturpação a ser eticamente modificada. Isso não quer dizer simplesmente que a política seja "parte" do cotidiano. Mas que o cotidiano é "todo político", o lugar onde se dá o "como viver junto?" pelo qual nos perguntamos diariamente sempre de modo muito prático. A terceira parte do livro é dedicada a posicionar esta questão.

Posta a questão da ética em sua relação com o cotidiano, o livro tratará do cotidiano virtual, esse curioso espaço de experiência do qual tantas vezes não sabemos o que pensar, no qual não sabemos como agir em relação a nós mesmos e aos outros, ao mundo no qual nos envolvemos: onde muitas vezes nos perdemos do que somos, do que podemos ser, do sentido de nosso fazer. Em um mundo em que a política depende cada vez mais da experiência do "comum" dada pelos meios tecnológicos de comunicação e pela experiência com a democracia de internet, ética é a ação contra o esvaziamento ameaçador do pensamento, da ação, das emoções. Está em jogo, na ética, o que fazemos e partilhamos juntos, mesmo quando estar "juntos" é aparentemente tão abstrato como no universo virtual. É certo que uma ética do virtual surge como um desafio ainda maior, porque a ética depende das relações que são, elas mesmas, sempre concretas no sentido de que sempre atingem a pessoa humana enquanto ela é um corpo que pensa, um pensamento incorporado: corpo-alma. O que dizer, portanto, de relacionamentos marcados pelas puras relações em que o concreto corporal se torna apenas uma referência abstrata? Como nos tornamos seres de internet? O que fazemos uns com os outros neste campo?

Que o livro nos permita pensar, que contribua para sugerir caminhos a uma experiência em que pensamento e ação não sejam mais estranhos; que possa colocar em cena a ponderação das potências de uma felicidade filosófica, eis o desejo que acompanha cada uma de suas páginas prontas à abertura do espírito.

Por fim, o convite é para que este livro seja aberto sem medo como se olhássemos para o leito de um rio, no fundo do qual vemos um desenho a pedir decifração. A mensagem cifrada é a vida e a oportunidade de pensar nela. A leitura é a fotografia que fazemos daquela imagem que nos leva a pensar, para seguir pensando e pensar mais.

Espera-se que, na emancipação desse mesmo medo que nos proíbe de pensar e de agir eticamente, este livro seja um dos tantos e infinitos fios que criem condições para uma vida melhor e mais justa que não seja aniquilada pelo puro desespero ao qual somos convidados todos os dias por um sistema político, econômico e social em que cada um parece de antemão descartado.

1. Como me torno quem sou?

O ponto de partida da filosofia prática é a reflexão sobre a pessoa concreta e singular que se confronta com os dramas morais do dia a dia. Ao mesmo tempo, é importante lembrar o óbvio: que essa pessoa é cada um de nós. Tendemos a pensar que o problema da ética é sempre problema de um outro, mesmo ou justamente porque o "outro" não é visto eticamente. Por isso, ao ser lido, este livro se torna, ele mesmo, um dispositivo de reflexão para cada um, como deve ser qualquer livro filosófico que se propõe como uma chave para o pensamento. Pensamento que, abrindo-se, espera diálogo, espera o outro, espera a diferença. Interessa, portanto, em primeiro lugar a pessoa viva, o simples vivente da vida cotidiana que somos todos e cada um de nós. Interessa aquele que esqueceu de buscar seu próprio conhecimento. Ele tem algo a nos ensinar sobre a promessa ilusória do "conhece-te a ti mesmo".

A vida que vivemos não segue um único mandamento, um único ordenamento, antes é um tornar-se, uma passagem a um outro estado no qual nos falta o tempo para pensar. Ela é marcada por saberes, ignorâncias, por relações entre as pessoas e as coisas. E pela relação com uns e outros a quem cada um e outro confronta ou acolhe. Por isso, na primeira parte desta *Filosofia Prática*, os esforços irão na direção de entender a pessoa individual, o que impede algo como ética em sua vida, ao mesmo tempo que se busca elaborar uma reflexão sobre a potência para algo como ética. Ética é, em primeiro lugar, um problema pessoal relativo ao modo de ser social no qual pensar e agir entrelaçam-se. É o lugar em que eu-é-outro, em que outro e eu somos algo que nos une a cada um. Nosso primeiro problema é, portanto, pensar o que podemos chamar de "indivíduo".

Como indivíduo concreto e coletivo, cada um está sujeito ao mundo onde vive, ao outro — ele mesmo indivíduo — com quem convive. Ao mesmo tempo, não se pode perder de vista que cada um terá de haver-se consigo mesmo. Terá de encarar a si mesmo diariamente e, de um modo ou de outro, culpar-se ou responsabilizar-se pelo que é e pelo que faz. Verdade que nem todos temos os mesmos ideais, e que liberdade, igualdade e dignidade não são valores simples para todo mundo. Se vivemos em um país em que a corrupção é regra é porque algo muito complexo em termos morais está acontecendo. Temos, no entanto, dilemas semelhantes quando a experiência de pensamento, da qual somos privados diariamente pelo mundo da moral e da publicidade, se descortina para nós. Nem todos encontram estes dilemas, pois nem todos pensam de modo a problematizar a vida que vivem. E esta ausência de pensamento na pessoa de cada um pode ser o início de nosso maior problema ético, que acaba por se tornar, enquanto é também coletivo, um problema político.

Na elaboração dessa viagem filosófica atenta à ação humana, não pressuponho nenhuma "natureza" humana pensante; ao contrário, insisto na ideia de experiência para apontar para o âmbito empírico, concreto e, até mesmo, o mais rasteiro e imediato da existência. O ponto de partida é a pessoa que simplesmente vive marcada pela vida ao rés do chão, sem voos metafísicos. As experiências triviais são bem-vindas ao campo de nossas considerações enquanto nos apresentam a experiência vivida.

A filosofia prática toma como ponto de partida neste momento a posição de alguém para si mesmo, sua presença para si mesmo. A pessoa qualquer, como eu, como você. Chamo com o nome comum de "pessoa" aquele que transita no mundo, aquele que experimenta o mundo de uma maneira simples, ordinária, que não se destaca por nada de especial. Por mais que, do ponto de vista da aparência, de seu currículo, de sua história, pareça ter ou fazer algo que aparente ser especial, essa pessoa nos interessará enquanto é igual a todo mundo. Penso em cada um que existe, seja ou não marcado pelas "especialidades". Penso no miserável que somos todos quando estamos sozinhos ou quando estamos juntos. Penso que uma filosofia prática pode ser capaz de colocar como questão essa pessoa que cada um de nós é para si mesmo.

Por isso, não quero, por oposição, afirmar a existência de sujeitos especiais em contraste com outros não especiais. Não quero o ordinário por oposição ao especial. Não pretendo sequer o termo "sujeito". Pretendo o insubstancial da pessoa qualquer. Quero enfatizar a experiência comum, que cabe a todos, que não nos distingue em nossa ordinariedade, que não nos distingue em aspecto algum enquanto estamos ligados ao trabalho e aos nossos lares, à vida pública e privada e ao complexo universo da vida virtual que complica justamente a velha oposição entre privado e público. Penso nessa pessoa despida de todos os esforços por distinção, de todos os luxos ilusórios, de todos os poderes, de todas as humilhações e consagrações. Ao mesmo tempo, pretendo sinalizar para a existência de distinções sociais e econômicas e seus efeitos antiéticos.

A ética não está dada, ela é o que se busca. Por isso, o texto a seguir não pressupõe um "sujeito ético" nem tenta configurá-lo. Neste primeiro momento, interessa apenas perguntar onde estamos ou quem somos enquanto seres mais ou menos jogados à deriva de existir. Simplesmente existindo ao sabor da história sem que tenhamos consciência dela. Experimentando o vazio do pensamento como regra. Interessa-nos, assim, a primeira pergunta ética, aquela que, esperamos, venha nos emancipar. Pergunta que se elabora a partir de uma sentença colocada tantas vezes no tempo histórico do pensamento e que reza: "*Como nos tornamos o que somos?*"[3]

O mal e o vazio do pensamento

Para pensar este ser ordinário que inevitavelmente somos, podemos começar com um exemplo concreto bastante conhecido. O do nazista chamado Eichmann. Por que começar com um homem tão incomum? Porque ele nos faz pensar. Foi em torno dele que a expressão "vazio de pensamento" surgiu para caracterizar o nosso tempo. A formulação é da filósofa Hannah Arendt, autora de *Eichmann em Jerusalém*,[4] obra que deu muito o que falar quando publicada no começo dos anos 60 no Estados Unidos da América, onde a filósofa vivia havia muitos anos, longe de sua Alemanha natal.

As circunstâncias nas quais o livro foi concebido viraram filme no olhar de Margarethe von Trotta (2013). No filme, a filósofa acompanha o julgamento do alto funcionário do regime nazista e, evidentemente, um de seus carrascos, para escrever uma avaliação do evento que o envolve. Essa avaliação é primeiramente filosófica, o que significa que a intenção de sua autora era entender o que se passava:

sua atenção estava dirigida ao todo do acontecimento do julgamento. Falo do filme porque ele mostra justa e didaticamente a dimensão da intenção, da posição da pensadora, que certamente está exposta também no livro com maior complexidade. A intenção de Arendt certamente era entender a pessoa de Eichmann, mas sobretudo o significado do julgamento enquanto ela entendia que todo julgamento deve ser o de um criminoso por seus atos.

Adolf Eichmann era um funcionário do governo, do alto escalão do partido de Hitler e, como viemos a perceber por seu próprio testemunho,[5] um de seus funcionários mais dedicados e competentes, daqueles que cumpriam seu papel, daqueles que vestiam a camisa da empresa nazista (por mais estranha que ela possa nos parecer hoje, veremos que não é tanto assim). No fim da guerra, com a derrota da Alemanha, ele fugiu para a América do Sul, como fizeram outros, sendo capturado na Argentina em 1961. Julgado em Jerusalém, Eichmann tornou-se uma espécie de troféu da justiça contra o que muitos chamaram de holocausto e que, na verdade, diz mais propriamente respeito a um radical assassinato em massa. O termo "genocídio", cunhado por Raphael Lemkin numa luta de anos para constituir um reconhecimento em torno do que era originalmente um "crime sem nome",[6] expressa muito melhor a destruição de um povo (*genos*) com o fito de estabelecer, segundo as palavras de Lemkin, "o padrão nacional do opressor" no lugar do "padrão nacional do oprimido". Arendt, no entanto, preferirá a expressão "assassinato administrativo" para caracterizar o crime nazista, por considerar o papel da "burocracia" na realização dos atos nazistas. No entanto, faz sentido pensarmos em "genocídio" quando se trata da matança física e cultural, dessa ideia de varrer o outro povo da face da terra, como foi o caso do tremendo crime contra os judeus.

Eichmann por si só era uma questão para todos naquela época. E não deixou de ser jamais para a própria Hannah Arendt, que voltou a ele em outras obras.[7] Se o regime nazista e o massacre de judeus elevado à Razão de Estado era um escândalo para aqueles que confiavam tanto no mínimo bom senso quanto na mais dedicada racionalidade, Eichmann completava a equação que une o universal ao particular, sendo o agente do cálculo que o poder como universal faz sobre as pessoas viventes particulares. Mas ele era também o representante do poder encarnado no tipo comum, na pessoa ordinária. Eichmann era um exemplar precioso, porque não era um torturador como outros, nem um assassino típico. Ela era um carrasco, sim, vivo e lúcido, capaz de expor seus motivos. Mas um carrasco peculiar. Por isso, todos estavam curiosos para conhecê-lo.

Como protótipo de algum mistério que se esperava desvendar, no entanto, Eichmann foi uma decepção, pois não se via nele o louco, o sujeito maligno e cruel que se esperava que fosse. Antes, ele impressionava por uma frieza monótona e uma racionalidade despreocupada. A expectativa era grande sobre Eichmann porque havia o desejo de perscrutar seu modo de pensar, sua alma, seu desejo. E, no entanto, o que se via nele era uma espécie de carrasco de gabinete, um carrasco racional que não se envolvia com a sanguinolência do crime na prática do cotidiano. Até porque, como ele sabia, o que ele fazia, do ponto de vista da lei do Estado naquele momento, não era crime. Crime contra a humanidade, sim, mas não crime juridicamente punível pelo Estado, já que era um crime em nome do Estado. Eichmann nunca dera um tiro em uma pessoa. Ele calculava a morte de todos, é verdade, para que acontecesse do modo mais racional e econômico possível. Não estava interessado no sofrimento imediato das pessoas. Para ele, aquele era apenas o trabalho a fazer, a tarefa assumida e por cumprir. Isso pode parecer estranho; sempre podemos dizer que seu gozo perverso estava de qualquer modo inscrito em sua subjetividade, mesmo que ela fosse fria e avessa ao sangue vivo. E creio que esta constatação não anula aquela que implica o modo de expressar-se de Eichmann livre de qualquer afeto. Sua frieza era certamente algo aterrador, mas a conhecemos muito mais de perto do que desejamos, embora não queiramos ver.

Esperava-se, portanto, desse estranho sobrevivente do regime nazista, que fosse um ser monstruoso, um ser maligno, que fosse algum tipo de louco, cruel e perverso, ainda que frio e calculista. Todos pensavam que Eichmann seria, no mínimo, um homem muito mau, um demente de raros raciocínios destrutivos. Arendt, uma professora que, embora judia, se sentia apenas comprometida com a análise dos fatos na tentativa de compreender a situação, não tinha por que contentar-se com esse pressuposto. Assistindo ao julgamento, viu nele aquilo que ninguém jamais pensaria em ver. Viu um curioso personagem histórico, cuja postura o tornava parecido com muita gente.

A análise de Arendt causou mal-estar não apenas em seus compatriotas judeus, mas também em todos aqueles que, acreditando em algo como "o mal", talvez ainda pudessem acreditar ser, por oposição ao "monstro" Eichmann, eles mesmos bons. Até hoje a postura de Arendt choca, e realmente é possível que ela não tenha sido atenta ao caráter perverso de Eichmann de um ponto de vista psicanalítico. Mas o peso de seu argumento filosófico não cai por terra por não aderir à psicanálise. O lugar-comum para o qual ela sinaliza continua em questão. E ele, sim, é filosoficamente apavorante.

Foi justamente a postura de Eichmann que permitiu a Arendt cunhar a ideia tão curiosa e, ao mesmo tempo, tão crítica relativa à "banalidade do mal". Por banalidade do mal, ela se referia ao mal praticado no cotidiano como um ato qualquer. Muitas pessoas interpretaram a visão de Arendt como uma afronta à desgraça judaica, enquanto ela — filósofa, como dissemos, descomprometida com qualquer tipo de facção, religião, partido ou ideologia — tentava entender o que se passava com a subjetividade de um homem como Eichmann enquanto esse homem se encontrava em julgamento. Eichmann era, para ela, um ser humano, embora a tendência dominante fosse considerar que ele teria deixado de ser justamente "humano" na medida em que a convenção teórica em torno do "humano" toma-o como um caráter "bom" próprio de ações e de indivíduos humanos. O que se pensa como "desumano", neste caso, seria sempre contrário ao "humano". Na expectativa sobre a "desumanidade" de Eichmann é que ela estabeleceu seu questionamento acerca do sentido de seus feitos. Arendt não foi a pensadora do "humano" tomado como substância. Ela foi a pensadora da "condição humana", título de uma de suas obras fundamentais,[8] tomada como questão política, e isso definiu muito do que ela pensaria de um homem como Eichmann. A desumanidade de Eichmann era, infelizmente, humaníssima. Eichmann não era extraordinário. Era ordinário, era como quase todos somos, sempre afeitos a seguir a tendência dominante.

Certo é que Arendt foi julgada por parte da comunidade judaica. Mas Arendt não tomava sua condição de judia como algo superior — ou inferior — à sua posição como pensadora comprometida com a compreensão de seu tempo. A condição judaica era, para ela, apenas e tão somente parte da condição humana. Não mais, não menos. O problema da subjetividade de Eichmann, que defendia seu emprego e sua posição dentro da empresa nazista, colocava em cena um tipo de subjetividade muito comum. Aquela de qualquer cidadão que, em seu contexto específico, também defende seu emprego, seu cargo, as necessidades da firma. É verdade que não se pode comparar, de qualquer modo, um funcionário qualquer com o funcionário de um regime, sobretudo um regime assassino como o nazista. Mas a comparabilidade não é de se jogar fora em seu todo, pois o absurdo do nazismo repete-se em todos os regimes autoritários e totalitários. Todos os regimes políticos ou econômicos que de modo sutil calculam sobre a vida das pessoas, sobretudo as mais excluídas, como em geral os regimes devotos do capitalismo que praticamente programam a morte dos mais fracos, são em medidas diversas comparáveis ao nazismo. Comparar não é igualar, mas verificar semelhança e sentido. O nazismo parecia irracional, como é comum pensar em um primeiro momento, mas não era simplesmente irracional. O que Arendt percebeu foi aquilo que Adorno e Horkheimer, outros teóricos judeus exilados no Estados Unidos na década de 40, chamaram de "racionalidade instrumental". A "racionalidade instrumental" é servil, ela caracteriza um modo de pensar e agir que Eichmann partilhava com vários cidadãos do mundo que, como ele, queriam apenas ser promovidos dentro de um plano de carreira. O que ele queria era o que queria a grande maioria. E ainda hoje. Curioso, portanto, e estarrecedor, no argumento de Arendt, é que Eichmann fosse tão parecido com as pessoas comuns, que lembrasse os homens mais corretos, os simples cidadãos de bem. Que Eichmann não visse o seu gesto como um horror tão grande tem um sentido que se liga a muitos de nossos atos aparentemente mais inofensivos, sobretudo aqueles que tornam impossível nos colocarmos no lugar do outro.

A performatividade da tese da banalidade do mal

Podemos dizer que aqueles que se manifestaram furiosos ou ofendidos contra a tese de Arendt infelizmente não a compreenderam, justamente no ponto onde ela é mais interessante. Ou, ao contrário, talvez a tenham entendido tão bem que não possam aceitá-la. Mas não no nível lógico e sim no nível afetivo onde ela toca. Verdade que a autora não a elaborou vastamente, e seus críticos usam essa falha — ou o fato de que tenha ficado um tanto em aberto — contra ela.

Esta "abertura" da ideia de "banalidade do mal" é, contudo, fundamental para a sua configuração. A ideia não é fácil de elaborar no nível em que a reflexão mais importa, aquela que invoca alguma coisa, um afeto, uma idiossincrasia, algo de muito próximo a cada um de nós. A que se refere, afinal, a expressão "banalidade do mal"? E por que seria tão difícil aceitar que o mal entre nós tenha se tornado algo "banal"? Talvez nos ajude, no processo de compreensão, levar em conta que no livro das *Origens do totalitarismo*,[9] bem como em outros de seus livros, o olhar da autora estava voltado para algo como "grandes questões" do pensamento político. Ora, o totalitarismo combina muito mais com a ideia do "mal". O mal parece sempre perverso e grandioso. Algo diferente do corriqueiro, do ordinário, do banal. O problema da "banalidade" que aparece na problemática figura de Eichmann é, assim, uma grande novidade que atingiu em cheio o senso comum sempre autoprotegido da crítica.[10] Com a tese da banalidade do mal, nossos olhos voltam-se obrigatoriamente para algo menor. Estamos, então, no campo do cotidiano, da vida trivial, bem distante do que estamos acostumados a pensar como o "político", este conceito em si mesmo marcado pela ideia de algo "grandioso". Porém, por mais que a política seja operada por "extraordinários" governantes soberanos, ela precisa de "ordinários" agentes concretos que sustentam seu lugar. Eichmann estava no lugar onde poderia estar outro.

Ora, a tese da banalidade do mal é uma tese difícil não por qualquer aspecto lógico ou epistemológico, mas por aquilo que podemos definir como seu caráter "performativo". Tentemos entender. Toda teoria, todo ato de linguagem implica um efeito. Sabemos disso desde que J. L. Austin criou a teoria dos atos de fala[11] na qual o termo "performatividade" apareceu mudando — aliás, performativamente — o cenário da filosofia posterior. Desde Austin usamos o termo "performativo" para pensar a ação que é inerente a uma frase, a um enunciado. Podemos dizer, expandindo o sentido da "performatividade", que até mesmo uma teoria por inteiro provoca efeitos, causa resultados concretos na subjetividade alheia. Afinal, há algo mais "performativo" do que uma ideologia, uma crença, uma visão de mundo que nos faz agir de uma maneira ou de outra?

Austin mostra que uma promessa é um exemplo perfeito de enunciado performativo. Do mesmo modo que o "aceito" enunciado em um casamento. Este é o exemplo dado por Austin para mostrar que aquele que pronuncia esta palavra em circunstâncias devidas "se casa" por meio dela, não apenas emite uma informação sobre o fato de que esteja se casando. Dizer, nesse caso, é "fazer" a coisa acontecer. É neste sentido que podemos dizer que um enunciado é performativo, mas também uma teoria, uma ideia enquanto ela produz efeitos sobre outros. Até mesmo uma imagem pode ser performativa desde que ela realize alguma coisa concreta por meio de seu enunciado, de seu modo de se apresentar. Uma propaganda de um produto sempre investe no caráter performativo da linguagem esperando que mensagens por mais diversas que sejam sempre produzam o efeito da compra do produto anunciado (e, deste modo, enunciado).

Não é possível dar à ideia de que o mal é banal esse tipo de alcance tão direto. Austin deixou claro que o terreno dos atos de fala é nebuloso quando se trata de filosofia. Afinal, não estamos simplesmente analisando um enunciado estrito que nos permitiria ver que tipo de ação ele é. De qualquer modo, a enunciação, a proposição da ideia do mal banal, provoca algo no âmbito de uma "comparação" de todos com Eichmann, o que é chocante. Assim, além de provocar e invocar o sujeito concreto e ordinário a pensar-se, Arendt convoca à defesa. O mal banal não se refere à oposição à perversão, mas justamente ao mal perverso ao alcance de todos. É esse elemento "democrático" do mal banal que está no cerne de seu conceito.

A performatividade da tese está em sua "provocatividade", que atinge todo mundo em cheio. Em outros tempos poderíamos atribuir isso a uma força retórica, o que não resolveria a "ofensa" implícita à "pessoa de bem" que está colocada nessa questão. No mal banal enquanto mal democrático e realizável pelo sujeito "de bem" reside a sua própria definição. Justamente aquilo que pode nos chocar é pensar que estamos sob julgamento, assim como Eichmann um dia esteve, e que teremos que enfrentar a comparabilidade como elemento implícito na tese. O efeito que se alcança é a autorreflexão crítica, que pode ser muito incômoda para quem nunca se "autojulgou". Saber — ou mesmo duvidar — que o mal está ao nosso alcance nos mobiliza como seres de pensamento. Pode causar estragos subjetivos para quem se autocompreende como ser perfeito e incorruptível. Ou, pelo menos, como alguém incapaz de praticar o mal maior, ainda que seja capaz de praticar atos menores. Uma pessoa pode julgar que a corrupção envolvendo pequenas somas não é do mesmo teor de uma envolvendo altas somas, ou que a maledicência não é do mesmo teor que a tortura. E isso até poderia ser discutido de um ponto de vista pragmático, o que escaparia ao interesse deste livro. Mas a tese da banalidade do mal, na qual somos de algum modo comparados a Eichmann, nos mobiliza consciente e inconscientemente. E ela é que nos permitirá, nos dias de hoje, colocar a pergunta acerca de como nos tornamos quem somos desde que, entre nós, há Eichmann.

Assim, creio ser possível expandir um pouco o uso do termo performatividade e, sem dúvida, dizer que o incômodo causado pela tese do mal banal reside justamente nela. A tese da malignidade radical, do mal exercido com fins perversos, não nos atinge, pois nos entendemos como simples pessoas "não malignas"; já a tese do mal banal nos atinge porque somos confrontados com ela enquanto pessoas que vivem o mundo do cotidiano como lugar do banal. Nós que nos pensamos como "pessoas de bem" seríamos intocáveis do ponto de vista ético; se fazemos o mal é porque "errar é humano". No entanto, como foi dito, teríamos que nos haver com o fato de que não é que sejamos parecidos com o perverso — o perverso é que é parecido conosco.

Ora, podemos sustentar que, num primeiro momento, de fato, não somos perversos, não temos prazer no puro e simples mal, aquele que seria o chamado "mal radical". Mas a tese da banalidade do mal nos permite estabelecer pontos de relação entre o mal perverso e o mal banal. Não é difícil ver que, em nossa sociedade de consumo, uma espécie do gozo que podemos chamar de "perverso" com a desgraça alheia esteja cada vez mais acessível, seja por meio dos programas de violência propriamente dita em jornais e na televisão, seja por violências mais sutis, tais como a que um telespectador pratica ao ajudar a "eliminar" os participantes de um *reality show*.¹² Exemplos simples do cotidiano que nos ajudam a pensar no que estamos fazendo uns com os outros e colocam o mal como algo partilhável, inclusive, obviamente, banal. Em termos muito simples podemos dizer que a sociedade contemporânea desenvolve formas específicas de "perversão". E que a perversão é justamente o que partilhamos como se nada estivéssemos fazendo de mal; neste sentido, o mal já não é maligno, mas banal. O banal não é mais simples, é perverso e maligno.

A tese da banalidade do mal nos propõe pensar tanto o mal quanto o banal, e a aparentemente impossível ligação entre eles. Tendemos a considerar o bem como ordinário e o mal como extraordinário. Assim, a tese pareceria impossível de legitimar porque o maligno se oporia justamente ao banal. O maligno, como perverso, parece raro. Quem critica tal tese pensa que ela só pode ser proposta por quem desconhece ou se esqueceu do sentido profundo da perversão como absoluto avesso da moral, do bem. É assim que pensa aquele que não quer se deixar afetar pela pergunta que a tese coloca.

Para quem pensa dessa maneira, deixemos claro, o mal maligno é uma exceção, o mal banal não existe, porque no nível da vida simples somos todos "pessoas de bem" vivendo a simples repetição em esforços concentrados de "acertar". Perverso é sempre um tipo de louco que, "desumanamente", não me concerne, pois que "eu" sou um "ser humano". É assim que pensamos de modo simples. O "eu" jamais é perverso. É assim que pensa o moralista que se defende de toda crítica e, subjetivamente, também de toda autocrítica. Quem, afinal, teria coragem de assumir seus afetos negativos, sobretudo quando concernem à perversão ordinária em cuja base está o ódio ao outro? Quem seria capaz de se comparar com o "malvado"? A ideia de que somos simplesmente "pessoas de bem" é uma ideia perigosa porque nos livra da crítica e da autocrítica pelo "pré-conceito" de que o mal seria um feito extraordinário do qual seríamos naturalmente incapazes.

Arendt, com sua provocação, propôs que se pensasse o mal corriqueiro, o mal como coisa simples, ao alcance da mão, do corpo e da alma do cidadão de bem, que o próprio Eichmann de certo modo poderia ser. O que nessa ideia realmente choca — sua performatividade em um nível subjetivo — é que ela nos pergunta sobre nós mesmos enquanto propõe que exercitemos uma interpretação quanto a um ser humano, um cidadão comum, como Eichmann, um funcionário qualquer que fez o que fez porque seu "trabalho" assim o exigia. Que Eichmann tenha feito o que fez como "profissional" e que, ao mesmo tempo, tenha permanecido frio quanto à própria culpa, que não tenha tido sentimentos negativos acerca de si, que não tenha se arrependido, é estarrecedor no ponto onde ele, sendo "humano" como nós, fez o que fez. A questão é, portanto, o ato. Do mesmo modo que nos estarrece um político julgado e condenado por corrupção que afirma que não sente culpa. Porque sabemos que todos nós, que permanecemos não sendo perversos, sentimos algum tipo de culpa. Isso não quer dizer que a culpa seja um sinal de que a pessoa seja realmente "de bem", mas ela representa um indício de responsabilidade que nos torna éticos, é um indício de autocrítica que mostra que a reflexão e o sentimento ainda estão presentes na pessoa. Que ela não se transformou em uma marionete do mal estatal como aconteceu com Eichmann que, por fim, era, na verdade, um homem totalmente dessubjetivado pelo próprio dispositivo estatal, pela empresa à qual servia que surgiu dentro de uma sociedade específica. Um indivíduo nada autônomo, um homem que havia introjetado heteronomamente o imperativo nazista de morte ao outro como se este fosse seu dever. Não havia uma pessoa dentro de Eichmann, era isso que Hannah Arendt queria dizer com "vazio de pensamento". A dimensão ética não lhe dizia respeito.

Creio, portanto, que Arendt inverteu a interpretação desejável moralmente, ou seja, do ponto de vista do que se espera de um sujeito enquanto "pessoa de bem", e, pondo-nos moralmente em xeque, nos envia a uma preocupação ética socialmente muito saudável. A diferença entre moral e ética está aí evidente. A tese da banalidade do mal se apresenta no teor do "atire a primeira pedra". Trata-se de um enunciado performativo reflexivo, como a teoria do Eterno Retorno, de Nietzsche, que nos pergunta se aceitaríamos viver toda a nossa vida novamente, exatamente como ela aconteceu, e, no ato de perguntar textualmente ao seu leitor, obriga-o a tomar uma posição que o encaminha a amar ou odiar o seu próprio destino.[13] Arendt nos chama, portanto, por meio de uma inversão, a pensar em quem somos nós. A inversão operada por Arendt se dá justamente no momento em que, moralmente, julgamos Eichmann como um louco e perverso, como alguém que é diferente "de mim", ou "de nós", e ela nos vem dizer que as coisas não são bem assim como gostaríamos que fossem. Eichmann também se parecia com uma "pessoa de bem". O que ela propõe é que o pensemos como um igual. E que nos pensemos como o cidadão que, tendo um emprego, de repente é convidado a desempenhar suas funções em nome do regime político autoritário. Isso vale também para pensar a vida do executivo que simplesmente se integra à ideologia do capitalismo como exploração do trabalho alheio em nome da exploração do trabalho alheio, por exemplo, desmerecendo o outro ser humano, que é explorado, coisificado e alienado no processo.

Todos que julgam Eichmann como alguém diferente, moralmente inferior, incorrem no mesmo erro do nazismo que criticam. Fazem aquilo que ele mesmo fez do modo mais corriqueiro e justamente banal. Isto é, fazem exatamente o que o nazismo nunca permitiu, que se pensasse o outro como algo de "igual". Arendt ultrapassou, com seu livro e com sua ideia central, esse posicionamento moral e lançou-se na direção de um olhar justo que seria possível desde um ponto de vista filosófico, ou seja, na contramão do vazio de pensamento característico de nosso tempo. Assim, Arendt viu Eichmann fundamentalmente como igual. Um ser humano qualquer, um funcionário de um sistema como tantos outros. Como qualquer branco, mas também como qualquer judeu, negro, mulher, homossexual, como qualquer um que, perdendo o discernimento, ainda era capaz de, ao mesmo tempo que falasse e se defendesse, não assumiria nenhuma responsabilidade sobre seus próprios atos. O direito à diferença nos torna iguais e é essa igualdade que o nazismo quis eliminar ao sustentar a superioridade da raça ariana. Arendt retoma essa igualdade em seu gesto filosófico na busca de um discernimento real sobre os fatos.

A potencialidade do mal

A tese de Arendt sobre a banalidade do mal é, portanto, a tese da "potencialidade" do mal que pode ser praticado por cada um. A questão potencial, da escolha entre o bem e o mal, da escolha livre, é o seu ponto apavorante. Não que o mal banal represente algo ao nível de uma universalidade da natureza humana capaz da maldade, mas por representar a ação que deriva de uma compreensão de mundo no qual "o outro" e mesmo o "eu" são algo que não importa tanto assim. A "desimportância" é uma característica do nosso tempo. O banal é o deslocamento para o prático, para o corriqueiro, por oposição a uma universalidade grandiosa que explique o ser humano a partir de uma individualidade substancialmente boa ou má. O mal banal coloca a questão a partir de um contexto de relações em que as relações mesmas parecem impossíveis, em que qualquer nível de alteridade é jogado fora: a natureza, o cosmos, a sociedade, a cultura, a pessoa concreta. O modo como um nazista tratava o "outro" — fosse judeu, cigano ou negro — era praticamente uma antirrelação. O que o nazismo tentou nesse sentido foi eliminar o outro de uma relação. Assim como fazemos há séculos com os povos nativos do Brasil, com os pobres, com os marcados como "excluídos" em geral.

Partilhar coletivamente esta potência do banal como oportunidade do mal é parte da banalidade. O mal banal neste caso, muito mais do que radical, é uma questão de oportunidade. Se o mal radical é o mal perverso enquanto mal apavorante e mal relativamente à coisa que importa, o mal banal refere-se àquilo que já não importa, à vida dos outros que são marcados como minorias, por exemplo. Arendt provoca-nos ao mostrar que o mal está mais próximo e é mais simples, ao alcance da mão — do corpo e da alma — do mais ordinário dos homens. Seja no ato de matar, estuprar ou espancar mulheres, crianças, judeus, negros, seja na escravidão ainda existente em fábricas pelo mundo afora, seja no baixo salário de quem trabalha, seja derrubando milhares de casas e deixando milhares de pessoas na rua — como no evento da desocupação de Pinheirinho promovido pelos governos estadual e municipal em 2012 no município de São José dos Campos, em São Paulo —, seja matando os povos ameríndios por ausência de direitos ou assassinando trabalhadores e gente pobre em favelas; seja agredindo travestis nas ruas, seja deixando crianças sem educação, seja desviando verbas da saúde, seja ostentando riquezas luxuosas em um país de gente pobre e humilhada. Os exemplos são infelizmente os mais corriqueiros. O que nos leva a pensar que a banalidade do mal é a própria vida cotidiana simplesmente se desenvolvendo sem reflexão no âmbito das oportunidades do agente e das vicissitudes da vítima. Como se não importasse quem seja o culpado ou a vítima. O mal é banal e essa ideia não é nada nova na prática cotidiana que se renova perversamente no âmbito do "mais-do-mesmo" do dia a dia. Parece estar em jogo que viver coletivamente, tendo em vista um mundo a partilhar com o outro, já não importa.

Por isso, aquele que é confrontado com a ideia da banalidade do mal se incomoda tanto. Se incomoda com seu próprio potencial ou sua atualidade finalmente denunciada. Ora, o mal também lhe pertence por ação ou omissão, por potência ou ato. Quem se depara com ele precisa fazer um exame de sua consciência — e de seu inconsciente — em relação ao geral e, portanto, de seus atos particulares ou coletivos enquanto eles participam da condição humana. Ou seja, a tese da banalidade implica um posicionamento relativo ao que significa ser justamente um ser humano ao lado de outros seres também humanos e, portanto, iguais na diferença, diferentes na igualdade de direitos a que desejamos chamar de democracia. A banalidade do mal significa que o mal é o que se partilha realmente em um estado apenas aparentemente democrático, em que a democracia é uma mera fachada. A fachada da banalização em nome de um totalitarismo disfarçado de oportunidade para todos.

* * *

O caráter performativo-reflexivo da tese de Arendt implica que ela precise ser reelaborada à luz de cada tempo. Isso põe em cena também sua "efetualidade", ou seja, a história de sua recepção. O modo como nos relacionamos à sua proposição. Deixaremos a banalidade da vida enquanto ela parece estar relacionada à banalidade do mal? O fato de sua ameaçadora insuperabilidade está em cena enquanto o ser humano é o ser que simplesmente vive orientado *na banalidade de uma vida banal*.

Que o leitor me perdoe a frase anterior, que pode parecer mal construída, tão repetitiva que foi, mas com ela acredito estar sinalizando para a importância de pensarmos não apenas o mal da banalidade do mal, mas o que significa "banal" no âmbito da vida como um todo no qual o mal está inscrito. Com o mal como coisa indesejável todos concordam, mas que ele tenha deixado de ser maligno e se tornado simplesmente "banal", coisa corriqueira e que não importa, é mais complicado. Isso não nos traz dificuldades que já não tenhamos vislumbrado, mas nos obriga a pensar um pouco mais na intenção de usar a pergunta teórico-prática "como nos tornamos quem somos?" na intenção de nossa própria autolibertação.

A banalidade do mal entre o gênio e o sujeito ordinário

Eichmann pareceu, para alguns, um bom cidadão. Arendt percebeu nele a linguagem composta de clichês e frases feitas, um sinal de que não era capaz de pensar por conta própria, que ele era o próprio "objeto" do "vazio do pensamento", uma espécie de ventríloquo repetindo o já dito. Mas o que é exatamente o vazio do pensamento quando, em termos políticos, o "pensamento" também pode levar a posicionamentos infelizes? Conhecemos tantas pessoas "estudadas" que mantêm posturas antiéticas em relação ao que seria razoável...

O filme de Von Trotta sobre Arendt mostra rapidamente algumas cenas do julgamento de Eichmann que podem ser vistas hoje em dia no YouTube. Do mesmo modo, muito rapidamente, mostra um encontro da filósofa com Heidegger, filósofo que teria sido importante para a vida amorosa de Arendt. Heidegger foi o filósofo que, depois da queda do regime nazista, se disse arrependido de ter aderido ao regime. Heidegger foi reitor da Universidade de Freiburg no período nazista. Não gostaria de avaliar a relação amorosa ou filosófica de Arendt com Heidegger. Esse não é o objetivo deste livro. Mas há uma questão que não podemos deixar de levantar enquanto estamos tentando compreender o "homem" comum, o indivíduo ordinário, e nos deparamos, na busca por compreender a postura do mal, com o indivíduo incomum, o gênio que foi igualmente capaz dessa "postura do mal".

Heidegger é até hoje considerado um gênio da filosofia, um grande filósofo. Sua adesão teórico-prática ao nazismo, mesmo que por um breve período, nos obriga a pensar. A diferença entre Eichmann e Heidegger é interessante, e não seriam duas páginas que resolveriam a questão da semelhança. A comparação, no entanto, é devida e muito simples de se colocar: se Eichmann usava clichês prontos no lugar do pensamento, Heidegger estava no extremo oposto, criando pensamento. Mas o fazia, pelo menos durante uma época, ou sem compreensão crítica do momento político do pensamento, ou sobretudo em circunstâncias históricas que exigiam posicionamentos, do lado politicamente certo e eticamente errado. Heidegger, de certo modo, agiu como Eichmann ao ser irresponsável por seu próprio ato de pensar e sua atitude de adesão, que ele tentava mascarar como pensamento filosófico. Nenhum pensamento antiético é filosófico. Alegando ignorância sobre assuntos políticos para justificar sua adesão, Heidegger conseguiu apenas sustentar sua irresponsabilidade, a mesma que Eichmann alegava para justificar seus atos. Por sorte, ou por ser o "gênio" que encantava a muita gente, recebeu um perdão histórico que Eichmann não receberia, não apenas por não usar "clichês", mas por ser um pobre coitado, um homem "sem obra". Verdade que Heidegger não matou ninguém e não promoveu a logística dos campos, mas a pergunta que cabe é: quão diferente de Eichmann Heidegger de fato era?

Podemos dizer que o "imbecil" chamado Eichmann não teve a mesma sorte que o gênio chamado Heidegger. Politicamente parecidos, expressivamente diferentes, talvez esta seja a equação que venha a nos ajudar. Na hora de safar-se, Eichmann continuou sem muita estratégia, pois não sabia expressar-se, embora possamos dizer que já estivesse condenado de antemão. Lendo o discurso nazista do reitorado de Heidegger,[14] muitos tentam acobertar o que ali está dito, outros aceitam a importância das ideias nazistas na estrutura de seu pensamento e a criticam com incômoda veemência.[15] A postura política de um filósofo — ou de qualquer pessoa — é relevante para a compreensão de seus escritos. Não se trata de separar uma coisa da outra, como se o texto fosse uma produção artificial de uma vida; ao mesmo tempo, se trata de não condenar puramente, mas de discernir a partir de uma relação inevitável. Ninguém é diferente de sua obra. Se obras são só artifícios, não valem nada. A obra é postura de vida. A vida é postura da obra.

Fato concreto é que Heidegger tinha um capital intelectual e social incomum: seu discurso filosófico. E fez uso dele para conseguir o perdão de seus pares que, provavelmente, já o tinham perdoado de antemão. Eichmann nunca matou ninguém com suas próprias mãos, embora tenha sido o responsável pela logística dos campos de concentração e pela própria solução final. Heidegger também não matou ninguém. Mas consta que perseguiu colegas judeus e que fazia a saudação nazista em suas aulas. Há muitos modos de comparar esses dois personagens, e o mais simples seria ver que ambos foram funcionários bem-comportados. Seria, no entanto, má ironia dizer que Eichmann não possuía o "*Dasein*", que não dispunha da rica terminologia heideggeriana que a tantos encantou naquela ocasião, como até hoje.

O paralelo entre Eichmann e o homem comum é, pelo mesmo caminho, pertinente para pensar a relação entre Eichmann e o homem incomum. O simples fato da erudição não garante uma postura ética. O homem incomum, com seu título acadêmico, com uma história a zelar, não é diferente do tipo de funcionário que é facilmente descartado pelo próprio regime. Ele não é diferente senão para o próprio regime, que estabelece a diferença e que define que uns vão para o campo de concentração para serem mortos enquanto outros vão para o cadafalso. Eichmann era o homem qualquer, era o "qualquer um". Para Arendt ele não era um burro, mas um sujeito da "irreflexão" como é muita gente. Por outro lado, a responsabilidade política e ética de Heidegger ainda não foi suficientemente elaborada por seus estudiosos — que reconhecem a relevância de seu pensamento de um modo geral e desejam salvá-lo apesar de seus erros históricos. Que Heidegger não esteja inscrito no âmbito jurídico como Eichmann não o livra, contudo, da questão ética e política. Não livra nenhum de nós.

Complexo neste momento é que entre Eichmann, o homem comum com tendência a ser um imbecil, e Heidegger, o gênio controverso, estejamos nós, seres humanos comuns. Eichmann não era diferente de qualquer pessoa, era um simples burocrata que recebia ordens e que punha em funcionamento a "máquina" do sistema, do mesmo modo que cada um de nós pode fazê-lo a cada momento em que, liberados da reflexão que une, em nossa capacidade de discernimento e julgamento, a teoria e a prática, seguimos as "tendências dominantes" como escravos (livres, contudo, de nós mesmos...).

Sair da banalidade do mal seria, nesse caso, fazer a opção ética e responsável, na contramão da tendência dominante à destruição que convida constantemente cada um a aderir a um estado de coisas injusto apenas por parecer mais vantajoso. Heidegger teria feito isso, que era o mesmo que foi feito por Eichmann? Também ele não era louco por subir em sua carreira acadêmica? Por que um foi condenado e o outro não? Isso não seria importante para o pensamento da relação entre teoria e prática? Heidegger poderia ser liberado de prestar contas dessa relação? Caso digamos que sim, que tipo de "performatividade" surge quando uma filosofia pode jogar fora a questão do lugar prático onde se instaura? Podemos fazer filosofia como texto, ou belas-letras? A mesma pergunta poderia ser colocada em relação a Kant, que era um machista expressivo e simbolicamente violento. Quem quer defender Kant de seu machismo pode sempre alegar que ele era apenas um homem do seu tempo, assim como foi Heidegger... Mas devemos nos perguntar "o que significa ser do seu tempo?", ou não? O que acobertamos com esse tipo de clichê? Poderíamos aplicar essa pergunta a um funcionário como Eichmann? E a um funcionário como Heidegger? Não podemos nos perguntar se Kant não teria condições de, por meio da poderosa razão que era seu instrumento filosófico, ir além de seu tempo? E Heidegger, que embora fosse um funcionário era também algum tipo de filósofo? Questões que não devemos tentar resolver neste momento em que a preocupação maior é compreender a banalidade do mal que pode explicar muito mais do que imaginamos.

A banalidade do mal está nesta adequação de qualquer um, neste "levar vantagem" — provavelmente o mote da decisão de Heidegger. A banalidade do mal reside na desculpa para aderir àquilo que seria condenável. É, portanto, uma característica de toda cultura carente de pensamento crítico, em que qualquer um pode exercer a negação do outro, assim como a negação de si mesmo sob a alegação de que não havia outra escolha, de que era melhor assim, de que não podia ser diferente, de que apenas se cumpriam ordens.

Por fim, a tese da banalidade do mal pode ser desenvolvida nesta direção: como a estranha partilha democrática do mal. O mal ao alcance de todos. O mal como potencialidade diária em que o "certo" é seguir a "tendência dominante". Quem não a segue ocupará imediatamente a posição de vítima de um algoz mais esperto. A tendência dominante está em todos os lugares, da política à moda. Ela é o conjunto de regras a serem seguidas por quem quiser se enquadrar, aderir, fazer parte. Essas regras não exigem pensamento, nem o pensamento prático ao qual damos o nome de discernimento. Essas regras não conversam com a ética, muito menos com a ético-poética, e se sentem ameaçadas por ela. Por isso, desejarão que ela não seja vista, nem pensada, muito menos levada a sério.

Produção social da ignorância

Pensar é urgente, mas o pensamento livre, o pensamento reflexivo não é um valor nos dias atuais — talvez nunca tenha sido, pois não conhecemos épocas ou lugares na história humana em que o desejo de dominar, contra o qual o pensamento reflexivo pode agir, não estivesse presente. Há perguntas fundamentais para nossa época: "por que não pensamos?", "por que não discernimos?". O que realmente nos impede de pensar até o discernimento? O ato de pensar a sério e as consequências do que se pensa nos importam? Essa pergunta não tem sentido se respondida sem uma análise das circunstâncias. Sem que se leve em conta todo um cenário cultural que evita o pensamento e produz mentalidades individuais amendrontadas em relação a ele. Quem se importa com o pensar e o agir? O que em mim mantém a capacidade de "me importar"? O que em mim "dá as costas" ao todo como se este pensamento da própria importância das coisas que caracteriza o discernimento não importasse? São perguntas que podemos fazer a nós mesmos, que podem, performativamente, nos levar a pensar e agir diferentemente do que fazemos.

Introjetamos um tipo de humilhação curiosa que parece fazer parte de nossa cultura: consideramos por meio dela que somos incapazes para o pensamento. Por outro lado, o pensamento cuidadoso é interpretado em nossa cultura como falta de sucesso. São dois olhares comuns na direção do pensar em nossa época, o da desconfiança e o do descrédito. Aquele que pensa está fora da regra consentida da embriaguez generalizada à qual somos diariamente convidados pelos poderes instaurados. No contexto que despreza o pensamento, a ignorância é um verdadeiro valor socialmente fomentado. A construção histórica da ignorância é um fato ao qual nos acostumamos produzindo a consciência falsa de que as coisas não podem ser de outro modo.

A produção da ignorância é uma questão social fundamental. Infelizmente, o trabalho intelectual na onda do eruditismo vazio não ajuda a mudar o cenário; ao contrário, o fomenta. A distinção entre teoria e prática que separa pessoas quaisquer do "intelectual" é mistificatória tanto da teoria quanto da prática. Ela serve para aprofundar a ignorância como uma espécie de verdade "natural" da vida em sociedade da qual o "intelectual" se destacaria. A transformação do comum e do que nele é "senso" em cenário da ignorância serve para que o próprio campo da chamada teoria — ou do trabalho intelectual — ganhe força contra esse outro que é a suposta "massa burra". Curioso e contraproducente do ponto de vista crítico é que a própria formação e a produção da teoria possam estar de tal modo separadas de modo a-dialético — produzindo justamente a crítica abstrata — da noção de seus efeitos concretos que acabem por fomentar a própria ignorância que deveriam, por princípio, combater. A produção social da ignorância pode ser analisada no modo como os intelectuais se omitem na tarefa geradora do "comum" e na posição dos meios de comunicação cada vez mais submetidos ao Estado violento e à publicidade. Todos, assim como a maior parte dos políticos profissionais, não fazem mais do que administrar discursos que promovem eficazmente a produção social da ignorância.

A ausência de projeto educacional em um país como o Brasil faz parte da produção social da ignorância. A falta de um projeto educacional sério e abrangente levado a cabo por governo e sociedade é uma lacuna política, uma lacuna ético-política e uma lacuna cultural. Certamente, a ausência desse projeto não se deve apenas ao puro descaso e oportunismo dos governantes, mas também a um projeto mais profundo — econômico em última instância —, aquele que prevê a destruição do presente e do futuro, de pessoas em geral, da vida justa em geral que se constrói por meio do pensamento reflexivo que se dá em conjunto com ações reflexivas.

A produção social da ignorância inclui a da burrice, que, entre nós, se mascara sob várias formas, entre elas a dos meios de comunicação que assumem o lugar de produtores da verdade e da própria realidade. Ela resulta da estratégia de opor a teoria à prática, como se a capacidade de pensar pertencesse apenas àqueles que dominam o discurso e sua potência de exposição. Haverá, contudo, um pensamento que escape ao discurso? Certamente, aquele que se produz em um plano dialógico.

O tema da burrice não é dos mais agradáveis quando se trata de colocar em cena o pensar. A burrice não gosta do diálogo. Palavra tão incômoda pode parecer mero "nivelamento", mas se olharmos para a gíria com outros olhos ela nos fornece um tipo especial de epistemologia. Eichmann foi o exemplo do "burro", ainda que Arendt o achasse apenas "irreflexivo". Sua burrice — seu falar por clichês, sua repetição, seus argumentos absurdos — é a expressão de um tipo de prepotência típica daquele que não tem inteligência senão aquela que ele finge ter à força. Ela sempre pode ser o atributo daqueles que não fazem o esforço crítico e autocrítico de ser quem são. Mas é que o burro, solto em sua prepotência, não se esforça em pensar. Ser "inteligente" não é um fato, nem é algo simplesmente melhor do que ser "burro". Ser "inteligente" pode ser uma armadilha. Mas superar a burrice como limitação da reflexão nos parece um caminho para levar à construção de uma sociedade ética contra a produção social da ignorância à qual nos acostumamos como ratos dóceis.

Burrice como categoria moral

A natureza dupla da burrice nos prende a um paradoxo: já que não queremos pensar nela, não pensamos, e, ao não pensar, acabamos por realizá-la. O paradoxo se renova quando, pelo xingamento, chamamos os outros de burros. Quem designamos como "burro" é sempre um outro, mesmo quando dizemos a nós mesmos *"que burrice eu fiz"*, é como se nos referíssemos a algo estranho em nós, um acidente, um excesso, algo que não faz parte do que somos. O burro é como o antiético que eu julgo ser diferente de mim mesmo.

Embora muitos pratiquem o xingamento gratuitamente, digamos que essa não seja uma atitude sábia em si mesma. Chamar o outro de burro/idiota/imbecil pode ser puro gozo discursivo. Se não desconfiamos da burrice que imputamos aos outros, o paradoxo está novamente realizado. Chamar o outro de burro é atitude burra porque não surge de um pensamento consistentemente refletido. Isso significa que a burrice só pode ser enunciada quando analisada. Ao xingar o outro, produzo o ato performativo de parecer inteligente. A rapidez com que eu heterodetermino o "burro" é a expectativa de quem pensa estar resumindo, fazendo uma síntese da personalidade do outro por meio de sua inteligência autodeclarada no gesto contra o outro. Estamos certamente diante da falta de autocrítica. De toda a burrice possível, este seria o passo elementar. Dito isso, temos a chance de tecermos uma análise da burrice nossa de cada dia. Não a do outro, mas a de todos, a que partilhamos como algo socialmente gerado: nosso gesto de não prestar atenção, de não nos importarmos, típico do burrinho pedrês que na história de Guimarães Rosa só consegue atravessar o rio porque não olha para os lados.[16]

Ao burro, diferentemente do ingênuo ou do louco, falta entendimento. Aquela capacidade de pensamento que nos permite conversar com os outros e entender o que dizem e até mesmo o que lhes dizemos. Quantos falam sem pensar? Quantos não entendem? Quantos não se importam em ouvir? Mas quantos também "fingem" não entender? Isso quer dizer que há, além do desentendimento, a mentira no ato de não compreender que têm ligação direta com a impossibilidade de se colocarem no lugar do outro. Atingir esta capacidade nos permitiria deixar de ser burros? Ora, a história da filosofia está cheia de reflexões sobre a ignorância e a estupidez,[17] mas a burrice dita assim, com esse nome, sempre ficou nas trevas como uma categoria estranha.[18]

Na História, a burrice aparece como uma categoria do pensamento marcada justamente pela ausência de raciocínio. Theodor Adorno e Max Horkheimer comparam a burrice a uma paralisia.[19] Se o corpo é paralisado por um ferimento físico, o espírito seria, para os autores, paralisado pelo medo. A burrice seria uma cicatriz que surge de uma inibição e que se transforma em repetição. É uma deformação relativa à capacidade de pensar, de criar — quem repete pode nunca inventar nada —, mas também é uma deformação do agir na pessoa que teve experiências tão negativas a ponto de se tornar limitada em um sentido específico. Não é burro apenas quem pensa errado, mas quem é vítima de uma inibição.

É justamente ao final de *Dialética do Esclarecimento*, de Adorno e Horkheimer, na parte intitulada "Notas e esboços", que esses filósofos começam falando "Contra os que têm resposta para tudo" e terminam tratando do tema "burrice". Burrice e "sabedoria de plantão" formariam uma cabeça de Janus. A relação entre elas é de continuidade direta — que, podemos dizer, configura a prepotência sempre posta à frente pelo burro. Nesse cenário, a transformação da inteligência em estupidez seria, para os autores, um "aspecto tendencial da evolução histórica". Ou seja, tendemos desde há muito à burrice.

O tom é irônico e dedica-se a uma crítica da inteligência enquanto ela se torna burrice: "Uma das lições que a época hitlerista nos ensinou é a de como é estúpido ser inteligente."[20] A frase é dialética: de um lado, pior para Hitler — e para Eichmann —, de outro, pior, evidentemente, para sua vítima. Os autores do texto colocam em cena que a estupidez dos que parecem inteligentes não salvou a Alemanha do nazismo. A inteligência não provou que o mal radical era impossível. Ao contrário, sustentou a banalidade do mal que tantos não quiseram ver. Em um passo mais comprometedor que o de Hannah Arendt, os autores da *Dialética do Esclarecimento* puseram em questão os chamados inteligentes, os intelectuais, os bem informados, os especialistas, *os-que-entendem-das-coisas*. Perguntaram pelo valor disso tudo. Puseram em questão quem tem razão e o que se faz com ela. Discutiram também qual é a relação entre razão e poder, que espécie de poder ou que instrumento do poder ela é? Ora, aquilo que os filósofos clássicos entenderam como "razão ocidental", aquela que providenciaria o pensamento científico, que promoveria o pensar, não foi para Adorno e Horkheimer mais do que apologética do discurso e a defesa do poder que defende o que bem entende no interesse de sua própria automanutenção. O interesse seria, nesse caso, próprio do gesto burro por mais inteligente que pareça. A burrice, então, associa-se à mentira que os poderosos pregam no povo por meio de discursos, de meios de comunicação, e de toda forma de práticas de opressão, desde impostos indevidos até a ausência de direitos. Nesse aspecto, podemos dizer que perceber os interesses que estão por trás das ações e dos discursos — eles mesmos ações — é o caminho para um pensamento livre da burrice em torno da qual fazemos tantos conchavos tácitos.

Neste sentido é que Adorno dirá que a inteligência[21] é uma categoria moral. Podemos dizer o mesmo da burrice como lastro intelectual da banalidade do mal. A burrice estaria, aliás, na "separação entre sentimento e entendimento" que, segundo Adorno, "torna possível absolver e beatificar os imbecis". Seria esta separação típica ao longo da História que impediria algo a ser buscado filosoficamente, a "unidade moral" entre pensamento e sentimento, entre razão e emoção. Quando pensamos nessa oposição, na prática vemos mulheres carregando o estigma do sentimento e da sensibilidade, os homens carregando o estigma da racionalidade e todos vivendo a partir de princípios inconsistentes, heterodeterminados e orientados como robôs para a repetição e, por fim, para a potencialidade do mal banal que concerne a todos e a cada um.

A burrice diz respeito a deixar-se levar pelo mais fácil. Ela é frouxa. Ao mesmo tempo, sabemos que os que se fazem de tontos usam de uma rigidez subterrânea disfarçada. Na contramão, a "faculdade de julgar", ou seja, o discernimento, que o burro não teria, se mediria, para os autores da *Dialética do Esclarecimento*, pelo que chamaram de "firmeza do Eu". Penso que eles se referiam a uma capacidade de se manter inteiro, como alguém que "banca" sua própria postura e, nesse caso, como dizemos por aí: dá a cara a bater. Alguém que é responsável pelo que faz enquanto "fazer" implica pensar e sentir. Podemos entender isso tendo em vista a manutenção da perspectiva reflexiva, a firmeza da capacidade de se questionar sobre o estado de coisas, por oposição à rigidez de um ponto de vista previamente dado. O preconceito é efeito da burrice, mas também do interesse: afinal, como dizem esses autores, "os homens se imbecilizam quando começa o seu interesse". Fingem que "não é com eles".

Se o preconceito é uma espécie de poder que atinge a todos, a burrice é uma de suas formas. Assim como o ignorante produz outro ignorante, o burro produz o burro. Mas o burro é o ignorante voltado à banalidade do mal. A produção social da burrice consolida-se na História e produz aquilo que, em outro texto, Adorno chamou de "personalidade autoritária".[22] Em seu formato, a autocrítica seria impossível. O sujeito autoritário é tão incapaz da autocrítica quanto do diálogo. Falta-lhe a figura da alteridade. Daí que o indivíduo, o verdadeiro "sujeito" da personalidade autoritária, fale para vencer e subjugar o outro que só existe para ele como um objeto. A intenção do diálogo não faz parte do seu conjunto de valores, mas apenas o da dominação. Por isso ele usa a retórica que pode, ele engana, falsifica, a verdade não lhe importa; o grito, a força, o xingamento, a ordem, a ameaça configuram seu padrão de linguagem básico.

Pode nos parecer que o fascista seja uma figura anacrônica, já que vivemos em tempos democráticos. O "burguês", um termo relativamente velho que, segundo Roland Barthes, os próprios burgueses abominam, seria um nome bom para o sujeito da personalidade autoritária. O burguês é aquele que vive na aparência dos bons valores, mascarando a barbárie que atrapalha seu estilo de vida. O fascista é o sádico, sua satisfação é o ódio, sua expectativa é a destruição. No extremo, a diferença entre eles é que o primeiro mantém as aparências. A sinceridade não é um valor para nenhum dos dois. Partilham, no entanto, com máscara ou não, o mesmo projeto de um poder que se mantenha a si mesmo e que seja sempre o seu próprio poder. Ideia sem a qual vagamos no vazio de uma sociedade à deriva.

Se Arendt falava da banalidade do mal, Adorno falará do triunfo do mal projetado e lançado ao futuro, algo que não podia ter sido impedido desde que começou. Pois o mal é o triunfo do mal desde que não há como consertar o ocorrido, como fazer justiça ao passado. Ora, o que é o futuro diante disso tudo? O fato de que o mal seja também banal diz respeito à impossibilidade de frear o curso da História se não fizermos um esforço tremendo na direção contrária da personalidade autoritária de cada dia a qual podemos estar assumindo. O fascista é uma figura potencial em nossa cultura. Um modo de ser que se espalha como adesão possível enquanto é tendência dominante. Sua existência depende do fomento à burrice, à prepotência, ao ódio ao outro partilhado pelas pessoas e pelas instituições. Produzir um outro estado de coisas não será possível enquanto este modo de ser for fomentado e defendido.

Nossa personalidade autoritária de cada dia

No estudo psicossociológico intitulado *A personalidade autoritária* a intenção era abordar o que surgia naquela época como um novo tipo subjetivo relativo ao "fascismo potencial". Hoje estamos acostumados a esse tipo, que vem à tona, sobretudo, em contextos autoritários que parecem autorizar cada um ao mal banal. A "personalidade autoritária" teria como características a combinação contraditória num mesmo indivíduo entre uma postura racional e idiossincrasias irracionais. A pessoa marcada por essa personalidade seria um tipo individualista e independente enquanto, ao mesmo tempo, teria uma propensão fortíssima a se submeter à autoridade. Na catalogação das características da "personalidade autoritária" surgem vários pontos importantes que ajudam a compor aquilo que os pesquisadores chamaram de "escala F": o convencionalismo, a submissão e a agressão autoritárias, o ódio ao "intelectualismo", a incapacidade de se colocar no lugar do outro, a superstição e a estereotipia, o poder e a "dureza", a destrutividade e o cinismo, a projetividade e as preocupações exageradas sobre sexo.

Naquele estudo, o objetivo era entender o que se chamou de tipo discriminatório: o sujeito do preconceito. O fascista potencial não discerne, mas discrimina. Não reconhece, mas acusa. Os motivos do avanço do ódio ao outro em escala social que teria levado ao nazismo alemão eram a preocupação relativamente à mesma tendência nos EUA. O que Adorno e seus colegas de pesquisa chamaram de "fascismo potencial" seria a característica de indivíduos que se teriam mimetizado às tendências antidemocráticas da sociedade. Nessa formulação, o mais problemático é entender o caráter antidemocrático comum em indivíduos cultos porque concebemos *a priori* que a educação levaria a uma compreensão não apenas racional, mas também "razoável" das condições sociais. Nesta linha é que em outro texto de Adorno chamado *Educação após Auschwitz*[23] a educação precisa mudar de tarefa: ela deve ser luta contra a barbárie que não deixa de se repetir. A pergunta fundamental a ser partilhada por todos os que se encontram em processos educacionais seria justamente "como me torno quem sou?".

Neste ponto, podemos perguntar com Adorno: de onde viria a necessidade de submissão a um algoz, a um carrasco, a um líder paranoico, a uma tendência autoritária por parte de quem poderia entender esses mecanismos e, por isso mesmo, livrar-se deles?

Essa questão, colocada durante os anos da Segunda Guerra Mundial e que explicou o contentamento de grande parte da população brasileira na época da Ditadura Militar, ainda é a nossa. Poderíamos explicar o ódio ao outro na forma do racismo, da homofobia, do machismo, do ódio ao "comunista", sempre pelo argumento da ignorância. Mas não existe uma ligação direta entre o conhecimento como mera posse de informações eruditas e o senso ético. Vemos intelectuais fascistas agindo em diversos países, mascarando pela pompa aristocrática do "conservadorismo" o que muitas vezes não passa de ódio ao outro. Também o homem de bem, o simples cidadão, o leigo culto, qualquer um oculta seu ódio ao outro atrás da adesão a "verdades naturais" e jamais assume o seu próprio preconceito.

Poderíamos usar o estudo da personalidade autoritária para medir o nosso potencial fascista, ou seja, nossa chance de submetermo-nos à força de uma tendência política ou moral preponderante apenas porque surge com mais força do que outras e pode nos trazer "vantagens". A lógica das vantagens é inimiga da ética. Poderíamos usar a teoria da personalidade autoritária para entender por que tantos defendem aquilo que os oprime enquanto ao mesmo tempo se tornam opressores por adesão. Para entender a vítima que elogia o sistema, que odeia quem, parecendo mais vítima do que ela, denuncia a inverdade na qual ele se sustenta.

Ódio barato e ressentimento

Há um ódio barato vigente em nossa cultura. Ele é programado em direção aos pobres, aos tachados de loucos, às prostitutas, aos travestis, aos grupos de adolescentes que se vestem de modo inusitado ou pertencem a uma tribo que não a das roupas de marcas sempre aceitas e dos comportamentos estandardizados. Aquele que não se pergunta como ele se torna quem ele mesmo é também não se pergunta pelo outro. É o ódio que permite o apagamento do outro. Digo "ódio barato" porque é um ódio fácil de sentir. É um ódio autorizado, ele se dirige a quem é marcado como descartável pelo sistema econômico, social e político. Ele se refere a todos aqueles que não se encaixam também no econômico sistema mental de explicações preestabelecidas ao qual o fascista serve como sujeito do preconceito. Daí que ele se realize com explicações econômicas e defenda-se com um lema também barato, um primor das falsas verdades do senso comum: as coisas são como são e não podem ser diferentes.

Por meio de um último exemplo relativo às ruas das grandes cidades, não será difícil entender como pessoas "de bem", corretas pagadoras de impostos e obedientes às leis, possam ser portadoras desse ódio barato. Ele aparece, por exemplo, no mau humor geral contra motociclistas que trabalham entregando documentos e alimentos nas cidades grandes. Quem critica esse tipo de trabalhador montado em seu instrumento de trabalho em geral se serve dele. Não é diferente o ódio crescente aos ciclistas por parte de uma população de "bons cidadãos" que olham o mundo no limite das carcaças de seus carros. Ao ocuparem a rua com outra alternativa do que a prescrita pela Indústria da Cultura Automobilística, os motociclistas e ciclistas denunciam —

no lugar de vítimas — a burrice própria do sistema ao qual servem como vítimas e algozes. Ora, não foi por fim esse o lugar de Eichmann?

Humilhação — o cálculo do poder contra o espírito

A personalidade autoritária, com toda a carga de carência de reflexão que podemos denominar burrice, precisa de implementos para produzir-se e sustentar-se. As práticas que promovem humilhação são as mais certeiras nesse processo. A aniquilação da política e a fundação da antipolítica de nossos dias devêm desse processo no qual o poder calcula o lugar do espírito justamente humilhando-o no seu nascedouro. Se Foucault em sua *História da sexualidade*[24] chamou de "biopoder" o cálculo que o poder faz sobre o corpo, o fato de que "a vida do ser vivo está em questão" para o poder, podemos pensar também no cálculo que o poder faz sobre o espírito, sobre a inteligência enquanto ela é afetiva — inclusive, portanto, sobre a inteligência enquanto categoria moral. Podemos massacrar o corpo para evitar a chance de evolução do espírito, mas podemos também massacrar o espírito para dar lugar a um corpo dócil, robotizado, pronto a agir de modo banal e segundo as diretrizes do poder instaurado. O empobrecimento da experiência pela proibição do pensamento é o viés mais profundo que precisamos ter em conta. A morte do espírito é a garantia atestada pelo biopoder enquanto cálculo sobre a vida do espírito.

Os dispositivos promovem a humilhação como prática que leva à impotência da pessoa individual. A humilhação é a própria lógica do poder da qual ninguém pode escapar. Ela é a verdade da antipolítica de nossos dias. Humilhar: o verbo transitivo implica a ação ativa ou passiva de alguém: ou se humilha ou se é humilhado. Na origem, humilhar significa rebaixar e abater, desdenhar e submeter. Adão no Paraíso é o protótipo do indivíduo humilhado. Deus o proibiu de saber. Sua revolta contra essa humilhação constitutiva de sua condição humana rendeu-lhe o castigo divino, um preço a pagar com a responsabilidade sobre a própria vida pelo trabalho braçal e sofrido e outras formas de rebaixamento para sua parceira Eva, que deverá pagar em seu corpo de mulher, um corpo rebaixado e castigado pela menstruação e pela maternidade. No mito fica claro que se trata de um preço a ser pago biopoliticamente: o trabalho para os homens, a maternidade para as mulheres. Ou seja, um preço que se paga com a própria vida. O que quer significar que, na ignorância, todos somos irmãos, nascidos no grande ventre da humilhação ancestral, participantes de uma comunidade de ignorantes sob o jugo de um poder pátrio absoluto, físico e simbólico. O desejo de matar o pai sobre o qual falou Freud e a culpa dele advinda têm relação com a desmistificação contra a qual fora feita, por parte desse mesmo pai, uma promessa de felicidade.

O efeito mais claro da humilhação é a morte da subjetividade enquanto morte da expressão que é, em outros termos, morte da alma, do corpo-alma, e morte da política enquanto atividade desse corpo-alma. O menosprezo, a desvalorização de alguém estão no cerne da humilhação como característica da estrutura social, como estratégia de manutenção do poder. A humilhação é a destruição da subjetividade, também pela desmontagem dos processos de "intersubjetividade" enquanto laço que uniria pessoas na forma da produtividade social do diálogo e de outras ações entre elas. Não se humilha um objeto, apenas um sujeito — uma pessoa, um grupo, um povo — que, no ato da humilhação, é "assujeitado", ou seja, destituído de si. Para ser destituído de si, é preciso que seja destituído também de uma relação com o outro. Em uma palavra corrente: que seja dessubjetivado. Daí que o poder sempre evite a linguagem, a poesia, e toda forma de expressão pessoal. Daí que o poder humilhe a própria arte na forma da "indústria cultural". O diálogo também deve ser evitado, enquanto ele é processo de intersubjetivação indesejável pelo sistema que providenciará o cancelamento do "sujeito" pensante.

Não existindo esse espaço da autorreflexão, desaparece a chance da ética e, consequentemente, da política. Por isso, podemos dizer que a política de nosso tempo não é mais política porque, em vez de ser laço em que as relações entre indivíduos e instituições são valorizadas, constituindo a ação capaz de dar sustentabilidade à sociedade, ela se transformou no gesto de negar o outro, o gesto antipolítico por excelência na medida em que destitui a sociedade enquanto lugar de relações em que a própria ideia de sociedade está em jogo.

Mas que tipo de negação é a humilhação? O desprezo, o esquecimento ou a negligência, que conhecemos tão bem, fazem parte da estratégia geral da humilhação que constitui a antiética e antipolítica de nossa época. Em uma pragmática bem simples, a humilhação surge na pressão geral das instituições para que os cidadãos desacreditem deles mesmos e da própria coisa pública que os define como tais. A família é a primeira instituição a posicionar-se como guardiã da humilhação. O que já no passado muito distante de nós se chamava de *"pater potestas"*, o poder do pai, implicava a verdade daquele que existia com o direito da humilhação do outro a ele subjugado jurídica e socialmente. O filho, o subalterno, deveria ater-se à obediência sob pena de ser morto. A autoridade arcaica do *pater potestas* nos deixou um legado que é preciso enfrentar com cuidado diário: toda autoridade implica humilhação, e nosso desejo de democracia implica sempre algum tipo de confronto.

Contribuem para a humilhação todas as instituições fundadas no poder e a grande maioria dos indivíduos que delas participam: a arma usada pelas instituições é discursiva e prática. Assim, igrejas, numa tática antiga, convidam à humilhação por meio de uma moral invertida em que se tenta provar que o ruim é, na verdade, bom. Mais modernos, os meios de comunicação humilham a inteligência e a sensibilidade das pessoas com uma programação desrespeitosa, desde a propaganda para crianças até *reality shows*, que manipulam a posição intelectual de quem a eles assiste, forçando-os a acreditar que não apenas desejam, mas também merecem o que recebem. O governo, por sua vez, é a prática da humilhação em seu sentido mais definitivo. Quando um povo elege um imbecil para um cargo político, ele prova o triunfo do sistema da humilhação na qual a burrice e a esperteza dos agentes já não se diferenciam.

Como ato que se dá entre sujeitos, a humilhação implica sempre um afeto. O do ódio. Somente a personalidade autoritária é capaz de humilhar. Humilhado é aquele que não pode responder com a mesma violência que sofreu. A humilhação vale para indivíduos, mas marca o caráter das instituições. Deleuze lembra que Spinoza teria dito, em seu *Tratado teológico-político*,[25] que governantes e sacerdotes precisam da tristeza de seus súditos. Se aquele filósofo pode dizer que somos formados por duas espécies de afetos, a alegria que leva à potência de agir e a tristeza que leva à impotência da ação, podemos hoje desconfiar de que as atitudes políticas prototípicas do nosso tempo pretendem a paralisia do povo. Que a depressão seja uma epidemia mental em nosso tempo explica a inação como seu correspondente ético-político em um sentido negativo.

Toda a experiência humana é marcada por afetos. Nietzsche entendeu que a razão poderia ser o mais potente dos afetos, o que significa que nos enganamos ao pensar na frieza da razão, que, em seu íntimo, move o mundo apaixonadamente. Inspirados em Nietzsche podemos dizer que a política é a instituição que administra o mais impotente dos afetos, o ódio, que está no cerne da humilhação. Sair da humilhação implica um grande esforço de resistência, implica entender racionalmente a estrutura que humilha para desmontá-la passo a passo. Só a velha consciência de si, como consciência do valor próprio de cada um, é capaz de frear o trem do destino infeliz dos humilhados, que sempre são humilhados em seus corpos, em suas mentes, em seu modo de ser.

A subserviência provocada pela humilhação é o contrário da situação de presença, do estar em si, do que denominaremos "estado de experiência". Entramos neste estado (nesse *estar em*) quando nos sentimos existindo, como se, por motivos que escapam à nossa mais imediata compreensão, pensamentos e sentimentos se reconciliassem. A situação em que se vive essa profunda aproximação de si mesmo, como se eu me encontrasse com o que em mim me transcende, como se o que em mim é pessoal abrisse espaço ao impessoal, é a isso que chamaremos de experiência. A ideia de experiência é o que mais importa quando pensamos em uma vida ética do ponto de vista do "tornar-me quem sou". Que a experiência esteja em baixa é, portanto, a questão com que precisamos nos importar. Talvez o retorno à experiência seja um caminho de emancipação das amarras das tendências dominantes e sua produtividade antipolítica. Mas não é justamente isso que se evita a todo custo?

Experiência

O empobrecimento da experiência foi tema abordado por Walter Benjamin.[26] Benjamin falava dos motivos pelos quais a perdemos, o que denomina de experiência negativa. Pois que, para que haja experiência, é preciso que aquele que a experimentou sinta-se capaz de elaborá-la, de narrá-la. A experiência é sinal de que algo sedimentou-se no indivíduo. Que um acontecimento agora faz parte dele. Por isso, ele desejará contar aquilo que o tocou, pois que isso fez dele alguém desperto para a linguagem. A riqueza da experiência é, nesse sentido, riqueza da subjetividade. Justamente o que é eliminado no cenário da humilhação que destrói relações entre pessoas enquanto destrói sua relação com a linguagem. Contrário à humilhação introjetada que justamente impede a relação com o mundo na base de uma subjetividade não coisificada, a experiência é aquilo que se busca em uma vida justamente vivida.

Somos convidados, pelo sistema do poder erigido em instituições, a abandonar algo como a nossa experiência todos os dias. Entre nós a experiência é reduzida a *curriculum* e técnica de trabalho, a tempo de trabalho. As tecnologias que providenciam esta falsa experiência são usadas para a humilhação das pessoas em diversos sentidos. Temos que ser experientes, mas não ter experiências. Temos que viver anestesiados. Ao mesmo tempo somos excitados a todo momento, irritados, deprimidos, oprimidos, seduzidos, conduzidos, tudo para o fim de transformar este animal sensível e coletivo que somos em um robô, em espantalho do sistema do poder. Desistir da experiência e entrar no faz de conta espetacular torna-se regra em todos os campos da atividade humana. Contra isso é que a ideia de "presença" é fundamental. Mais que uma ideia, por presença designamos um estado a buscar como posicionamento não alienado, como estado do meu ser posicionado em mim mesmo.

Só faz experiência aquele que não se posiciona como humilhado, aquele que não se deixa levar. A experiência carrega algo de revolta contra a ordem econômica e política do mundo. Isso quer dizer que, de um ponto de vista ético, a experiência é a situação de presença para si. Presente em si mesmo e para si mesmo, em seu próprio processo, autocolocada em suas ações, a pessoa individual que se contrapõe à humilhação. A autonomia ética depende desse posicionamento que implica o estado de experiência. Isso só é possível enquanto a pessoa humana está ligada à linguagem, a qualquer linguagem, quando sabemos que toda experiência acontece na linguagem. Fora da linguagem, que nos permite pensar reflexivamente, encontramos a opressão e a humilhação que nos nega em nós mesmos. Daí que a violência seja, também ela, uma forma de linguagem (simbólica ou física) que, no entanto, destrói a chance de qualquer outra linguagem. A violência está ligada ao mal porque ela elimina toda chance de algo "bom".

A matéria de nossa vida interior, assim como de nosso cotidiano, é a experiência. Experimento com meu corpo, conheço algo mesmo sem poder explicar o que isso significa em palavras. Experimento quando algo se dá para mim como linguagem, mesmo quando essa linguagem não é discursiva e facilmente comunicável. Empobrecida a experiência, o que nos restaria de vida?

O termo "experiência", como se pode suspeitar, tem uma vasta história. Basicamente, ele se torna importante no contexto da filosofia empirista que se construiu no século 18 por oposição ao racionalismo. Dos empiristas clássicos, como o inglês David Hume, para quem a razão se reduz à experiência, ao hermeneuta alemão do século 20, Hans Georg Gadamer, para quem a experiência diz respeito a certa relação com a compreensão, passando por Descartes e Kant, esse é o termo central para designar um espectro muito amplo de acontecimentos mentais e corporais. De qualquer modo, a experiência é sempre algo pré-conceitual que se relaciona à linguagem como algo que pode ser comunicado ou pelo menos expresso. Ela não se refere à nossa capacidade de pensar ou escrever, embora isso tudo também tenha o seu elemento de experiência, mas é a condição mais elementar e primitiva de nossa relação com o mundo enquanto corpos que estabelecem relações com o mundo e enquanto a estas relações podemos chamar de linguagem.

O conceito de experiência que quero enfatizar aqui, para dar os contornos desta filosofia prática que estamos a construir, aproxima-se da teoria de Walter Benjamin. Na filosofia de Benjamin a experiência não é conceitual, ela é viva, é primitiva, relaciona-se à capacidade de ter uma ideia, de resgatar um mito antigo, uma história por imagens, de narrá-la novamente. O que está em jogo para Benjamim é a linguagem fora da mera representação conceitual do conhecimento científico, algo que é importante para um filósofo como Kant, a quem Benjamin, neste aspecto, se opõe. O que interessa a Benjamin é esta linguagem como magia que nos une às coisas, que nos une uns aos outros, que nos permite salvar-nos neste mundo em que todos estamos abandonados à própria sorte.

Assim, com a ideia de "pobreza da experiência" Benjamin se referia a aspectos da cultura de sua época. A pobreza da experiência implicava em primeiro lugar um desinteresse das pessoas em novas experiências. Era como se as pessoas estivessem indisponíveis. Comparando com aquela ideia, gostaria de anotar aqui a característica de fechamento subjetivo para o mundo que é típica de nossa época. Ora, se a experiência é sempre aquilo que se busca, ao mesmo tempo que é aquilo que já se tem, podemos pensar que a característica da experiência é ser marcada pelo desejo de algo outro. A experiência é aquilo que, sendo vivido, me mostra que não me basto. Que preciso do que me transcende. Mas só posso saber disso se sou para mim mesmo algo concreto. No tempo, o passado e o futuro que só se constroem no presente sempre me transcendem e me ensinam algo. No espaço, a comunidade, a coletividade também me ensinam que há algo além de mim que eu também sou. O limite da subjetividade nunca é meu eu, mas certamente eu faço parte do que sou.

Ao mesmo tempo, a pobreza da experiência avança na barganha diária com o "atual" ao qual tudo é entregue. O atual é o imediato, o disponível a que tudo vem sendo reduzido. O que não cabe no "atual" é "atualmente" descartado. Os meios de comunicação que reduzem o conhecimento à informação são exemplo dessa entrega. A moda também. No texto de Benjamin, o advento da notícia jornalística como verdade é concomitante ao fim da arte de narrar.[27] Ela diz respeito ao empobrecimento da própria função sociopolítica da comunicação. Nesse sentido, os meios de comunicação de massa são meios violentos que impedem a experiência.

As pessoas acabaram por ter sua experiência reduzida à mera vivência das coisas mais imediatas, como a técnica. Isso já é um feito do fim da experiência que exige sempre certo grau de distanciamento. Nesse sentido, se em Benjamin as pessoas eram loucas por cinema e jornal e isso alterava todo o seu jeito de ver o mundo, em nossa época as pessoas ainda são loucas por cinema e jornal, mas também por carros, computadores, eletrodomésticos e celulares. A técnica domina o mundo, e a racionalidade da dominação, que se vale da pseudocomunicação de nosso tempo, também. As pessoas estão agarradas a um tipo de materialidade das coisas consumíveis que não promove transcendência, que não melhora o olhar sobre o mundo, que coisifica e aliena como se isso não fizesse mal a ninguém. Ora, é preciso esquecer desse mal, do mal da falsidade, para que ele frutifique. A falsidade das coisas deixou de ser problema porque o sistema econômico e político depende dela. Contra ela, a experiência seria sempre a experiência da verdade. O fim da experiência promove justamente esse esquecimento do mal, é concomitante ao esquecimento do mal e ao abandono da experiência da verdade. O problema da experiência certamente não está no simples uso do celular, mas o fato é que o próprio uso do celular está condicionado ao empobrecimento da experiência, num círculo vicioso.

Benjamin deixa claro em seus textos que o conflito presente na ordem da experiência é aquele entre cultura e barbárie, mas que a própria cultura é que se tornou bárbara. A cultura bárbara é a de massas oprimidas em que cada um é privado de sua própria biografia. Torna-se questão que a humanidade possa sobreviver à cultura, que é, na verdade, a nova barbárie. E, neste ponto, talvez a humanidade tenha algo de bárbaro contra essa nova barbárie. A dialética entre cultura e barbárie é o que, em qualquer caso, sempre apavora.[28] A pobreza da experiência diz respeito, assim, mais profundamente, ao lugar da cultura. Nela podemos nos perguntar quem somos, mas isso já seria uma afronta ao que o sistema econômico e político pede a cada um. Pensar, dialogar, criar novas formas de linguagem pela arte já não é desejável porque leva à sobrevivência da experiência, e a experiência como estado de presença para si mesmo não é algo a ser promovido pelos donos do poder, que bancam o sistema à custa da dominação das pessoas comuns transformadas em estatísticas.

É a cultura que subtrai do ser humano, do "frágil e minúsculo corpo humano", a sua experiência como oportunidade da linguagem, como oportunidade da criação da própria vida por meio dela. Como quando soldados vão à guerra e voltam mudos, como quando não somos mais capazes de compartilhar narrativas porque não sabemos mais conversar uns com os outros. Tais são os exemplos de Benjamin. Mas vejamos como isso se desenha em Kafka, que nos ajuda a chegar bem perto do que está acontecendo conosco. A imagem literária oferece-nos aqui uma sinopse da perda da experiência à qual nos acostumamos na atualidade diária de nossas vidas burocraticamente vividas.

A experiência de Kafka

Embora a experiência sempre possa sobreviver, ela se encontra ameaçada de morte há muito tempo e cada vez mais. Em especial, dois textos de Kafka nos encaminham para uma compreensão da ideia de experiência em suas potencialidades humilhante ou redentora. Um deles é o conhecido *A metamorfose*, publicado em 1915. Todos conhecem a história de Gregor Samsa que em certa manhã, tendo acordado de "sonhos intranquilos, encontrou-se em sua cama metamorfoseado em um inseto monstruoso".[29] Quando se dá conta de que tem o "ventre abaulado", "numerosas pernas", além de diversas outras características abjetas, ele se pergunta "o que aconteceu comigo?". Naquele contexto, o fato de que não estivesse sonhando não mudaria muita coisa. A atmosfera era das mais estranhas para ele mesmo, e logo o foi para a família que o descobriu naquela situação. E, assim como ele se acostumava à sua nova forma, aos poucos a família se acostumava ao que ele se tornara e acabou por deixá-lo de lado.

A novela de Kafka nos oferece a ideia do empobrecimento da experiência como algo subjetivo e objetivo ao mesmo tempo. O inseto sonolento vai se tornando cada vez menos pensante, cada vez mais incapaz de qualquer coisa. Quando morto, ele fica "plano e seco" e é jogado fora pela faxineira como algo abjeto e inútil, que não interessa a ninguém mais. A ele nenhuma dignidade foi reconhecida, sequer um enterro ele terá.

O inseto de Kafka, à sua maneira, responde à questão do "tornar-se quem se é". "Como me torno quem sou?" Ora, atravessa o texto a questão do empobrecimento das relações na esfera do coletivo. E é fato que destinos se entrelaçam: cada um torna-se quem é junto dos outros. Cada um é parte de uma grande construção coletiva. A família do personagem metamorfoseado sente-se livre quando ele morre. A família não viveu uma experiência rica, mas levará consigo para o futuro a pobreza da experiência na forma da vida burguesa que simplesmente continua, como se nada tivesse acontecido. Nesta história de Kafka, tornar-se quem se é é tornar-se nada. A pobreza da experiência é vivida na carne do estranho corpo do inseto reduzido pelos outros a um resto. Mas a descoberta vivida por ele foi a descoberta que permitiu a própria narrativa, que mostra que, embora condenado à morte e ao nada, ele ainda não estava morto. A meu ver, a experiência da profunda contemplação da própria vida que está na base de toda a narrativa era o que o mantinha vivo.

Em outro texto, talvez menos conhecido, chamado *Na colônia penal*,[30] vemos outro substrato da experiência que cabe pôr em questão. Trata-se ainda da experiência empobrecida no âmbito da coletividade. Talvez se trate da experiência no ápice de sua degradação, a experiência autoritária representada na figura do personagem do "oficial" que, coerente e frio, disfarçado e burocrático, manipula uma máquina de tortura. A máquina é um aparelho complexo, cuja estrutura é composta de uma cama e de um desenhador, composto por sua vez de um rastelo com agulhas. Inclui ainda um tampão de feltro que se coloca na boca do condenado para que não grite, coisa que o condenado deve aceitar sob pena de ter o pescoço quebrado pelas correias. O procedimento é abjeto. O condenado é colocado de bruços sobre a cama e uma coisa estarrecedora acontece. Como informará o oficial ao explorador que o visita querendo saber do funcionamento da máquina, a função do rastelo é, naquele momento, a "execução propriamente dita da sentença". No caso, "o mandamento que o condenado infringiu é escrito no seu corpo com o rastelo". O condenado, entretanto, não sabe de que sentença se trata. Ele permanece sem entender nada. O visitante estarrecido insiste na pergunta. No entanto, a única resposta que recebe sobre a sentença ignorada pelo sentenciado é que "seria inútil anunciá-la". E por fim, a resposta crua: "ele vai experimentá-la na própria carne". O sentenciado não sabe nada sobre sua sentença, sequer tem conhecimento de que foi condenado. Não teve, portanto, a oportunidade de defender-se. O que rege a operação é o princípio do oficial de que "a culpa é sempre indubitável" como se fosse a evidência mais reta e, por isso, não haveria nenhuma necessidade de agir contra ela chamando a justiça à cena. Ela era a verdade e a justiça que destitui a necessidade de qualquer processo.

Vale lembrar que o oficial usa um uniforme do qual é muito zeloso, e parece um carrasco diretamente saído do escritório. Certamente a história de Kafka é, neste ponto, uma crítica à burocracia. O carrasco nos lembra Eichmann em todo o seu modo de ser, mas também no destino que constrói para si mesmo. Pois, ao fim, ele mesmo se autoexecuta na máquina da qual era o devoto servidor.

Nesse conto vemos surgir outra dimensão do empobrecimento da experiência. A ideia de uma sentença escrita no próprio corpo refere-se à lei, ao universo da cultura, à sociedade, às instituições. Como em vários dos contos e romances de Kafka, o que está em cena é o diminuto corpo humano diante de forças que o oprimem e controlam. O que nessa novela se revela como assustador é o caráter inconsciente de tudo aquilo que será vivido pelo condenado, bem como o próprio caráter inexprimível da sentença. A experiência imediata, aquilo que em Benjamin seria chamado de "*Erlebnis*" (que se traduz por vivência), por oposição à experiência enquanto "*Erfahrung*" (que se traduz por experiência), cuja característica é implicar o outro, teria o poder de invadir o corpo sem lhe dar a chance de escapar. Aquilo que tortura o faz em silêncio e investindo na imediatidade, no mais direto, no inexplicado, no corpo antes que possa ser representado pela linguagem. A sentença está dada, a decisão foi tomada, mas apenas pode ser conhecida enquanto escrita no corpo. O caráter representado da experiência não importa, porque não importa conhecer sua representação, o que permitiria lutar contra ela. Cinicamente, no entanto, o saber do condenado está muito aquém, na opressão escrita e torturante, ao que ele mesmo sofrerá na carne. Como informa o oficial, esse tipo de escrita "não é caligrafia para escolares". A escrita, por mais que atue imediatamente sobre o corpo frágil do condenado, não é ela mesma direta ou reta. A escrita precisa durar bastante tempo e ser cheia de ornamentos e floreios. Porque ela precisa atingir o âmago da força do indivíduo concreto, como na tortura. A objetividade do processo é algo que se busca apenas enquanto ela incide na subjetividade. Ele precisa ser indireto, insidioso, convincente. A convicção é alcançada pela "retórica" do processo da própria máquina. A máquina da escrita da tortura deve operar em camadas sobre o corpo. Quem assiste não consegue decifrar a escrita, mas o homem condenado a "decifra com seus ferimentos".

Nesses dois exemplos tirados de Kafka, encontramos o motivo do empobrecimento da experiência. De um lado, pelo evento casual de uma metamorfose corporal da qual o indivíduo não sabe nada. De outro, pelo incremento técnico que pretende incidir sobre o corpo de um indivíduo qualquer. Talvez aquilo que Michel Foucault chamou de "anatomopolítica", a forma paralela do biopoder, ou seja, do "cálculo que o poder faz sobre a vida" em nível individual, seja o que mais se aproxima desse tema em Kafka. Nesse ponto, podemos dizer que a pobreza da experiência não é uma produção pessoal, mas que o que resta de pessoal é justamente um corpo rebaixado a resto de si mesmo pela violência que visa ao aniquilamento da experiência.

* * *

O que somos fora de nossa experiência? Pobres coitados, como costumamos afirmar sobre as mais infelizes criaturas. A experiência seria o contato com o espírito, com meu corpo-alma, seria meu saber acerca do que eu mesmo vivo enquanto estou vivo para mim. Um saber sempre pessoal que é cinicamente deturpado pelo sistema, a "máquina de tortura" do mundo. A experiência seria o meu saber (sensível e intelectual) que me permitiria o encontro com o que sou e com o momento impessoal do que vivo. A pobreza da experiência assume, certamente, o desenho do espírito de nossa época, voltado apenas para a novidade da mercadoria, e para a conservação do mais-do-mesmo.

O "mais-do-mesmo", a repetição à qual somos condenados como robôs, começa com a afirmação da "consciência" em um nível transcendental, supostamente partilhado por todos como "a verdade". A experiência contra seu empobrecimento surge nesse ponto não como "consciência", mas como "contraconsciência", como capacidade crítica que valoriza o que foi vivido à maneira de cada um enquanto ao mesmo tempo "re-liga" cada um ao outro (ao que transcende "o mesmo") em um processo contra-alienante. O problema, então, se desloca para a forma do empobrecimento, ou até mesmo para o que surge como impedimento da experiência, na medida em que os esforços sistemáticos da sociedade e seus poderes constituídos se dirigem ao aniquilamento da subjetividade, ao aniquilamento do "sujeito" enquanto aquele que é capaz de fazer experiência.

Não seria isso o que nos mostra Kafka com seus exemplos pavorosos? Que fomos privados de nosso próprio corpo, de nossa alma, de nosso espírito, enquanto alienados no "espírito do tempo" e, nesse sentido, de nossa própria experiência? Não seria Eichmann alguém não mais capaz de sua própria experiência? Destituído de sensibilidade e de capacidade de reflexão, não seria ele tanto vítima quanto algoz? Tanto fruto do sistema quanto aquele que o mantém? Mas isso não o colocaria no lugar de torturador e vítima? Lembremos que, no final do conto de Kafka, o oficial se autocoloca na máquina e morre...

Estar fora de si, sucumbir ao todo, não valer mais nada nos definiria ainda como seres que podem "se tornar quem são?". Se, no contexto da entrega à pobreza da experiência material, corporal e espiritual (tudo ao mesmo tempo), não somos mais "algo" que poderíamos chamar de "eu", se o pronome "nós" já não se configura como categoria ética e existencial, estaríamos autorizados ao mal e, sobretudo, a um mal que não nos desse tanto trabalho, a um mal que se coloca como menor, como não tão grande, simplesmente porque é banal? Por fim, que o mal ocorra também a nós mesmos e isso já não importe significa que fomos anestesiados? Mas o que isso significa? Que perdemos nosso corpo, nosso sentimento, nosso senso de existência junto com nossa experiência.

Mistério da corrupção

Podemos agora, depois de conectados ao sentido da experiência, voltar à banalidade do mal, que conhecemos em nosso cotidiano muito concretamente no contexto do que podemos chamar de cultura da corrupção. A simples corrupção poderia ser o mal — mas que tenha se tornado parte da cultura, um aspecto nela distintivo, revela-nos algo ainda mais estarrecedor. Somos convidados à corrupção como à máquina de tortura que, como oficiais, somos treinados para operar. Como estamos vendo desde o início, o mal é de estarrecer porque vivemos no pressuposto existencial do bem que é tido por todos nós como a tendência à autoconservação. Imaginamos, sob este paradigma, que o mal que ocorre entre nós é exceção. Por outro lado, se o mal se torna regra e não nos prejudica diretamente, aprendemos a conviver com ele. Se nos faz mal e podemos negociar, quer dizer que ele ainda é suportável. Ou que, por fim, se torna mais que tudo isso, até mesmo algo vantajoso. Ou seria aquilo que chamamos de vantajoso o próprio princípio do mal?

O mal torna-se entre nós algo trivial; não a exceção, mas a regra. No caso da corrupção, entendida como gesto deliberado e inevitável em tomar para si o que pertenceria de direito a outrem — como quando um político desvia verbas de escolas e hospitais para sua própria conta bancária, valorizando fins privados contra fins públicos, ou como prática oportunista de levar vantagem, quando alguém mente em benefício próprio falando mal de um colega de trabalho —, ela se torna um dado estranhamente afirmativo da cultura. O cinismo é elevado a razão social quando pensamos que a corrupção é inevitável. Se hoje podemos nos perguntar "quem não seria corrupto?" é porque entendemos que a corrupção tomou aquele lugar do bem na autoconservação social em geral. A corrupção é a regra. Mal do nosso tempo, ela aparece como uma nova regra de qualquer conduta, uma contraditória "moral imoral". Da governabilidade aos atos cotidianos, o corrompido mundo da vida, no qual ética e política cindiram-se há muito tempo, transformou-se na sempre saqueável terra de ninguém.

Faz sentido dizer que a corrupção seja a nova moral porque a moral não é a ética. Como toda moral, a corrupção também tem a sua rigidez de regra. Daí a impossibilidade do seu combate por meios comuns: com relação ao direito à polícia, a corrupção também atinge os poderes que deveriam debelá-la. Ironicamente, grande parte da população estaria na prisão se a corrupção fosse punível, a começar pelos políticos. Mas o próprio sistema carcerário é corrompido e corruptor, nele vivem pessoas que não têm mais nenhuma pena a cumprir e que sobrevivem ali porque abandonadas à — e pela — lei. O próprio sistema vive e sobrevive da corrupção.

A força da corrupção é a do costume, é a da "moral", aquela mesma do malandro que age "na moral", que é "cheio de moral". O malandro da favela, por sua vez, não é o sujeito autônomo esperado em toda reflexão ética. Também ele é servo de alguém. Ele aprendeu a "moral" com seu algoz, com o malandro disfarçado no poder da elite econômica e política que está na outra classe social, morando em outro bairro, comendo outra comida e usando outras drogas. O gesto corrupto é coletivo. Embora a materialidade seja diferente, o princípio que rege a ambos é o mesmo. Não há ética porque o sistema econômico e político já decretou a corrupção como seu modo de ser mais elementar e o fez há muito tempo, servindo-se dela para manter-se em seu lugar. Infelizmente, a "moral" de todos esses é muito mais forte do que a delicada reflexão ética que envolveria a autonomia de cada agente. E que só surgiria pela educação ética e política que buscasse um pensamento reflexivo. Ética seria a ação contra a moral que libertasse cada um dos atos dessubjetivantes, alienantes e submissos aos quais estamos todos condenados.

Mistério da honestidade

A tradição teológica e filosófica nunca conseguiu explicar aquilo que se chamou de "mistério da iniquidade", a existência do mal como potência do desejo e da ação humanos. O sistema da corrupção, contudo, criou um novo mistério, o da honestidade.

O sistema da corrupção é composto por um jogo de forças em que uma das mais importantes é a "força do sentido". É ela que faz perguntar, por exemplo, "como é possível que um policial pobre se negue a aceitar dinheiro para agir ilegalmente?". Se é comum que no Brasil atual a polícia militarizada (mesmo sendo pobre) espanque e mate jovens e outros pobres, a existência de um sujeito diferente cria um questionamento que é invertido eticamente. Há algum tempo a notícia nos jornais de um policial honesto surpreendeu a muita gente. O simples fato de que a pergunta seja deste modo colocada implica o pressuposto de que uma verdade ética tal como a honestidade foi "transvalorada". Isso significa que foi também desvalorizada. A honestidade pode ser uma postura, mas é também uma expectativa. De um lado, podemos nos perguntar se ser honesto hoje é outra coisa em relação a antigamente, mas também podemos perguntar se, mudando o sentido da honestidade, não mudou, na verdade, a expectativa de quem seja seu portador.

Se a conduta de praxe seria não apenas aceitar, mas exigir dinheiro em troca de uma ação qualquer na contramão do dever, é porque no sistema da corrupção o valor da honestidade, que garantiria ao sujeito a sua autonomia, foi substituído pela vantagem do dinheiro. Mas não somente. Aquele que age na direção da lei age como que contra a moral caracterizada pelo "fazer como a grande maioria", levando em conta que no âmbito da corrupção se entende que o que a maioria quer é "dinheiro". O dado cultural — e tão antiético quanto antipolítico da corrupção — está nessa universalidade consentida à qual qualquer um adere alegando necessidade ou, pior, um mero estado geral das coisas do qual ninguém está impedido de participar. E quem não está impedido também não se sente impedido. Assim, o antissujeito corrupto da banalidade do mal falsifica sua autonomia alegando heteronomia. Diz-se dependente enquanto autonomamente escravo, e, assim, se contradiz.

Verdade é que a ação em nome de um universal por si só caracteriza qualquer moral. É por meio dela que se faz o cálculo do "sentido" no qual, fora da vantagem que define a regra, o sujeito honesto transfigura-se imediatamente em otário. Salvar a si mesmo, salvar a alma, seria poder manter sua autenticidade como pessoa diante desses convites sedutores à corrupção. Quem entra nela já perdeu a si mesmo, mas quem diz que neste sistema algo como ser si mesmo por meio de sua experiência própria, de sua presença para si mesmo, ainda seja um valor?

Se a "moral" é medida em dinheiro (ou em qualquer forma de capital), renunciar a ele poderá parecer um luxo a que só tem direito quem, porventura, tendo muito, possa esnobar a matéria, ou o imbecil que não entende "do que realmente se trata". Na verdade, a estranha "crítica" ao "otário" que "não quer dinheiro" é uma crítica semelhante à que se faz àquele que não crê em religião alguma, ou em deus nenhum. O luxo em questão é o contraditório luxo de pobre, já que a questão da honestidade não se coloca para os ricos, para quem tal valor parece de antemão assegurado. Daí que jamais se louve nos noticiários a honestidade de alguém que não se enquadra no estereótipo do "pobre". Honesto é sempre o pobre elevado a cidadão exótico. Que o sistema econômico na figura dos meios de comunicação elogie esse "pobre otário" é sinal de que o elogio já serve para criar a humilhação que impedirá outros tipos de honestidade. Em palavras simples: a desonestidade é um valor no âmbito do valor total do capital.

Na verdade, por meio desse gesto o pobre é colocado à prova pelo sistema. O pobre é colocado no "seu lugar", como se diz por aí. Afinal, ele teria tudo para ser corrupto, ele teria o mal da pobreza que seria eliminado pelo "bem" da riqueza. Ou seja, teria todo o motivo para corromper-se, pois o mal é algo que se debela pela moral do dinheiro. Mas teria também todo o perdão? Claro que não. Pego, ele seria preso no sistema carcerário que, ironicamente, é feito para quem não quer ser, segundo o próprio sistema, um otário. Presos, no entanto, são apenas os pobres.

O cidadão exótico — pobre e honesto —, que deixa de agir na direção de uma vantagem pessoal, estaria como que perdoado por antecipação ao agir imoralmente sendo pobre, mas não está. A frase de Brecht seria sua jurisprudência mais básica: "O que é roubar um banco comparado a fundar um?" Ora, sabemos que essa "moral imoral" tem sempre dois pesos e duas medidas, diferentes para ricos e pobres. Para poderosos e sem poder. A ela podemos dar o nome de moral do mercado. Assim como presenciamos a derrocada da política, podemos também levar em conta o fim da ética nesse contexto. O mercado é o monstro que as devorou com a língua de fogo do dinheiro que a todos encanta. A ética está morta a pauladas; a moral, contudo, está mantida.

No vão que separa a vida dos pobres da vida dos ricos, vem à tona a incompreensibilidade diante do mistério da honestidade. De categoria ética, ela desce ao posto de irrespondível problema metafísico. Pois quem terá hoje a coragem de perguntar como alguém se torna o que é quando a subjetividade, a individualidade e a biografia já não valem nada e sentimos apenas o miasma que exala da vala comum das celebridades, da qual o cidadão pode se salvar apenas alcançando o posto de um herói exótico, máscara do otário da vez?

Cultura da negligência

É nessa cultura da corrupção, enquanto banalidade do mal praticada diariamente, que vemos nascer a cultura da negligência em relação a tudo que não seja capital. Na cultura devotada ao capitalismo, vivendo sob a regra da moral do mercado, só o capital merece cuidado. A negligência é a lógica que dele surge. No famoso conto "O veredicto", de F. Kafka, o pai afirma ao filho após uma briga cheia das mais estranhas acusações: "Você está condenado à morte por afogamento."[31] O filho se dirige à ponte e se atira à água, mostrando que é impossível superar a sentença paterna. O pai e a sentença são metáfora da lei, em si mesma, inescapável. Não há para onde fugir diante da condenação à morte. No Brasil atual muitos jovens são mortos por policiais militares por serem pobres — ou sem motivo algum. Além da morte por assassinato, a sentença kafkiana pode ser adaptada às circunstâncias históricas e sociais do Brasil atual: "Você está condenado à morte por negligência."

O clichê de que o Brasil é o país do "jeitinho", o país da "gambiarra", acoberta o fato infinitamente mais perturbador da "negligência" elevada a uma espécie de "Razão de Estado". A teoria da Razão de Estado se refere aos usos e abusos que governantes fazem da lei em nome da "segurança" do Estado. Ocorre que, em nosso país, a corrupção tornou-se essa espécie de lei, a maior de todas porque todos (políticos e cidadãos comuns) se fazem soberanos para praticá-la. Impera a corrupção como violência privada contra a coisa pública e cresce a negligência como comportamento coletivo. O abandono é a lógica e o abandonado afirma em cada gesto o "salve-se quem puder". O Estado foi reduzido a algo como um "prostíbulo", um espaço em que a lei é a da exceção, ou do "fora da lei" legalizado. Estar condenado à negligência é estar condenado a tudo, à falta de saúde, à falta de educação e, inclusive, à morte nas ruas, nas favelas, nos corredores de hospitais.

Nesse quadro geral, persiste, no entanto, a "cultura" como o modo de vida que desenvolvemos e repetimos diariamente enquanto somos uma "sociedade", embora poucos se lembrem disso. É preciso pensar nisso se quisermos mudanças éticas (logo, reais). Certamente poderíamos questionar se ainda nos autorrepresentamos como "sociedade", pois que a própria ideia de "sociedade" parece não fazer sentido. Já quando falamos de "país" não estamos meramente generalizando, mas referindo-nos às condições da cultura partilhada por todos sob o mesmo "Estado, nação, território" cuja complexa conta a ser paga o será por todos e cada um. Menos por aqueles que, tendo se aproveitado da corrupção, sempre têm dinheiro para fugir.

É nesse cenário que a triste questão da negligência como característica da corrupta cultura contemporânea brasileira é inevitável. A negligência é um sério problema em nossa política sem ética, mas também em nossa cultura sem ética. Em seu significado essencial, ser negligente significa não saber ler. Descuido e desatenção derivam de que, na origem, quem não sabe ler não poderá ler justamente a lei que se dá a conhecer aos cidadãos sempre por escrito. Alegar desconhecimento da lei é, portanto, desconhecer que sua implacabilidade pressupõe saber sobre ela. Diante da lei ninguém é analfabeto. Mas isso é apenas o que a lei diz. O analfabeto não sabe disso. E por mais que isso possa ser verdadeiro, no âmbito do cotidiano todos somos analfabetos até o momento da multa ou da prisão. Somos analfabetos jurídicos e políticos. Ao mesmo tempo, a Constituição Federal, a Lei Magna, é "esquecida" por todos os governantes (ou quase todos, claro, pois toda regra obviamente admite exceções), que se fingem de tontos porque o contrário daria muito trabalho e não traria nenhuma vantagem pessoal.

A negligência é a forma de ser dos tontos que somos todos nós em um tácito acordo corrupto contra o que deveria ser a lei enquanto paradigma social. A negligência é a nova conduta autorizada a ocupar a instância simbólica da lei. Em nível de cultura, é como se estivéssemos todos autorizados à negligência, a não saber ler. Como se a própria lei criasse as condições para não ser compreendida, esperando que surgisse, sob suas patas, o pobre criminoso que a descumpre. Em resumo, a fazermo-nos de bobos, não entendendo como as coisas deveriam ser feitas para o bem de todos. A democracia está interrompida pelo simples fato de que, sendo analfabetos em diversas dimensões, não podemos — não sabemos — participar dela. Não sabemos sequer do que se trata quando se fala em democracia. E temos medo, como um analfabeto tem medo de ler. Mas, ao mesmo tempo, saber sobre democracia só seria possível em uma cultura que não produzisse a burrice socialmente com objetivos tão claros de manutenção das "coisas como elas são".

Ao mesmo tempo, em situações de catástrofe, a cultura da negligência geral, na qual a ação responsável está completamente fora de questão, espera que haja punidos individualmente. Se a Razão de Estado está em cena sustentando o Estado, nada melhor que haver um único culpado. Se nos lembrarmos de crimes como o assassinato de Eloá Pimentel por Lindemberg Alves; da tragédia de Realengo, quando vários estudantes de uma escola foram mortos por um ex-aluno; e, por fim, o caso da boate Kiss, de Santa Maria, transformada em campo de extermínio em janeiro de 2013, veremos que os poderes instaurados em torno do Estado se esforçam por acusar um indivíduo — ele mesmo culpado, é verdade, mas não o único culpado, não a origem de todo o "mal" que salva o Estado, e instituições em geral, como, por exemplo, a mídia, em sua falta de responsabilidade para com a sociedade. Quando uma jovem adolescente engravida, pesa sobre ela a responsabilidade por seu ato quando, mais profundamente, se trata de uma responsabilidade coletiva acobertada pelo clima de abandono ao qual estão condenados os jovens no seio das famílias e escolas. Ao mesmo tempo, a cultura da corrupção, pronunciada diariamente por cada indivíduo, naturaliza a corrupção e tende a salvar os indivíduos corruptos como se eles fossem apenas sujeitos que agem naturalmente. Para que possam agir assim, é bom que haja o monstro real que, de vez em quando, pratica seu crime "hediondo". A corrupção diária e banal, contudo, nunca é tratada como coisa hedionda. Assim, dois pesos e duas medidas mantêm as interpretações sempre no lugar.

Na cultura da negligência não há esmero em "ler" melhor o livro da sociedade que ajudamos a escrever todos os dias. Esse saber não parece ajudar aquele que leva vantagem com o estado cultural e social atual. Seria fácil repetir o clichê de que "a culpa é do governo", mas o clichê acobertaria o fato político mais profundo dos interesses individuais da classe governamental contra o povo controlado de perto pela publicidade. O próprio uso da violência policial é nefasto, mas explica o modo de ser do governo autoritário em conluio com a violência simbólica praticada pelo braço do mercado aliado do Estado chamado publicidade. O fato biopolítico de que estamos todos condenados à morte, seja por falta de políticas para a educação, a saúde, o trabalho, é mais do que evidente. Não é preciso conhecer a sentença à qual se é condenado, como no conto de Kafka, porque ela será inscrita na nossa pele. O analfabetismo político — ao lado de todos os outros — é a grande boca que pronuncia essa sentença.

Perguntarmo-nos sobre quem somos, sobre "quem estamos nos tornando?" nesse cenário parece ser o único caminho para um ponto de vista lúcido: pensar no que cada um faz no contexto do todo em que cada um partilha os efeitos do que cada um faz em nome de si mesmo.

O pessoal é impessoal — o outro me importa

A ideia de que o pessoal é político surgiu na expressão da feminista Carol Hanisch. Na base dessa frase está o feminismo como ético-política. A frase é de efeito, daquelas que nos levam a pensar. Ela implica o posicionamento de cada um no político, a eliminação da fronteira entre público e privado, entre desejo e poder. Isso quer dizer que cada um está no mundo social com aquilo que é e, ao mesmo tempo, cada um é fruto daquilo que está além de si. A questão de o pessoal ser político nos serve de ponto de partida para pensar a ética de um modo geral enquanto ela implica o que somos, como nos tornamos o que somos, enquanto isso só se constrói porque vivemos junto uns dos outros. Ela nos coloca que a primeira questão pessoal sou eu enquanto sou de algum modo outro, sou o resultado de um processo que está muito além de mim e, ao mesmo tempo, posso dar continuidade a ele ou modificá-lo.

A tese do vazio do pensamento nos coloca diante do espectro que vai do pessoal ao impessoal. Ela implica a tese da banalidade do mal enquanto banalização da própria experiência de pensamento tal como a vimos exposta na figura de Eichmann. Talvez possamos entender o seu sentido levando em conta que, em nossa época, não nos importamos com o que pensamos, tampouco com o que fazemos. Pensamos o que já foi pensado como se obedecêssemos a uma lei não escrita. Do mesmo modo, agimos sem pensar no que fazemos. Seguimos a vida como autômatos. Mas o automatismo não é uma mera fantasia explicativa do mundo. Ele se torna cada vez mais um fato em uma sociedade que hipervaloriza a tecnologia e se mimetiza com seus artifícios. Sem a dimensão do pensamento, a vítima do estranho pensamento pronto, o "pré-pensado", é a vítima de teorias e cosmovisões, de ciências e pseudociências e, sobretudo, da publicidade como regra da vida. Nesse sentido nos pronunciamos usando o que não pensamos como se tivesse sido pensado por nós mesmos. "Compre" é a tradução de todo filme publicitário sempre enrolado em retóricas imagéticas que falsificam a sentença "compre" a ser inscrita com ferro no corpo de cada pessoa rebaixada a algo como um "consumidor". A desonestidade desses processos falsifica a autonomia fingindo liberdade e autenticidade para quem "comprar". Na destruição de nossa experiência, a oferta da autorrealização pela "compra" é o seu momento mais cínico.

Ora, o pessoal que é político torna-se "antipolítico" quando estamos vazios de nós mesmos. A mais honesta das pessoas talvez não consiga perceber como se torna dia após dia vítima de pensamentos prontos e como os reproduz, muitas vezes de maneira prepotente, como se tivesse uma resposta verdadeira sempre à mão. Ventríloquo de um sistema armado em discursos religiosos, político-partidários e moralizantes, cada um experimenta o mal-estar de não ser quem é, sem ao mesmo tempo sentir-se capaz de enunciar livremente essa verdade. Pois que em nossa cultura ainda se valoriza o "eu" como uma substância, a mais cara substância narcisista. Quando falo em não nos perdermos no vazio do pensamento, quero alertar para a tomada de posse da própria experiência. É isso que nos permite sermos nós mesmos para além do narcisismo capitalista que cresce em certas pessoas enquanto se aniquila a sua subjetividade livre. A autocrítica não está entre nós como um valor porque ela não parece favorecer o culto de si de nossos dias, o culto do narcisismo voltado ao consumo dos bens que é a única garantia de que o mundo da produção e do consumo continuará mantendo o estado de coisas. O culto de si é estranho, pois é elogio do esvaziamento pessoal. É como se gostássemos hoje em dia de não sermos nada senão marionetes.

Mas o que seria o "culto de si"? O que chamamos hoje, por exemplo, de culto ao corpo tem relação com o que podemos chamar de culto de si. Na verdade, o culto ao corpo é uma armadilha contra a pessoa concreta que, pressionada pelos valores (ou desvalores?) sociais capitalistas, toma para si como uma crença a importância da aparência corporal em sua vida. O corpo é, em uma sociedade, um tipo de capital.[32] A imagem do corpo no contexto de uma sociedade do espetáculo é um capital ainda mais importante. As pessoas se sentem inexistindo, ou levando a vida como um caminho errado, quando não se encaixam no padrão corporal. Nossa relação com o corpo também está implicada como resposta à pergunta "como me torno quem sou?".

O modo como as pessoas se comportam no cenário do culto ao corpo demonstra, contudo, como o culto implica um sacrifício. O corpo está em nossos dias no lugar do "eu". Mas não como tempo-espaço em que me realizo como ser humano, e sim como a experiência do que sou. Não o corpo-alma.

E, sim, o corpo como matéria plástica que me serve, que serve ao sistema. Se me serve, sou plasticamente feliz. Se não me serve, corto um de seus pedaços, implanto outro, resolvo o meu problema na mais autoritária geometrização do que entendo como "meu corpo". Se penso mais cuidadosamente, vejo que as coisas não são bem assim, ninguém é tão dono de seu corpo como gostaria. O corpo de cada um é abusado pelos procedimentos mercadológicos e industriais. Aquele que se rende ao padrão do culto ao corpo é, ao mesmo tempo, o seu próprio sacrificador. O deus corpo é maltratado e adorado como a imagem de Cristo na cruz (que faz lembrar o amor-ódio dirigido ao corpo sobre o qual falavam Adorno e Horkheimer na *Dialética do Esclarecimento*), como em um filme de terror, como nas máquinas de uma academia de ginástica, como em um videoclipe pop. Verdade que as pessoas podem gostar de certas atividades voltadas para o corpo e elas podem de fato ser boas para as pessoas, mas o que chama a atenção diz respeito à histeria generalizada do corpo perfeito e os esforços contraditórios em alcançá-lo.

O "eu" se torna, nesse caso, um assunto velho. E, realmente, voltar a ele como quem procura uma substância perdida no tempo é cavar no vazio. Mas é fato que fazemos a experiência de nós mesmos por meio de nosso corpo e que dizemos a palavra "eu" como modo de nos referirmos a nós mesmos, do mesmo modo quando dizemos "meu corpo". O corpo é o nosso primeiro "outro". O eu que ele vem substituir é uma espécie de resquício de consciência. Resquício de imaginação acerca de uma interioridade.

Hoje muitos dizem que falar em interioridade já não faz sentido. Há uma estranha reconciliação com o vazio que parece aceita por todos. Subjetividade, uma formulação mais complicada, é outro assunto que não vem ao caso para muita gente. Muitos corroboram a tese de Hannah Arendt acerca do vazio do pensamento fomentando o próprio vazio. O vazio do pensamento que deveria ser combatido filosoficamente transforma-se numa espécie de verdade. Mas algumas perguntas sobram: já que não sou "sujeito" de coisa alguma, como posso pensar? Devo pensar? Pensar para quê?, pergunta-se o sacerdote do pragmatismo vulgar. O nascimento da subjetividade, a meu ver, torna-se questão maior ainda diante de seu notório cancelamento. A destruição de cada um parece o caminho no processo em que o outro reduz-se a uma dimensão espectral. Perguntar "como me torno quem sou?" é mover uma lembrança no tempo, uma lembrança que nos permitirá traçar o caminho de nossa emancipação relativamente ao sistema econômico e político que espera de nós apenas a mais devota e tonta obediência.

O que somos? O que somos uns para os outros? Como podemos ser no âmbito da lógica dos espectros a que se reduz nossa vida? Como nos vemos? O modo como nos vemos muda aquilo que somos? Somos? Não seríamos, antes, seres insubstanciais relacionados uns aos outros por nosso simples aparecer em circunstâncias dadas? Aparecer não é um direito? São perguntas simples apenas em sua aparência mais imediata. "Como nos tornamos quem somos?" continua em jogo mesmo que como condenação, pois que cada um, querendo ou não, tornar-se-á aquilo que é. Permanecer com essa pergunta em vista talvez nos ajude a salvar nossa própria individuação diante do convite diário à autoaniquilação da própria alma. A ética se torna esse primeiro movimento de reflexão sobre si que pode nos tirar das amarras físicas e simbólicas, somáticas e anímicas que nos pedem que nos contentemos simplesmente com algo como "não ser".

2. O que estamos fazendo uns com os outros?

Se a primeira questão ética fundamental concerne a cada um, a segunda que nos cabe responder concerne ao outro. "O que estamos fazendo uns com os outros?" é, portanto, a pergunta que coloca em cena aquele que faz algo na direção de outro, bem como *o que* faz e *como* faz. Aquele que será implicado em seu próprio fazer e, querendo ou não, responsabilizado por ele. Todo o nosso fazer é performativo, tudo o que fazemos e o que não fazemos produz mundo, tempo e lugar, produz alguma coisa sobre o outro, a favor ou contra ele. E, mais do que isso, "com" ele. Nosso fazer mais simples também nos produz a nós mesmos, mas produz, antes de tudo, um "nós".

Podemos tomar como ponto de partida, neste momento, que aquilo que somos e podemos ser, a nossa potencialidade lançada ao futuro, advém justamente do outro para quem, com quem, contra quem fazemos algo. Que presença é essa que é o outro? Como formamos com ele a figura de um "nós"? O que me impede de chegar a ele? Por que, então, perguntar primeiro pela pessoa particular concreta, como fizemos no capítulo anterior, e só em um segundo momento perguntar pelo outro? A reflexão nos aproxima de nós mesmos — enquanto somos em algum sentido também um outro para nós mesmos — e, então, nos conduz a esse outro tipo de outro, o outro exterior. Aquele com quem construímos o mundo comum, ao qual somos ligados — ou desligados — pela ação.

É certo que podemos nos aproximar de nós mesmos a partir do outro; afinal, somos lançados em nossa própria direção por meio dele. De seu olhar, de seu dizer, de sua violência, de seu medo, de seus atos mais ou menos generosos. O outro é fonte e receptáculo da ação, mas também provocação, interpelação e reação. O outro, antes de ser um objeto de uma suposta consciência que deseja conhecer, é um abismo, uma assustadora ausência de objetividade. Uma pura inquietação. Objetivar o outro, ou até mesmo coisificá-lo, é apenas a estratégia daquele que, temendo o nada que por meio dele se oferece a mim, se protege pelo esforço de nitidez, o esforço de dar contorno exato ao que não cabe em categorias e processos de identificação. Não sabemos nada desse outro. Então fingimos saber. O preconceito é esse efeito de um fingimento inicial.

É verdade que a dessubjetivação da qual somos vítimas pelas instituições de poder depende do esquecimento ou até mesmo da morte do outro que nossos processos de identificação — nossa mania de supor saber algo do outro previamente — produzem todos os dias. Somos também as vítimas da nossa própria inconsciência tapada pelo preconceito, uma consciência que se disfarça para não ser descoberta e que, por isso mesmo, é pior do que falsa. O ato de explicar o outro antes de conhecê-lo não implica o meu fortalecimento real, mas apenas a ilusão de que sou substancial enquanto o outro não é. Abrir-se ao outro, porque não há outra maneira de encontrá-lo e de encontrar-se por meio dele, deixar-se abismar nele é o momento ético de todo pensamento e de toda ação.

Essa perspectiva em relação a um outro tomado como insubstancial, como pessoa concreta; implica o "entre-nós", o "comum", o "meio do caminho". O outro que é, a propósito, muitos: o próximo, aquele com quem convivemos e que nos chama, nos evita, nos seduz, nos amedronta, nos alegra ou nos entristece. O outro é o que nós mesmos somos enquanto, ao mesmo tempo, somos outro em relação àquele que denominamos outro...

O diálogo, enquanto prática linguística dirigida ao outro e com ele entrelaçada, diz respeito à capacidade de ultrapassar o estado de esvaziamento ao qual estamos condenados por uma sociedade em que pensar filosoficamente não é algo que se valorize. O convite diário é à irreflexão que nada muda. O diálogo é a proposta concreta pela qual se pode pensar, encontrar o outro, ver esse outro tantas vezes apagado. O diálogo é a proposta da filosofia prática enquanto somos por meio dele "ressubjetivados", "intersubjetivados" e, portanto, conduzidos ao reconhecimento do outro para além do vazio do reconhecimento que aprendemos nestes dias. Dias em que a "fama", como deturpação do reconhecimento, se tornou capital imagético fundamental num longo processo em que a perda de si mesmo foi a regra. "Como nos tornamos quem somos?" diante "do que fazemos uns com os outros?" é o nó ético que devemos desatar enquanto, ao mesmo tempo, aprofundamos nossa reflexão sobre o sentido da ética que surge como olhar para o mundo, como prática da vida, em nossos dias assustados pelo inquietante que é o outro.

O outro como estranho e enigma

O outro de quem falamos precisa ser pensado a partir de dois posicionamentos. De um lado, como nossa fantasia; de outro, como nossa realidade. O outro é justamente aquele que nos assusta porque transita entre essas duas hipóteses, entre ser e não ser algo para nós. Não existe outro sem o trabalho da fantasia — daí sua dimensão espectral. Ora ele é algo de "mais", ora ele parece algo de "menos", que já desapareceu ou está em vias de desaparecer. O outro é aquele no qual a fantasia e a realidade se confundem. Aquele no qual "tudo" e "nada" se entrelaçam formando a figura de um *desconhecido conhecido*, ou do *conhecido desconhecido*. O outro é, nesse instante, muito parecido com aquilo que Freud denominou por "*Unheimliche*".[33] O estranho-inquietante, o meu mais familiar, ao mesmo tempo mais estranho, até mesmo algo "sinistro".

Portanto, podemos pensar o "outro" como o "enigma" com o qual convivemos, cuja "enigmaticidade" reverte sobre nós concretamente. Eu nada mais sou do que o enigma para este que chamo de "outro". Estamos, neste ponto, no mero terreno dos signos em que tentamos entender, denominando e heterodenominando quem — e o que — não conhecemos. As palavras que utilizamos, mais do que definições estanques, são apenas marcadores de diferenças que devem ser sinalizados em respeito à chance de falar sobre o que se deseja falar. A palavra que respeita o enigma é, desde sempre, uma palavra ética. Essa palavra é, devemos dizer de antemão, em si mesma uma ação.

Diante do outro precisamos, portanto, pensar a ação. Pois o outro é aquele que recebe aquilo que faço. A minha palavra, o meu gesto, a minha ação propriamente dita. Entre o que denominamos de "eu" e de "outro" há uma ação de referencialidade. Até mesmo uma atuação. E, em termos não tão usuais, um afeto. Somos, um para o outro, nesse sentido, intersubjetivos e performativos. Aquilo que somos, dizemos e fazemos o atinge em medidas diversas e provoca efeitos, provoca até mesmo o que o outro pode ser e o que posso ser enquanto sou também um outro daquele que é outro para mim.

O outro é, pois, o que está em mim e fora de mim. Não somos o mesmo, jamais seríamos. Há certa correspondência no meio onde se estabelece nossa diferença radical. Diferença que consiste em muitas semelhanças negadas e ocultadas. A ação em relação ao outro é, portanto, foco fundamental de nossa perquirição neste momento. Sabemos que nos tornamos o que somos por meio do outro, mas também de nossa ação que é, sempre de algum modo, para o outro ou contra o outro. A ação que dirijo ao outro é o que me constrói. Porque ela se refere ao que, sendo meu, reverbera sobre mim mostrando-me o que eu mesmo sou e também o que eu mesmo não sou. Assim como o outro *é algo para mim* e *não é algo para mim*. Ao mesmo tempo, é e não é. A ação do outro que o constitui como "um" também "me" constitui como "outro". É o conceito de ação que nos permite refletir sobre nossa própria responsabilidade em relação "a mim" enquanto outro e ao outro enquanto não cabe "em mim" e enquanto, ao mesmo tempo, me concerne. Desenhássemos uma fita de Moebius, ou a letra "æ" com a vantagem de que esta última deixa as linhas em aberto, e seria fácil entender do que falamos.

Falar do outro é tão difícil quanto tentar entendê-lo. Saber o que fazemos em relação a ele requer uma atitude da consciência que se pergunta sobre o que é um e outro. Por mais que muitos digam que a consciência está ultrapassada, ela não é de jogar fora. Só a consciência desmonta aquilo que chamamos de consciência coisificada, aquela consciência que perdeu a dimensão da alteridade e, ao mesmo tempo, de si mesma. A consciência é sempre consciência de si, mas enquanto implica a consciência do outro, senão, é falsa consciência. É curioso, contudo, como, em nossa vida cotidiana, agimos como se soubéssemos tudo.

Não percebemos o vazio de nossa ação no contexto da perda da consciência de si e da consciência do outro. Não percebemos o caráter performativo de tudo o que somos e fazemos. Até porque não percebemos em que sentido *somos o que fazemos*. Isso quer dizer que o vazio do pensamento se faz como vazio da ação. A corrupção é o seu exemplo mais comum, mas também o consumo como regra da atual vida cotidiana comandada por meios de comunicação que nos enviam diariamente o convite ao capitalismo (a regra monástica da vida norteada por toda forma de capital e sua inevitável avareza em relação ao viver). O consumo é a banalidade do uso, assim como a democracia pode implicar, no seu momento de abandono, a banalidade do poder.

Ações vazias são aquilo que podemos chamar de pseudoatividade. Ela diz respeito à pobreza da ação que revela o profundo empobrecimento da experiência a que somos diariamente submetidos na ordem dos valores meramente econômicos.

O vazio da ação: pseudoatividade

O vazio do pensamento, característico de nossa cultura, corresponde ao que podemos chamar de vazio da ação. Ação é o que fazemos para os outros, em favor ou contra os outros, ou ainda "com" os outros. Assim como a tese do vazio do pensamento se refere a uma sociedade em que o pensar reflexivo está em baixa, podemos nos referir a um vazio da ação como efeito da falta de pensamento em que a própria ação torna-se cega. Creio que podemos falar de dois tipos de pensamento. Há um pensamento do pensamento que é o pensamento reflexivo, mas há também um pensamento em geral ínsito à ação. É este pensamento nem sempre cuidadoso e qualificado que nos faz agir. Isso quer dizer que o que nos faz agir é muitas vezes um pensamento enfraquecido, esmaecido, uma espécie de pensamento impotente que se contenta em se repetir na forma de ações vazias. Podemos por isso dizer que há algo de inativo na ação cega. Algo de improdutivo na pura produtividade das ações cegas que são aquelas que se repetem.

Há algo de contraditório na ação enquanto a pura ação se faz ação cega. Deslocada do pensamento, a pura ação parece negá-lo, agir contra o próprio pensamento que se pensa por meio de um pensamento pronto e impotente. Não me refiro aqui a um pensamento que transcende a ação, que a nega enquanto rotina cotidiana naturalmente carente de transcendência, mas àquele mínimo de pensamento que move a qualquer ação. Podemos pensar "quanto de pensamento há em uma ação?", mas essa pergunta seria meramente retórica, pois o pensamento é imensurável. Mesmo quando digo que "pensei muito", essa é uma medida do tempo, não do pensamento.

A ação cega seria a ação na qual jamais se coloca a questão do pensar. Cega, está sempre certa de si. Ela é muito diferente da ação que integra seu próprio pensamento, aquilo que os filósofos chamaram de práxis. Pensamento, nesse caso, seria a prática da lucidez. Entre a ação e seu pensamento sempre há algum tipo de tensão. Por isso, a ação propriamente dita é tensa consigo mesma e só não seria tensa se fosse cega. A responsabilidade por uma ação — a ação ética — é, portanto, marcada por uma tensão que muitas vezes interpretamos como angústia ou outro afeto desconfortável. Por outro lado, se o vazio do pensamento é o que leva à banalidade do mal, podemos dizer que ele é o próprio princípio desse mal. Assim, não é errado dizer que há ações carregadas desse princípio do mal que nega a reflexão. No entanto, esse mal começa a fazer parte do próprio pensamento. Podemos, então, dizer que há um "mau pensamento", aquele pensamento que não emancipa e que, a rigor, não é pensamento algum, pois não produz a pessoa livre, capaz de criar-se a si mesma por meio de sua ação. Não podemos esquecer este pensamento que, negando a si mesmo, esvazia até mesmo a ação que é o próprio pensamento. Contra este pensamento destrutivo do pensamento, somente o pensamento que se pensa a si mesmo é capaz de lutar.

Tudo isso pode parecer muito complicado, mas toda reflexão que mostra "implicações" pode soar assim. Não é tão difícil perceber que pensar é ação e que a ação implica e envolve o pensamento. Ao mesmo tempo, a ação é, para além do pensamento, expansão do próprio pensar. O pensar da ação afirma sua expressão livre. A ação pensada aparece inteira como na dança, que é a expressão da ação livre por excelência. A dança nos faz pensar a ação do corpo como se a ação do corpo fosse mais ação do que a ação do pensamento. Mas isso é um equívoco relativo ao nosso péssimo ato de separar espírito e matéria, alma e corpo. Na dança o corpo pensa. Na filosofia o pensamento dança. Essa é a sua ação. O corpo, então, fala sem que seja necessariamente pela boca. Já a ação impensada teria a forma de uma mumificação, mente e corpo mortos. A imobilidade parece ser o efeito mais característico.

Adorno usou o termo "pseudoatividade"[34] para referir-se à "perda da experiência causada pela racionalidade do sempre-igual". Segundo ele, "onde a experiência é bloqueada ou simplesmente já não existe, a práxis é danificada e, por isso, ansiada, desfigurada, desesperadamente supervalorizada". Isso talvez possa significar que, ao perder nosso fazer — o sentido do nosso fazer que é a nossa própria autoconstrução — tenhamos passado a acreditar na prática confundida com a repetição. A aversão pragmática pela teoria diria, na visão de Adorno, respeito a essa prática cega que tem em si mesma a sua medida e que se sustenta como verdade absoluta como um modo de acobertar o próprio desespero.

Adorno falou da pseudoatividade quando se referiu ao "*hobby*". Ele seria a ação que engana sobre a liberdade, fazendo-se mera função ao lado da funcionalidade do trabalho que ele visa a acobertar. O que Marx chamou de "trabalho morto", como mera produtividade que se opõe ao trabalho vivo, também seria pseudoatividade. O trabalho morto seria o próprio capital, que vive de sugar o trabalho vivo. Sabemos em nossa carne do que se trata na exigência da hiperprodutividade das empresas e na burocracia em todos os setores da sociedade. Entre o *hobby* e o trabalho como mercadoria não há grande diferença: a folga é tão coisificada quanto o tempo do trabalho. O lazer — ou pseudolazer do *hobby* — precisaria, segundo Adorno, ser fetichizado para encontrar um lugar em nossa sociedade de burocrática hiperprodutividade. Fetichizado, o lazer vira mercadoria. Rende alguma coisa, ou muito dinheiro, se deixa comprar e vender. Certamente se contradiz. Assim, quando vemos as pessoas em atividades livres, precisaríamos verificar se são realmente livres ou se são uma obrigação relativa à compreensão do "lazer" dentro do sistema econômico que tudo controla, inclusive o tempo que não lhes pertence. O turista que viaja com sua câmera de fotografar ou de filmar talvez siga um mero impulso cego de viajar porque, afinal de contas, em nossa época parece ser uma lei que as pessoas "pura e simplesmente" viajem. E por que viajam? Ora, a única resposta real seria esta, que comprova a chamada lógica do mais-do-mesmo: porque viajam. Não há outra resposta no clima do mais-do-mesmo em que a liberdade de escolha está condenada por programação prévia. O mais-do-mesmo, a que me refiro há tempos, diz respeito, justamente, à impossibilidade de deixar de seguir aquilo que se impõe no cotidiano sem que tenhamos a chance de perceber sua atuação sobre nós.

O turismo é o estranho consumo do tempo. A pseudo-atividade é o que podemos também reconhecer no campo do "consumo" em geral. O uso do cartão de crédito confirma a programação da repetição na quantidade de parcelas possíveis e, dependendo da inflação, sem juros. A vítima do consumo é tratada como "sujeito livre" e como alguém que leva vantagem. Como uma mulher que, sendo espancada pelo marido, ainda pudesse agradecer porque ele a deixa fazer compras. No gesto repetitivo do consumo vemos o "usar por usar" que implica o ato repetitivo e pré-programado de "comprar por comprar". O consumo é uma ação fetichizada. É o próprio ato de comprar, como deturpação das relações de troca e das relações com as coisas, que está em jogo. Em qualquer um desses casos, não se precisa de liberdade, senão a da fachada: sinto-me livre ao comprar.

O estatuto dessa falsa liberdade do consumo inscreve-o no mundo como uma prática insincera. Como um efeito da má-fé que acompanha quase todas as práticas publicitárias que programam as ações úteis ao sistema econômico do mais-do-mesmo. Ninguém que seja consumidor — e que tenha sido rebaixado a consumidor — "consome" porque verdadeiramente deseja. O próprio desejo não é verdadeiro senão quando se percebe o quanto é correlativo ao lugar e tempo onde se instaura. O consumo é do campo da falsidade repetitiva que finge um desejo, que se dá em nome do desejo falso, desde sempre forjado para parecer verdadeiro.

Hoje em dia é curioso como nem mesmo a palavra "usuário" é usada entre nós, do mesmo modo que o "comprador" também se tornou menos importante diante daquele que é sacrossantificado como "consumidor". Autonomia, como capacidade de desejar livremente, de gerir a própria vida, de inventar o seu modo próprio de viver, é questão que não vem ao caso no sistema vampirizante do capital a ser alimentado com o sangue do trabalho — alienado — de todos. Gastar, ao mesmo tempo, traz a sensação de esbanjamento, de ter justamente saído da lógica do "mais-do-mesmo". Aquele que gasta sente-se praticando um ritual de libertação. Comprar tornou-se a única transcendência possível no campo da religião capitalista. O comprador conseguiu alguma coisa ao comprar, como um habitante primitivo de uma aldeia que tivesse trazido para casa a caça do dia e houvesse saciado o medo de morrer de fome. Mas a nova "caça" é conquistada por um ato mágico no shopping ou — como em nosso hábito atual — por meio de meia dúzia de teclas no mercado da internet.

Em qualquer uma dessas ações, ou pseudoações, a repetição do programado é a regra. Seguir fazendo automaticamente, fazer de novo e mais uma vez é o que se espera de cada um. O cotidiano que nos interessa pensar aqui é saturado desse tipo de práticas não livres, a ponto de podermos dizer que se confunde com elas. O cotidiano tornou-se um grande mercado de trocas em que cada um troca conforme o poder aquisitivo, em que o cotidiano está cada vez mais reduzido às vicissitudes da economia.

Ética ou a luta contra o vazio da ação

Podemos nos questionar sobre a possibilidade da ação livre em uma sociedade controlada. O que chamamos de cotidiano é o lugar do controle vivido imediatamente. Nossas escolhas pertencem às oportunidades dadas em nossas classes sociais controladas pela publicidade, pela burocracia e por todos os mecanismos que compõem a microfísica do poder. Ao mesmo tempo, a liberdade é o desafio de cada pessoa em luta de vida e morte para não se deixar abater na escravidão à qual cada um é convidado todos os dias por muitos mecanismos sedutores. A própria liberdade é mistificada no mundo do capitalismo. Ao mesmo tempo, se lutamos por um outro modo de ser é porque a liberdade é sempre uma potência a animar nossos afetos contra a escravidão. Autonomia também pode ser um nome bom para isso, mas apenas se pensarmos que é o que se busca e se alcança em processos de renúncia e negação comprometidos com a emancipação. Mas esse comprometimento é difícil de se estabelecer na esfera da vida simplesmente vivida.

A luta por emancipação é, ao mesmo tempo, luta por dignidade pessoal em um contexto de classe, mesmo quando somos apenas pessoas comuns participando da classe que pensa estar fora das categorias de classe: a classe média, a "burguesia". O que chamamos de "pobreza de experiência" nada mais é do que a experiência possível em função da classe à qual fomos condenados historicamente. A pobreza da experiência, neste sentido, tem a ver também com a pobreza material que prejudica a espiritual enquanto experiência da própria dignidade. O que chamamos de "novo-rico" não é aquele que "enriqueceu" sua experiência em termos de dignidade. A "classe" é uma camada histórica que pesa sobre cada indivíduo, fazendo que seja responsável por uma herança que ele não escolhe e que se apresenta a ele como destino. A luta da ação ética é, pois, contra o destino. Mas quem pode pensar nela, considerando os limites da experiência cotidiana?

A pobreza de nossa experiência é a pobreza da ética em nosso tempo. Essa pobreza da experiência traduz-se como vazio da ação. Ética seria a ação carregada de pensamento, uma ação não esvaziada. Mas que tipo de pensamento pertenceria à ação? Aquele que nos emanciparia da repetição e nos levaria ao que podemos chamar de alegria criativa. Poderíamos, em termos de ética, dar a esse estado da alma o nome de liberdade. A liberdade nunca é pura repetição. Daí o seu sentido ético. A liberdade dirige-se ao outro. O "outro" necessariamente estaria incluso nesse processo, pois que o outro é aquilo para o que tende o pensamento enquanto negação do estado de coisas enquanto "sempre o mesmo". O outro é o objetivo da liberdade enquanto processo de busca pelo que chamaremos aqui de alegria criativa. O outro em mim, o outro contra a alienação que dele me afasta. O outro como aquele que me convoca a sair de mim para me encontrar comigo. O outro como um outro mundo.

Quando pensamos em nossos atos estamos, portanto, no campo da ética. Por outro lado, o "ato" de pensar é ele mesmo, em que pese repetir, um "ato". E, mais além dos atos pensados, existem atos que não parecem ter sido pensados. Melhor dizer, contudo, que não foram, na verdade, pensados enquanto "refletidos", não passaram por análise, não foram confrontados com eles mesmos e com nossas potencialidades mais sinceras. Mas isso, no contexto pragmático do cotidiano, é algo praticamente impossível. Podemos dizer isso tendo em perspectiva que o campo dos pensamentos não refletidos é imenso e é nesse campo que simplesmente vivemos. A maior parte de nossos atos está ligada a pensamentos não refletidos. Pensamentos que estão evidentemente pensados, mas que não foram ainda metapensados. Aquilo que chamamos de reflexão nada mais é do que metapensamento. A ética é um tipo de reflexão, um tipo de metapensamento, de meta-ação que, atingindo a esfera cotidiana, nos leva a modificá-la. Incorporada no dia a dia, ela se parece com aquilo que, no senso comum, chamamos de "postura". Postura é um termo aparentemente simples, mas que tem uma complexidade relativa ao seu caráter também estético. A postura é o modo de ser enquanto esse modo de ser é aparecer. A postura pode ser falsa; tantas vezes nos parece que alguém seja ético por conta de sua "postura", ou seja, de seu modo de se portar, de se apresentar. Ao mesmo tempo, o sentido verdadeiro da postura diz respeito ao direito de cada um de "aparecer no mundo", considerando que o aparecer é nosso modo de estar diante do outro. O aparecer é a dimensão da verdade e da mentira. A sociedade do espetáculo vive do aparecer, mas, ao mesmo tempo, em outra dimensão, aparecer é um modo de estar, até mesmo um direito. O direito de apresentar-se no mundo, de se fazer "presença", para além do espetáculo. Aquilo que chamamos de "postura" relaciona-se à introjeção de um modo de ser em que o aparecer é inevitável. É a postura enquanto "estar diante do outro" de modo responsável que define o sentido da relação de um com o outro. A postura é valorizada na esfera cotidiana onde tudo se dá de modo muito rápido, porque é justamente a apresentação de um instantâneo de confiabilidade de que o outro seja ético enquanto responsável pelo que é.

O cotidiano é o lugar das ações simplesmente repetidas, a ética é o que interrompe a repetição redimensionando a ação. A postura, nesse caso, parece ser um condensado de ação responsável, de ação ética.

O vazio da ação é próprio do estado da vida cotidiana, ela mesma repetitiva e monótona. Assim, quando alguém mata outrem num arroubo de raiva, ou trai o parceiro de casamento, dificilmente diremos que raciocinou sobre o que fez, mas que foi movido por um impulso. Quantas vezes falamos mal de alguém sem pensar nas consequências? No entanto, assim como podemos dizer que um pensamento nunca é puro, que sempre está afetado por outros elementos, tais como emoções e sentimentos, este afeto ou impulso também está afetado por pensamentos os mais variados, que vão desde a crença de que matar o outro é um poder ao alcance da mão pela diminuição da qualidade humana do outro — o que traduzimos por desrespeito — até a visão de mundo em que matar o outro é apenas um ato inscrito no fato maior da vida do agente para quem nada mais importa. Em ambos os casos, está em jogo algum pensamento de base, algum pensamento que nos orienta no mar aberto da irreflexividade geral do dia a dia.

Podemos dizer que ética é a reflexão acerca dos nossos atos enquanto pretendemos que eles tenham um sentido que vá além deles mesmos. A ética é, assim, o contrário do vazio da ação que experimentamos no dia a dia. Assim como a filosofia é o contrário do vazio do pensamento. Filosofia prática, nesse sentido, seria o pensamento ativo, a ação não apenas pensada, mas metapensada. Seja como disciplina e ciência, seja como reflexão pessoal ou coletiva, a ética implica sempre a pergunta acerca de nós mesmos enquanto somos construtores de um entre-nós que nos autoliberta. A esse lugar do entre-nós chamamos de relação.

A relação como problema teórico-prático

No nosso dia a dia não somos capazes, nem temos tempo ou ânimo para pensar filosoficamente na questão da relação. Em geral estamos apenas lançados nas relações sem saber que as construímos. Ao mesmo tempo, é o pensamento reflexivo, o fato de que muitas vezes conseguimos nos colocar questões sobre nossas relações vividas, que justamente melhora nossas relações. Ora, uma "filosofia prática", como a que propomos pensar aqui, é uma filosofia da relação e, ao mesmo tempo, uma filosofia enquanto relação. Ela nos promete um passo teórico profícuo, porque sua intenção é ampliar o sentido da experiência da relação na direção de uma ética na qual o outro é sustentáculo e foco. Quando pensamos em ética, somos obrigados a colocar o tema da relação com o outro, ao outro. A relação é um conceito cognitivo, gnosiológico, mas é, nesse sentido, claramente e sobretudo um conceito ético. Não é possível pensar eticamente sem ter em vista a relação que está presente em todo pensamento que pensa algo. Esse "algo" é sempre um outro que o pensamento ou acolhe ou devora. Não é possível uma ética que não leve em conta essa questão, pois ela é definitiva para a compreensão da experiência e da presença no tempo e no espaço, no mundo vivido, com a qual começamos a nossa ética.

Sobre a relação é preciso dizer que ela implica um tempo presente. Sua existência é tão concreta quanto abstrata, depende do ponto onde estamos, ou de onde olhamos para o que está situado no trânsito entre seus polos. Somos nós que inventamos os polos para melhor olhar e ver. E inventamos a relação no lugar onde estamos presentes. Estar presente é assumir um ponto de vista.

Ora, usamos a relação para ver. E ver é, ao mesmo tempo, sempre colocar em cena uma relação. Mas tão inconsciente que não nos damos conta dela. Por isso, podemos dizer que a relação é nosso modo de ser enquanto nos dirigimos para fora de nós mesmos. Isso quer dizer que pensamos por relações. Talvez fosse melhor dizer que pensamos por constelações, ou seja, uma multiplicidade de relações que forma um desenho, em muitos pontos que se ligam em função de nossa potência de compreensão. E, é claro, dos limites de nossa compreensão, que nem sempre realiza sua potência. Os limites, na vida diária, estão dados na própria definição em que eu e outro são termos que usamos para entender uma relação. A relação é, primeiramente, o que não percebemos, e é o efeito do lugar que ocupamos como seres de presença. Em uma relação, o meu espaço transita no espaço do outro. "Con-fundimos" espaços. Assim como nossos tempos. Tornamo-nos habitantes de um mesmo espaço. Dentro de casa, no trabalho, na rua, em qualquer lugar recolhemos imagens e sinais desse acontecimento que é a relação. É pela relação que tenho certeza de que o outro é, como eu, uma presença. O outro é o que vejo, e a relação é ainda unilateral, mas é também o outro que me vê, e aí a relação está na reciprocidade. Olhamo-nos. Tocamo-nos. São modos de ser das relações. Mas seu modo de ser tende a sofisticar-se. De seu nível mais inicial ela tende a níveis mais complexos. Então ela se estabelece na fala e conforme a complexidade das falas, das trocas simbólicas envolvidas nos discursos e nos diálogos. O discurso, podemos dizer, é um tipo de relação em que o outro é negado. O outro é subsumido, devorado pelo discurso. Já no diálogo ele é sobrevalorizado, esperado, acolhido. Podemos dizer que o diálogo é o extremo da relação. Por isso ele é tão raro em nosso cotidiano, onde a tagarelice, o "falar merda", como um dia falou o filósofo H. Frankfurt,[35] é o nosso modo mais habitual de expressão.

O silêncio também pode ser uma forma de relação. Ele está muito presente na vida, sob diversas formas. O silêncio é o solo onde a linguagem se estabelece. O silêncio não é a antirrelação. Antes, é o discurso que caracteriza aquilo que podemos chamar de antirrelação.

Antirrelação

Relação é o todo da vida em que o outro está implicado antes que cheguemos nele. Mas é, ao mesmo tempo, nosso único modo de chegar nele. Como quando atravessamos uma rua. O limite é o sinal verde ou vermelho — nossa linguagem, palavra, gestos — que devemos administrar para não atropelar e não sermos atropelados. A relação é a rua onde estamos para chegar ao outro lado, ao fim da travessia. O outro é esse fim. Em qualquer caso, estamos sempre promovendo a vida que não se dá sem relações como quem atravessa ruas, passeia procurando o meio e a margem. No entanto, se, na rua, atropelo o outro (considerando que esta é uma boa metáfora para falar dos preconceitos), acabo com ele e também com a relação enquanto potência que nos ligaria. Podemos dizer que estamos afogados em relações rompidas, ou impotentes como são aquelas marcadas pelo autoritarismo. Relações que fecham a rua onde todos transitamos ao lado uns dos outros, dando passagem ou atropelando-nos mutuamente.

Toda relação põe *o que é* na direção de *não ser*. Nenhuma grande novidade: de Heráclito a Hegel, acostumamo-nos com a palavra dialética para designar essa flutuação no rio da vida — que é como a rua da nossa metáfora anterior — em que tudo o que é deixa de ser, em que tudo o que não é vem a ser. Esse correr intransitivo do próprio tempo, direto a lugar nenhum e, ao mesmo tempo, ao lugar de sempre, onde cada estado da existência se condensa, é o nosso modo de ser. Apegamo-nos ao que pode ser uma certeza. Amamos as certezas como o chão debaixo de nossos pés. Mas, vivendo a vida das relações, sentimos, sabemos que tudo o que é orienta-se a não mais ser. Viver torna-se sustentar-se sobre o vácuo. Assumir imagens e fantasmagorias que flutuam sobre o rio da vida. Ou, como na imagem do equilibrista: sobre a corda bamba. Conseguir esta corda é estar em relação. Sem corda, estamos no abismo da antirrelação. A relação aproxima o ser e o não ser. Ela inventa uma espécie de "nada" altamente poético ou ético-poético. O que há em uma amizade — a "relação" ética por excelência — senão solidão compartida, espera, companhia e repouso? A antirrelação, por sua vez, confunde o ser e o não ser e se define como um tipo de nada, justamente aquele que não tem nada de poético. As relações competitivas, por exemplo, são antirrelações, enquanto as colaborativas seriam relações em um sentido mais estrito e essencial. Elas promoveriam a sim-bolização (ligação com um outro) e não a dia-bolização (separação do outro).[36]

Vivemos experiências sempre "em relação", como o equilibrista que se relaciona à corda e, por meio da corda, ao abismo sob ela. Nunca nos relacionamos ao outro diretamente. O outro tem a estrutura do abismo. A linguagem é sempre a corda. Parece que nosso estado mais "natural" é o das relações mas as antirrelações como impeditivas ou interruptivas também fazem parte de nosso simples mundo da vida. Também estabelecemos relações com o "irrelacionável" que sabemos ao ver o abismo. Se o tomamos como metáfora, entendemos o outro, entendemos a vida.

Em relação a nós mesmos ou a um outro, aos outros, ao que não somos, "relacionar-se" parece ser nossa "segunda natureza", irrelacionar-se parece uma "desnatureza". Poderíamos dizer que relação e irrelação compõem o modo de ser de tudo o que há, mas a irrelação é a destruição das relações. Ao mesmo tempo ela não é simplesmente o contrário da relação. Aprender a ver as relações (enquanto se é parte delas) é um modo muito prático de entender o todo a que chamamos vida e cada elemento de sua extasiante composição. Esse modo muito prático é, no entanto, totalmente teórico. E o totalmente teórico é eminentemente prático, ou seja, é algo que diz respeito à vida simplesmente vivida. Quando vemos uma relação, nos relacionamos com seus componentes como se estivéssemos dentro enquanto parecemos fora, como se estivéssemos fora quando parecemos dentro. O que chamamos de "rede" no contexto da internet, mas também no da vida, nos dias de hoje é esse conjunto móvel de coisas em relação. E só aprendemos a "rede" porque estamos como em qualquer relação já dentro dela. Viver é relacionar-se com alguma coisa. Mas ao nos relacionarmos com algo a irrelacionabilidade surge em relação a outro... A esta "coisa" não coisificada, que estranhamos, que nos assusta, que nos abisma, chamamos de outro. Isso quer dizer que a relação se estabelece apesar da irrelacionabilidade constitutiva e íntima de toda relação possível.

Pode parecer difícil. Pode parecer um jogo de palavras. Mas é que as palavras são conceitos dos quais dispomos imediatamente no modo de ser de uma relação. E com os quais podemos fazer coisas que vão de poesia a frases soltas, de ensaios teóricos a promessas. A palavra implica a relação com as coisas, carrega o conceito de relação que, por sua vez, implica pensante e pensado enquanto, ao mesmo tempo, no movimento de um ao outro, essas categorias são destituídas de qualquer estase que as pudesse explicar. Isso quer dizer que a irrelacionabilidade não pode ser simplesmente separada da relação. No mundo das relações nada pode ser explicado, tudo precisa ser pensado para poder ser, na verdade, compreendido. Explicar e compreender são atos muito diferentes. A explicação tem algo de estático. A compreensão, no entanto, é móvel, se modifica diante das coisas que encontra — para compreendê-las — enquanto, ao mesmo tempo, se molda nelas. Na mobilidade total, o que encontramos são os diversos pontos em que experimentamos o que podemos chamar de senso "in-comum" de nosso organismo vivo (mesmo quando nos sentimos não tão vivos assim, naqueles dias tristes em que a linguagem não vem, não diz nada, e somos capazes de sentir apenas o que, pela falta de nome, é melhor chamar apenas de vazio) tendendo na direção de outros na instabilidade da experiência comum.

Talvez a depressão que ataca epidemicamente uma época marcada por uma espécie de "comunicabilidade total", de "conexão total", seja o fruto de uma relação pobre com a linguagem tornada excitada, histérica, cada vez mais compulsiva e imediata. Uma linguagem que não permite relações, mas antes realiza sempre a impotência irrelacional de que somos efeito. A linguagem da tagarelice, do "falar demais sem ter nada a dizer", do "falar merda", do falar por falar. A linguagem, ela mesma se transforma em ação esvaziada. O vazio do pensamento e o vazio da ação correspondem, evidentemente, ao vazio da linguagem. Com as palavras, e quanto mais elas são pensadas, o ser vivo espiritual que somos entra em outras relações menos imediatas, por mais que as palavras estejam imediatamente disponíveis. Elas são meio, são mediação, são o que nos liberta de nós mesmos na direção do misterioso "outro". As palavras são parte das potências de nosso corpo. O nosso corpo é um evento de linguagem infinitamente recriada e recriável. Isso que sabemos das palavras vale para todas as formas de expressão que compõem o vasto universo da linguagem.

As palavras são um ótimo exemplo da prática diária da relação. Por meio delas, promovemos diálogo, que é um tipo específico de troca em que escuta e fala entram em jogo. É nele que experimentamos da melhor e mais radical maneira aquele entrelaçamento entre mim e outro. Nele a intersubjetividade é a criação de um pelo outro. O outro como sombra e negatividade dá lugar ao outro como luz. Assim, não é um exagero retórico dizer que o inferno que eram os outros é apenas o outro lado do paraíso.

O diálogo contra o vazio da linguagem

Quando dialogamos tendo a postura da sinceridade — estar inteiro, diante do outro com o que se é — como base, podemos de fato dizer que encontramos com o outro. No encontro, tornamo-nos diferentes por meio da relação estabelecida. A relação é sempre um movimento ao outro. Assim como quando dançamos, perdendo-nos no corpo do outro como se fôssemos uma estrela gasosa que continua inteira, mas, ao mesmo tempo, desmancha-se nesse outro, confunde-se com ele. Quando dançamos sozinhos, perdemo-nos no vazio cheio de mundo ao nosso redor. Não estamos, na verdade, tão sós quando estamos sós. Pois somos seres de relação.

Devolvemo-nos o nosso próprio corpo no encontro com o outro do qual a dança é um ótimo exemplo. O diálogo é um exemplo igualmente perfeito. Entre nós que dialogamos ou dançamos, há uma linha, uma corda invisível que nos enlaça enquanto, ao mesmo tempo, provê quanto a qualquer ausência de chão. Isso quer dizer que, no abismo que é o outro, um chão firme não passa de corda. A experiência vivida com o outro nos tira de alguma espécie de órbita, nos desloca, nos estremece. Quando estamos diante do outro, somos e não somos porque tanto o olhar do outro quanto nossa expectativa sobre ele, nossa curiosidade ou nosso medo, nos separam dele e nos aproximam, tensionam nosso ser mais inteiro (aquele ponto em que fantasiamos corpo em contato com alma), transformando-nos a nós mesmos numa corda que vibra em intensidades diferentes. O outro é um eixo que nos põe a girar. Nossa relação é sempre rotacional. É então que descobrimos distância e proximidade. Dois termos entrelaçados, que expressam um movimento em si mesmo interminável. Tanto no diálogo quanto na dança é isso o que sentimos. E sentimos o esforço do outro, assim como o nosso esforço, de manter a relação nos enlaçando.

A linguagem é aquilo sem o que não temos "relação" com o mundo. Não conseguimos conceber, sem linguagem, algo como um "mundo". Isso explica que vivemos e pensamos dentro da linguagem e seus limites, mas esses limites são também os da razão, ou seja, de nossa capacidade de pensar. São ainda os limites do próprio sentir — nossos afetos — sem o que não é possível o diálogo.

Somos seres de mediação, vivendo na "medialidade", ou seja, vivendo em função do que falamos, fazemos e sentimos. Mas pouco temos consciência disso, porque usamos a nossa capacidade de expressar e comunicar de modo sempre imediato. Por isso, em detrimento do diálogo, tantas vezes somos vítimas da violência dos discursos enquanto falas prontas.

O vazio da linguagem é justamente o discurso. Podemos falar do diálogo como uma comunicação não violenta contra a violência do vazio da linguagem. Em nossos dias, a fala dos políticos e dos meios de comunicação apresenta-se como carregada de violência simbólica que é, ao mesmo tempo, vazio da linguagem, pois não permite nem pensamento, nem ação, mas apenas repetição. E sustenta o estado de mesmidade das coisas "como elas estão", justamente com o estranho "meio" do vazio da linguagem camuflado de linguagem.

Gostaria neste ponto de usar um exemplo de minha vida para refletir sobre o lugar do diálogo em nossas vidas. Algum tempo atrás, um homem vindo de um lugar, digamos que Brasília, e que se chamava, digamos que João, veio até a porta de minha sala de aula. Ele disse ter me visto na televisão dizendo que "conversar é muito difícil", e que teria vindo à minha procura por conta dessa frase com a qual, em suas palavras, ele concordava. Ele me entregou um material datilografado dentro de uma pasta cinza — era um conjunto de frases. No momento não entendi bem o que queria de mim. Ele pediu que eu visse o material. Eu disse que demoraria. Perguntei-lhe por que não me mandara um e-mail ou por que não telefonara. Ele disse apenas que não usava essas coisas e foi embora. E eu fiquei sem saber o que fazer: olhei o material bastante curiosa, pensando que pudesse encontrar algo com valor literário. Infelizmente, não havia nada de novo; provérbios, frases, nada que não encontre na internet.

Cito esse exemplo particular, perdido no cenário do cotidiano, porque ele me pareceu revelador do estado de nossa comunicação. De um lado, pensei, a internet, como ambiente da comunicação total, eliminou a comunicação poética. O que João tinha para me dar podia não ter valor para mim ou para a internet, mas tinha valor em si como um objeto precioso que ele guardava havia anos, que tinha valor imenso para ele. Valor que eu mesma não podia avaliar, pois estava na esfera dos sentimentos desse outro que era a pessoa de João para mim. A era da internet como tempo da hipercomunicação revela apenas a perda progressiva da poética em nosso mundo, em função do avanço tecnológico. Quanto mais robôs nos tornamos, menos poetas tendemos a ser, pensei. Pode-se dizer isso em relação à vida como um todo. O esvaziamento da linguagem é esvaziamento da dimensão poética. Esvaziamento da ética, pela perda dos valores que nos unem, inclusive da "união" entre nós como um valor.

A pasta cinza cheia de escritos poderia ser um objeto poético. Um portal para outro modo de ver o mundo. Mas, infelizmente, eu só consegui ter pena da situação toda e não fiz nada. Um tempo depois João usou o e-mail de outra pessoa para pedir que eu enviasse o material de volta. Continuei sem entender muito bem o que se passava porque havia uma barreira na comunicação que acompanhou nossa pequena conversa na porta da sala de aula, uma impotência sob aquela potencialidade de relação. Era essa impotência que marcava aqueles dois ou três e-mails trocados com o texto de outra pessoa que nos servia de mediação. Ele, que sabia que conversar era muito difícil, não conseguia conversar, eu também não. Começamos com um "é muito difícil conversar" e finalmente não conversamos. A mediação daquele terceiro por meio de e-mails foi fundamental para que eu pudesse devolver a pasta cinza, mas era, ela mesma, muito precária. O que faltava para que a comunicação de fato se realizasse era algum tipo de expressão que não estava autorizada entre nós, ou para a qual éramos, tanto ele quanto eu, incapazes.

Vivemos em uma era de informação, tomados por notícias que vêm de jornais, televisão, internet. Usamos telefones desde o século 19 e passamos cada vez mais tempo com os celulares em nossos dias, bem como os computadores. E é curioso como o uso das tecnologias que promovem informação não acelera nossa competência comunicativa. Nem nos permite, de fato, o diálogo. Mas isso é ao mesmo tempo óbvio, pois as tecnologias não conseguem incrementar os afetos dos quais depende a expressão que deve estar presente em toda comunicação. As tecnologias se apresentam, assim, como limites da expressão e, desse modo, do diálogo.

Desde que nos demos conta dos limites da razão e da linguagem, fazer filosofia tornou-se outra coisa. A filosofia prática, que é a ética, seria o modo de acesso à linguagem enquanto essa linguagem é o lugar de nossa ação. A ação que é, ela mesma, linguagem. Hoje, podemos dizer que fazer filosofia é dispor de uma linguagem que está à mão e usá-la até suas últimas consequências, do diálogo à crítica e da crítica ao diálogo. A filosofia atua contra o vazio da linguagem, e a filosofia prática, contra o vazio da ação, que é uma das formas do vazio da linguagem. Isso quer dizer que a filosofia age contra o vazio da expressão e da comunicação. Mas, no dia a dia do senso comum, quem dispõe de sua própria linguagem? Quem realmente dispõe de algo como "comunicação" e "expressão"? Quem pode articular o diálogo? Como podemos fazer isso? Não estamos todos impedidos de falar e ao mesmo tempo autorizados e convidados a tagarelar? Impedidos tanto do diálogo quanto da crítica? Impedidos, portanto, também do encontro com ideias? Do acesso e uso de conceitos criados na interioridade de nossa reflexão? Podemos também pensar em um sentido um pouco inverso: por meio da tagarelice autorizada estaríamos impedidos de dialogar e assim de pensar? E, assim, justamente, de criticar?

De maneira geral, a linguagem discursiva, oral ou escrita, é que propicia diálogo. Ainda que as linguagens imagéticas, da fotografia, do cinema, da pintura e, enfim, de todas as artes, também possam ser "usadas" filosoficamente, é habitual que algo como filosofia se apresente por escrito ou por meio de uma conversação. Na verdade, essa é a forma mais simples da filosofia prática. É algo prático, no sentido mais simples da praxe cotidiana. Pois que, no cotidiano, o que fazemos é conversar. O diálogo, todavia, não é uma prática tão ordinária quanto parece. Conversar, aliás, não é o mesmo que dialogar, pois o diálogo implica que o outro tenha sido realmente reconhecido numa relação na qual o elemento imediato foi mediado pela consciência e pelo afeto; mediado, portanto, por aquilo que podemos chamar de cognição, esse encontro de afeto e pensamento, entre corpo e alma. O diálogo poderia estar muito mais próximo de todos nós, introjetado, já que é uma velha prática cultural. No entanto, o empobrecimento de nossa experiência passou pela aniquilação de nossa capacidade de reconhecer o outro. De acolher sua novidade em nossa "mesmidade". No cenário das dificuldades cotidianas em que o encontro com o outro e o propósito de uma desmistificação das verdades prévias pelo debate venham a existir, o diálogo se torna algo simplesmente urgente.

A filosofia, nesse caso, é prática de diálogo e potência de diálogo. Jamais deveria ser vista como discurso, muito menos de autoridade. O filósofo não seria aquele que fala do ponto de vista da verdade, mas apenas de seu próprio ponto de vista, limitado por sua própria história, enquanto ela é coletiva e é também história pessoal. Filosofia é a fala contra o vazio da linguagem de nosso tempo. Podemos aprender em termos de filosofia que aquele que fala, apenas fala de dentro de seus próprios limites, como qualquer outro, na busca de avançar para além de si por meio do encontro com o outro. Nesse sentido, filosofia é uma forma de expansão da consciência como expansão da linguagem. Por isso ela é controlada em contextos ditatoriais e de poder, como no capitalismo, que conhecemos tão bem em nossa própria carne.

Se lembrarmos de Sócrates e Platão, para citar um exemplo que antecede a todos os exemplos históricos, veremos que o diálogo era para eles o cerne da prática filosófica. Sequer se poderia falar em filosofia sem diálogo, que, a propósito, era mais do que apenas método, era um verdadeiro "modo de ser" da filosofia, aquilo mesmo que permitiria a existência de um método como a maiêutica — a famosa proposta de "parir ideias" promovida por Sócrates. Para os filósofos antigos a filosofia não seria jamais apenas teoria no sentido da produção textual que conhecemos hoje. Jamais seria texto que se bastaria em si mesmo. Ao contrário, seria um acontecimento possível na base da linguagem na sua forma de diálogo. Tampouco a filosofia seria pura "teoria das ideias" encontrada no "mundo das ideias". Ela seria o processo para chegar àquele mundo. Processo é um termo que parece traduzir muito bem a ideia do método em seu devir rumo ao que se pretende entender. Sócrates, como sabemos, não escreveu nada, pois para ele filosofia era mais um processo de linguagem que se desenvolvia em contato com um outro ser humano. Platão, que escreveu os diálogos, pretendia mostrá-los como documento de uma prática possível, nunca um fim em si. Só a filosofia fundamentalista mistifica esse ponto quando crê, ou tenta fazer crer, que a filosofia depende do texto e não pode existir para além dele.

O diálogo está para além do texto escrito e, levado a sério, é o outro do texto filosófico ao qual todo texto emancipatório tende. O diálogo é o caminho ao outro que constitui a chance concreta do reconhecimento do outro. O diálogo é o caminho da ética que luta contra o vazio do pensamento, da ação e da linguagem.

Reconhecimento contra a fama

O diálogo produz reconhecimento e, ao mesmo tempo, depende dele para existir. A categoria que nos permite passar da pessoalidade à impessoalidade, do mesmo ao outro, do monólogo — ou do discurso — ao diálogo, é a do reconhecimento. É pelo reconhecimento que me sinto parte da ordem pública, junto dos outros, como que tendo um lugar ao sol, como dizemos diariamente. De mim ao outro o reconhecimento é uma espécie de elo desejante que jamais está realizado, mas sempre em andamento, construindo-se. Ora, o reconhecimento é um desejo, mas ao mesmo tempo precisa ser construído. Mesmo que por meio de uma luta em que opostos tentam destruir um ao outro. Sua construção, por sua vez, se dá a partir do encontro. Para que o encontro seja possível dependemos de nossa capacidade de fazer experiências, capacidade bastante maltratada em nossa época.

Esta capacidade é tolhida pelo que chamamos de "Sociedade do Espetáculo" na qual a imagem como capital impõe a quebra da experiência de si e da experiência do outro. No lugar do reconhecimento que nos relacionaria uns aos outros, vende-se a fama, um curioso valor que parte da desvalorização do encontro entre sujeitos, em nome do capital, contra o ser de cada um. A fama é a deturpação do reconhecimento, o efeito concreto do triunfo da impotência, da irrelacionalidade na potência de cada relação não realizada.

O maior valor da sociedade do espetáculo, para a qual a imagem é o grande valor, o grande capital, é, portanto, a fama. Fomentada e almejada, já não importa se ela é alcançada por algum tipo de mérito no campo das ciências, das artes, dos esportes ou da política. Nas redes sociais a promessa da fama ao alcance de todos convoca adeptos. A fama coloca alguém em separado de seus pares. "Amigos" no Facebook ou "seguidores" no Twitter são números a refletir o status de "popularidade" e "influência" de indivíduos que se diferenciam justamente por tais números. Os números que separam de toda relação e alçam um indivíduo ao espaço-tempo de uma distinção irrelacional. Antes da internet, a fama era o capital das intocáveis estrelas de cinema. Antes ainda, ela cabia apenas aos intangíveis poderosos do Governo e da Igreja. Hoje a fama define um contexto no qual somos todos inscritos como figuras distorcidas entre exposição e visibilidade. Não somos mais corpos em relação, mas imagens para ver. Como imagens somos sacralizados uns pelos outros, ou desprezados. De qualquer forma, entre o sagrado e o desprezo estamos todos vivendo em nossas mônadas. Basta olhar para nossas imagens em redes sociais, mas, mais perto, todo o universo do que podemos chamar de "jogos de beleza", e percebemos como a vida se tornou um grande concurso de beleza no qual só o que importa é a imagem. Até mesmo o antigo "nome" de alguém torna-se cada vez mais mera imagem, grife, "logo" ou "avatar". O próprio diálogo sucumbe ao espetáculo, e as pessoas expõem discursos e frases feitas no tempo do embelezamento de suas próprias vidas espectrais.

A valorização de si tanto quanto a do outro são relevantes de um ponto de vista ético e político. Elas constituem o valor socialmente fundamental do reconhecimento. Podendo ser concomitantes, fama e reconhecimento são, no entanto, opostos. O reconhecimento como valor ético implica a visão recíproca de alguém na direção de um outro quando a alteridade é compartilhada. Reconhecer é poder conhecer-se no outro. É colocar-se no seu lugar. É aceitá-lo. É defender seu direito à existência. Não é simplesmente tolerar ou "suportar", mas realmente "respeitar" enquanto este sentimento implica alguma forma de admiração. Já a fama é a sua deturpação porque implica apenas que alguém seja visto e que, sobre ele, se fale.

Enquanto o reconhecimento é um processo de intersubjetivação em que o elo em jogo é o respeito, a fama é um processo de objetificação em que o elo se desmancha na forma de desrespeito. O famoso é conhecido, mas não necessariamente reconhecido. O fã que ama seu ídolo ama-o pela própria fama. E contribui pondo no cofrinho da fama a moedinha da adulação mascarada de adoração. O que se chama de amor é só um disfarce para aquele que tem em seu ídolo uma coisa. No momento em que o ídolo nega aquilo para o que foi talhado, ele será maltratado pelo fã. Lembremos o caso do jogador Ronaldo "Fenômeno", um dos maiores jogadores de sua geração que, ao engordar, foi xingado por todos os lados. Podemos citar vários outros exemplos em que o "ídolo", ao negar a expectativa do "fã", é simplesmente maltratado. O fã acredita que, por "amar" o ídolo, tem direito sobre ele, quando, na verdade, usa o amor como uma máscara do poder que realmente deseja ter. Em sua relação infantilizada, não percebe que maltrata aquilo que diz amar. A relação é de um tipo de dependência que, sem cuidado, pode cair no cinismo. O ídolo não é reconhecido, mas objetificado por meio da fama sustentada pelo fã que projeta nele todo o seu desejo de reconhecimento frustrado.

O exemplo de Einstein nos mostra a diferença entre as condições do reconhecimento e da fama: praticamente não há quem não tenha ouvido falar do famoso Einstein, embora quase ninguém saiba muita coisa sobre sua teoria e não possa, portanto, reconhecer o cientista ou a pessoa humana que dela foi capaz.

Há um filme de Woody Allen chamado *Para Roma com amor*. Ele nos oferece um retrato conceitual da fama que está em jogo em nosso tempo. O personagem Leopoldo Pisanello, interpretado pelo ator Roberto Benigni, torna-se famoso por acaso e deixa de sê-lo também por acaso. A fama, que primeiro o importunava, passa a fazer falta quando ele a perde. Pessoa simples que era, ele não ganhava nada com a fama, a não ser a própria fama que de nada vale senão como uma estranha coisa em si. A fama é, em seu fundo, o mero "aparecer", uma espécie de histeria do aparecer, na época em que o direito a aparecer como forma de estar no mundo parece ter sido aniquilado de vez. Que limite é esse que divide as águas do direito a aparecer, do aparecimento histérico e ansioso que vemos hoje? A fama torna-se um fim em si e transforma-se em negócio; afinal, a imagem passa a ser capital, apenas mercadoria. É dela que vivem as chamadas "celebridades", aquelas pessoas para as quais o ser não está em jogo, mas apenas o aparecer na forma de uma imagem vendável.

Prostituição do reconhecimento

A fama não nos une, ela é o efeito de nossa separação. Efeito da irrelacionabilidade. Tornou-se hoje uma espécie de prostituição. Ela é a imagem de alguém elevada — ou rebaixada — a mercadoria. A imagem é o que dispomos de nós mesmos para dar ao outro. Mas entendemos por imagem algo que não diz respeito ao nosso ser mais íntimo. Usamos a imagem como máscara, enquanto ela poderia ser apenas o modo como entramos em contato com o mundo, forma elementar, suporte de linguagem.

Ora, antigamente se vendia o corpo no comércio das prostitutas, hoje vende-se a imagem. Daí o sucesso crescente da pornografia. Pornografia é, etimologicamente, a escrita, a imagem, a narrativa ou a marca da prostituição. O capital é o da visibilidade. A indústria cultural da fofoca é a novidade de nosso tempo. Ela vive do vazio do pensamento, da ação e da linguagem como vazio da expressão. Nela só a impressão, a capacidade de impressionar, tem lugar. No cenário do Espetáculo, cada um pode hoje colar a própria fotografia adaptada pelo Photoshop ou outro programa de "correção" de imagem. A lógica do mundo dos famosos tem diversas escalas. A fama, como uma moeda, é acrescentada ao cofrinho do dia a dia por aparição em publicações e índices de audiência. Todos em todas as áreas sobrevivem desse cofrinho: seja a revista de fofocas, o segundo caderno, o blog bem visitado, ou o currículo Lattes, ninguém escapa da lógica da vida transformada em concurso de beleza. Quanto mais famoso alguém é, mais famoso pode tornar-se, pois a fama é, como o dinheiro, só um capital. E, muitas vezes, quando a fama se traduz na moeda corrente, efetivamente mais rico do ponto de vista financeiro, pois o mundo da imagem espetacular é uma verdadeira bolsa de valores na qual cada participante morre de medo de perder o seu lugar.

A expressão "estar bem na foto" vale em todas as escalas da fama numa sociedade dividida pelo grau de "visibilidade" daqueles que a compõem. Verdade da experiência empobrecida na vida de nosso tempo, o famoso cresce e aparece, mas não sem esforço. Sem trabalho a decadência é caminho seguro. Seja a senhora que envelhece fazendo seu *trottoir* entre as esquinas, seja o jogador de futebol cuja vida cai nas malhas da maledicência, seja a atriz que precisa estar na novela das oito ou na revista de fofocas, todos podem cair em decadência — também o acadêmico que não publica na revista adequada. Daí que muitos prefiram que "falem mal, mas falem" do que o simples esquecimento almejado por tantos outros. O narcisismo no sentido mais vulgar está em cena com mais força do que nunca no tempo das subjetividades desmazeladas para as quais só resta um cantinho no mundo dos espectros.

A fama é o mero aparecer, repetitivo e compulsivo, sem que haja necessariamente algo para mostrar. Quando não se pode mais esperar nada, nem autoconhecimento, nem uma vida justa, quando "ser" de nada vale, "aparecer" — e ostentar — é o caminho para a conquista da imagem como capital. Para muitos, mais vale um sentido deturpado do que sentido nenhum; eis o modo de ser de uma sociedade em estado de desespero. Estar no mundo na forma do aparecer é um direito de todas as pessoas, infelizmente destruído pelo espetáculo enquanto forma imagética do sistema econômico no qual cada um vale apenas dentro das regras do capital imagético. Desesperar parece inevitável quando não se pode mais esperar por si mesmo.

A publicidade e a prostituição da ação

Antonin Artaud disse que a propaganda era a prostituição da ação. A publicidade, como totalidade da vida transformada em propaganda, tornou-se a razão geral da esfera pública, suplantando o sentido do que antes chamaríamos o *político*, o universo das relações humanas em que decisões do poder e contra ele estão em jogo. A publicidade é hoje o todo do poder que não dá espaço a nenhum outro. Tudo, todas as instituições se estabelecem pelo seu crivo. A pessoa concreta está, sob ela, achatada.

A pompa das cerimônias religiosas, o ritual em que o governante traz ao colo uma criança ou a foto em que a família aparece alegre, tudo é parte da lógica publicitária como racionalidade da dominação na era do Espetáculo. Qualquer negócio, qualquer iniciativa, qualquer experiência científica ou doméstica é, hoje, prismada pela publicidade. Só escapam segredos de Estado, até que seja conveniente. É como se a publicidade definisse o direito de existência como controle do direito a aparecer na esfera pública. Ela pode estar contra ou a favor das instituições conforme o dinheiro em jogo. A lógica publicitária coloca em jogo que quem não está na propaganda ou não se relaciona a ela não está na própria vida. Ser é substituído por aparecer sem que aparecer corresponda a uma forma de estar no mundo realmente. Aparecer, no tempo da publicidade, é tornar-se fantasmagoria em vida. O aparecer publicitário prefere a fantasmagoria.

A cada ano de eleição o devir publicitário da esfera pública vem à tona. Isso quer dizer que não vivemos o espaço público, aquele que seria o nosso "comum" como político, mas apenas como publicitário. A publicidade é uma espécie de desapropriação da política que desaloja a todos do âmbito do comum, providenciando a vida espectral de todos nós. Isso significa que o outro é, para nós, no contexto publicitário, uma mera imagem. Se a política é ação e a publicidade tomou o lugar do político, podemos dizer que vivemos em um grande prostíbulo público. Mas este prostíbulo é, hoje, apenas pornográfico porque se contenta com a imagem. A esfera da ética, no quanto a política concerne a cada um por meio dela, seria a esfera da decisão, mas foi reduzida à escolha dos bens que se podem comprar. O consumo é apenas o modo de ser do cotidiano autoaniquilado que se entrega à repetição consentida e promovida pelo sistema em nome da sua própria manutenção.

O vazio das relações deriva da lógica publicitária da vida que transforma cada um em espectro para o outro. Ele surge, neste ponto, como vazio da política enquanto esvaziamento da esfera pública, do espaço do comum. Em seu lugar surgem comunidades virtuais altamente comprometidas com a lógica da publicidade enquanto comunidade espectral. O político esvaziado das relações éticas é, entre nós, apenas memória de um poder ser.

A ética, de qualquer modo, concerne ao político, mesmo que por eliminação. As expressões *o político* e *a política* tratam dessa diferença de intenções relativamente à esfera pública. Falemos, portanto, d'*a política* como profissionalização ou cartelização d'*o político*. *O político*, como esfera, seria o espaço de exercício da cidadania individual e coletiva, não o mero exercício do poder no contexto partidário, ou no do crime ao qual se reduz a ação pela corrupção. Do mesmo modo, não podemos perder de vista que a simples economia independente de um projeto democrático tomou o lugar do político porque a publicidade visa evidentemente ao capital.

O devir publicitário de nossas vidas implica que se torna valor social aquilo que é traduzido nos termos da publicidade. Qualquer exemplo é válido: a beleza das pessoas devém imagem como capital, mas também a feiura, a educação, ou a falta dela, a saúde ou a doença, a riqueza ou a pobreza também entram no esquema da valorização publicitária que diminui a vida que não cabe na mercadoria, achata-a até que seja nela encaixada. Natural que arte, sobretudo aquela que não pode virar mercadoria, não tenha mais lugar nesse mundo, ou que lhe seja reservado um lugar inofensivo. Nada pode avançar para além dos interesses do mercado que controla todos os demais interesses possíveis. O mercado tornou-se, neste tempo, o ideal. Um ideal a partir do qual a realidade é compreendida. O ideal da economia em que tudo vale na direção do capital. A sobra, o lixo, é, sem distinção, tudo o que não cabe na ordem. O potencial de mercadoria é o que importa no clima geral do sucesso, único sintoma que o mercado leva a sério. Na vida reduzida à publicidade, tem valor aquilo que pode se tornar mercadoria.

A sustentação do espaço político como espaço de convivência de diferenças é algo que apenas pode acontecer se tivermos consciência teórica e prática da separação entre o político e o publicitário. A velha divisão entre vida privada e vida pública já não faz tanto sentido, sobretudo depois da invenção da internet, mas também desde as imensas jornadas de trabalho, ou das jornadas dentro de carros para chegar em casa, que deixam a todos vivendo mais tempo fora do que dentro de seus lares. Em sua lógica total, a publicidade constitui o mais novo e sutil totalitarismo caracterizado pelo controle do desejo e dos pensamentos, das relações entre indivíduos e instituições com base em ideias ou imagens preestabelecidas transmitidas às massas tratadas — de antemão — como ignorantes. A vida publicitária é a expropriação da vida própria, da própria biografia, da experiência de vida que só cabe a quem a vive. As massas estão para a publicidade como a torcida para o futebol, assim como o povo está para o político.

A diferença é que torcida e povo são mais complexos do que podem parecer; seu desejo é maior do que aquilo que simplesmente lhes é dado enquanto são reduzidos a massas. Falamos de desejo sempre pensando em algo que, mesmo controlado e administrado, escapa do controle. O povo pode parecer passivo, mas há nele uma potência impassiva. Justamente por conta desta impassividade inerente, sempre pronta a irromper, é que o controle tem que ser apertado, o desejo deve ser arrochado a ponto de eliminá-lo em nome da mera vida que sobrevive apesar da violência a que está exposta. O desejo é o que deve ser controlado justamente porque sua condição implica a ameaça de descontrole.

Reclamamos que as massas sejam tão inconscientes. Esquecemos a multidão, conceito usado desde Spinoza para dar conta da massa revolucionária. Claro que, para que as massas se tornem conscientes, ou seja, para que apareça seu caráter de multidão carregada de desejo, não bastaria extirpar a publicidade da esfera pública, sob pena de incorrer no totalitarismo oposto. Seria preciso, contudo, formular a relação entre os dois modos de construir a esfera pública em um sentido dialético, ou seja, da tensão produtiva e, ao mesmo tempo, desconstrutiva, mais do que de uma mera dependência inexorável entre publicitário e político. A publicidade é a esfera que confunde a liberdade de expressão com o encantamento autoritário. Desfazer essa confusão é a tarefa da crítica. O império publicitário cresce entre nós acabando com a planta da política porque, num mundo onde tudo tem limites, só o capital e suas formas imagéticas não os têm. A crítica, a propósito, é o que mais se evita no sistema do totalitarismo publicitário.

O capital precisa alienar a política para vencer. A publicidade é sua arma de eliminação do pensamento e da ação livre. A lógica publicitária é a do vazio do pensamento. Seu imperativo é o "compre". A alienação de si é o jogo a ser jogado. O outro não cabe nessa lógica senão como objeto. Por isso, precisa ser controlado a qualquer custo. Deve ser construído pela publicidade como um monstro que mete medo. No lugar do outro radical, a publicidade oferece o mais-do-mesmo na forma de mercadorias entorpecentes: comida, viagens, roupas, pequenos prazeres vendidos como única felicidade possível. Felicidade imediata e fácil para cada bolso, todos terão pelo menos um direito: comprar à sua medida. A publicidade controla as relações humanas orientando-as à mera troca, a fungibilidade universal em que cada um, prostituído, ou seja, tornado meio para o fim econômico, tem seu preço. A democracia é reduzida à democracia do consumo, ou seja, não é democracia nenhuma. A função da publicidade é separar, fissurar, prometer, garantir. Por meio disso ela garante o controle das "relações" pelo controle da comunicação, da informação e da expressão, orientando todos para a mística do mercado em que quem compra de modo obediente recebe em troca aquele tantinho de felicidade possível.

O que o otário do sistema — aquele que aceita participar do círculo cínico no qual um mente e o outro acredita — não sabe é que o conceito de felicidade não combina com o "pouco", nem com o possível, que ele aceita ao adequar-se ao ritmo do consumo no qual ele mesmo é consumido. Contenta-se, assim, com a felicidade que pode comprar. Em relação a uma outra felicidade, uma felicidade que ainda pudesse ser ética, só a angústia nos salva e ela está toda na potência do encontro com o estranho que tememos e com o qual não queremos conviver.

Alienação — a perda do ponto de vista do outro

A lógica da publicidade é a lógica antipolítica em que a antirrelação é promovida. Ora, antirrelação é uma boa tradução para alienação.

Nossa condição atual, carente de reflexão crítica, vazia de pensamento de um modo geral, caracteriza-se por aquilo que tanto filósofos sérios quanto o senso comum menos preparado chamam de "alienação" numa relação de contradições que não podem ser perdidas de vista. Alienado é aquele que perdeu sua experiência; no entanto, muitos denominam alienado justamente aquele que não faz o que todo mundo faz, como, por exemplo, ver televisão.

Se, de um lado, vivemos nossa experiência com o mundo na forma de um distanciamento, como se dormíssemos um sono eterno em relação ao que há e ao que é, de outro, sentimo-nos também inadequados, como se tivéssemos sobrado em um processo histórico, em um tempo, em um espaço. Por isso, experimentamos a alienação de dois modos. No primeiro somos jogados no mundo sob a condição de coisas ao lado de coisas. Parece, nesse ponto, que não pertencemos ao mundo que habitamos, enquanto, ao mesmo tempo, a vida alheia com a qual nos comparamos soa, para nós, como uma sobra.

Eu me reconheço no outro e também me desprezo nele. O outro está comigo no ônibus, na fila, na mesa do almoço de domingo, mas está também do lado de lá, na fábrica, no mercado, produzindo o que eu uso ou consumo, ou é aquele que, além de mim, usa ou consome aquilo que eu faço. O outro me pede obediência ou me pede liberdade. O outro é aquele que me interpela, aquele que me estranha. O outro está além do que posso supor, ele morre de fome ou assassinado em outro país, às vezes vira fotografia de jornal, avatar de internet. Ele é uma voz que me liga ao telefone vendendo as últimas ofertas desnecessárias. Relacionados e, todavia, alienados, somos os habitantes do estado global da vida em que tudo pode ser vendido e trocado, mas não necessariamente relacionado. O outro não é do meu mundo. O crítico que mostra relações que não devem ser vistas pode, ele mesmo, como visionário de relações ocultas, ser tratado como apenas um "outro" chato.

Experimentamos junto com esse outro a alienação como um fato objetivo e subjetivo ao qual somos convidados todos os dias. Somos convidados uns pelos outros e também por um outro maior que está além de todos e que, vulgarmente, chamamos de "sistema". Seja o Deus de algum monoteísmo, seja o Capitalismo, seja a Cultura, a Lei, a Ordem, o Padrão ou o Progresso, o fato é que estamos sempre referidos a algo outro. E, ao mesmo tempo, quantos de nós aceitamos nos enganar sobre o que estamos realmente vivendo? Este Outro com "O" maiúsculo nos oprime e nos impede de relacionarmo-nos. Impede de reconhecer o simples outro, o outro com "o" minúsculo com quem dividimos a casa, a rua, o dia a dia.

Na segunda forma de alienação, somos seres simplesmente vivos e pensantes — e nem sempre tão pensantes — atrapalhados por nossas mais simples crenças cotidianas. Seres que experimentam a desconfortável sensação de "descabimento". Não sou, não existo nesse mundo. É muito fácil situar-se nessa distopia diária. Na vida que não encontra nenhuma utopia na qual expressar-se enquanto, ao mesmo tempo, aceita crer que todas já foram realizadas pelo consumo dos bens, pelos sucessos mundanos garantidos por dinheiro e aparência — o que tem valor na era do capital espetacular.

Mesmo quando queremos estar no tempo presente, mesmo quando queremos fazer algo que mude as circunstâncias políticas de nosso mundo, algo nos assalta, a sensação de absurdo de tudo o que se vive. Somos uns junto de outros e, no entanto, é como se isso não fosse real. A impotência vence o poder que constituiria a política. Ele é reduzido por um lado à violência que destrói o poder, por outro, ao poder de comprar. E quando, porventura, parece que algo adquiriu um tom "real", é imediatamente balizado pelo "virtual".

Descobrimos então, no meio da inadequação, na falta de mim e de um outro, que estamos a existir certos de nosso descabimento: alienados. Existir não parece uma tarefa que se possa assumir de modo fácil; no entanto, quem pensa nela já passa a existir, pois que existir é um fato do pensamento que se pensa a si mesmo e se dá conta de fazer parte do contexto de um mundo. Existir é algo de deixar quem existe perplexo. É a tarefa de existir para além da alienação o que, neste momento, podemos chamar de ética.

Precisamos, portanto, falar de ética em nossa época conturbada e obscurecida por tantos motivos, aqueles que envolvem as experiências políticas nacionais e internacionais, municipais e comunitárias. Precisamos falar de ética porque estamos junto uns dos outros. Vivemos em família. O outro é diário e comunitário mesmo quando, dormindo no imediatismo e no corre-corre, o perco de vista. Vivemos em comunidades. Trabalhamos, andamos, comemos, amamos, conversamos, jogamos, festejamos, olhamos, nascemos e morremos sempre acompanhados. Mesmo quando estamos sós, a solidão que assola como perda do outro é apenas um modo de viver, não a essência de coisa alguma. O outro, diria um filósofo de mau humor, é um inferno. Um psicanalista assustado falaria do nosso "complexo do outro". O outro é tudo isso, não podemos romantizá-lo. Mas é também a nossa "companhia" apesar da relação alienada que temos com ele. E esta companhia, antes de ser boa ou má, é inevitável. Mais que isso, é constitutiva de nossa própria subjetividade, ela mesma efeito e causa de uma relação. Ela mesma um movimento.

A verdade da relação alienada que tenho com o outro é que nunca saberei dele nada que não seja uma representação. O outro é o que não sei, é o que não tem essência. É, como eu, algo insubstancial. O outro em mim é o que não se curva a qualquer identificação. É o mais interessante dos mistérios da vida porque o mais intangível. Tantas vezes o outro em seu momento assustador, esse que me faz sentir-me inexistindo, torna-se o sublime que nos salva de nossa miséria espiritual autorrealizada na forma de neuroses, egoísmos, invejas... o outro me diz que sou um ser de relação. E isso não implica que eu desista de fugir do meu próprio ser, de certa forma, alienando-me. Nem mesmo quando me dou conta de que sou o outro de um outro, as coisas ficam mais fáceis. A relação é a corda tensíssima que, me pondo na vida, também poderia ser usada para dela fugir — a alienação é o nome de uma fuga.

Sabendo que somos seres de relação, estamos no ambiente espiritual da razão das coisas. E podemos ser coisificados junto delas. Mas podemos também "descoisificar" as coisas dando-lhes novos significados. É isso o que faz a poesia e é isso o que pode fazer uma ético-poética. Pensar que estamos vivos e dependemos uns dos outros em função de nossa relacionabilidade total e inevitável não é um raciocínio simplesmente lógico. Antes é prático, pois nos orienta na realização de outro modo de ser no qual está implicado o elemento que chamamos de desejo. Um desejo que rompe com o elo antiético da alienação que partilhamos todos os dias no cenário antipolítico da vida simples.

A questão seria levar adiante uma verdadeira ético-política da relação, mas ela só surgiria se, antes, percebêssemos que a poesia é a percepção das relações na vida que pode orientar novos modos de ver e fazer a vida. Só que o estado ético-poético não se alcança pela adequação, mas apenas enfrentando um tipo de alienação positiva, uma espécie de contra-alienação pela tensão com o mundo. O outro não nasce do nada. Chegamos a ele sempre na forma de um confronto e de uma negação.

Inadequação

Um dos modos como experimentamos a alteridade em nós mesmos e no outro é a inadequação.[37] A inadequação é a medida de nossa "insubstancialidade", de nosso afastamento de uma verdade única acerca de nossa existência. Ela é um estado espiritual, que envolve emoção e pensamento; portanto, é um estado eminentemente afetivo, mas não emocional ou simplesmente psicológico. O inadequado é, em geral, um pensador, mas não porque simplesmente raciocina sobre as coisas do mundo. Pessoa simples habitando o dia a dia, o inadequado não corresponde a uma essência particular, a um tipo ideal. Ele é um sábio da cognição que conhece o sentido do desconforto diante das coisas.

A inadequação é uma circunstância que pode ser sazonal ou durar a vida toda. Ela corresponde a um estado como a felicidade ou a infelicidade. Pensando nesse estado, vem à mente o indivíduo tímido e obscuro, aquele que tem dificuldade de se expressar, aquele que gagueja, que fica vermelho, mas também aquele que se esconde dos outros, que cala, que observa perplexo. Que preferia não estar ali, mesmo quando está. Aquele que se esconderia sob a mesa, a cama ou a cadeira para não ser visto, para não entrar em contato. Sob o sentimento de inadequação, temos vontade de fugir. Uns vão para outros países, outros vão ao consultório de psicanálise, uns viram artistas, outros simplesmente se fecham, se escondem em casa. A subjetividade do inadequado é alérgica ao mundo em graus variados. No mundo do espetáculo em que a imagem é hipervalorizada e a performance pública assume um lugar fundamental, o inadequado sofre todo tipo de pena. O sentimento de fuga possível é a única esperança. O direito à fuga é todo seu, mas nem sempre ele sabe disso e se sente ainda mais intensamente inadequado ao não autorizar-se a ser quem é.

Porém, mesmo o inadequado não pode esquecer que está no mundo. E talvez seja ele a pessoa que mais sabe disso. Pois ele pensa, é praticamente um filósofo natural. Sua primeira pergunta, aquela que rege a sua vida, é "por que sou eu e não outro?". Seu sentimento é o de descabimento, de estranhamento. Ele não cabe no mundo e o mundo também não cabe nele. Por vezes, ele pensa ter perdido a alteridade como um alienado, mas não é isso o que lhe ocorre. A alteridade é para ele excessivamente crua e presente, e sua primeira forma de experimentá-la é o estranhamento. O estranhamento que o remete a si mesmo. O estranhamento não é a simples alienação, é justamente o contrário, é um excesso da presença do outro e da presença de si.

Para quem afetos como medo e vergonha são fortes demais, somente a razão, como um chamado a pensar, pode parecer a saída. Quantas vezes desejamos convencer o outro sobre a necessidade de desejar o mundo. Argumentamos que podemos nos ajudar uns aos outros, o que não deixa de ser uma ideia bonita. Colaborar pode ser o único jeito de fazer parte e sobreviver. Mas os afetos assustados não cedem a esse tipo de lucidez. E precisamos prestar atenção neles, pois há algo de verdadeiro nessa estranha sensação de não pertencer. A razão é um afeto e, como diria Nietzsche, o mais potente dos afetos. Mas quem convencerá o inadequado de que ele não é tão inadequado assim? Apelar à razão parece, deste modo, tantas vezes como uma estranha promessa de fracasso. Sem muita esperança na lucidez, os inadequados seguem confusos, esperando que tudo passe. Que passe até mesmo a vida.

Falar assim pode soar exagerado. Viver é "menos", dirá o dono do espírito para quem pensar pode ser um incômodo evitável. Aquele que consegue sentir-se dentro e confortável nas circunstâncias sociais, econômicas e imaginárias de nossa sociedade talvez tenha feito manobras radicais de autoengano, ou nunca tenha pensado sobre o que significa viver. Há quem leve a vida muito a sério e leve a si mesmo muito a sério. Há quem não consiga perceber o sentido de existir porque o sentido simplesmente não existe e, ao mesmo tempo, não consiga de nenhum modo inventá-lo. Viver requer tanta criatividade, e, ao mesmo tempo, a própria criatividade é controlada sistematicamente a ponto de tornar-se um puro mecanismo pasteurizado a serviço da publicidade.

O inadequado é aquele que se sente sufocar. Para ele o mundo é feito de paredes que se aproximam lentamente na direção de um corpo a ser esmagado. A sensação de angústia, de estar num lugar apertado que se deve atravessar, está presente. A angústia é a dimensão simbólica do medo que representa uma ameaça próxima e real. O medo, quando afastado da dimensão simbólica, quando vivido sem mediação, pode levar à sensação radical do pânico. Pânico é a experiência de pavor da própria vida quando a vivemos sem mediação.

O pensamento é a mediação. Muitos tratam o pânico como problema psíquico, quando sabemos que o pavor é também um problema existencial, um problema filosófico que diz respeito à nossa capacidade de mediação pela compreensão das coisas. O pânico é um extremo de inadequação. O medo em estado imediato pela perda da mediação do pensamento. Ele diz respeito a um modo de estar no mundo quando o "mundo" (o arranjo entre sociedade, lei e vizinhança) não acolhe, mas exige, impõe e cobra a ponto de torturar subjetivamente. Em relação ao mundo, resta colocar-me eu mesmo na forma de pessoa que pensa no mundo, não para me conformar a ele, mas para sofrer menos. O sujeito em pânico é aquele que vive no extremo, o "sem lugar" ao qual todos estamos abandonados em nosso dia a dia.

Vergonha

A vergonha, ao lado do medo que tem seu estado tremendo e radical no pânico, é o sentimento típico de nossa época. É ela que mais tentamos evitar hoje. Se Kierkegaard falava que era preciso aprender a conviver com a angústia[38] (e, diremos, com o medo e o pânico), ou seja, não evitá-la ou combatê-la, podemos dizer hoje que precisamos aprender a conviver com a vergonha. É a vergonha que ocupa o lugar da angústia na Sociedade do Espetáculo. A angústia é relativa a um estado subjetivo em que a interioridade está em cena. Na angústia, posso me sentir oprimido pelo exterior e, no entanto, sempre volto a mim porque a questão que ela me coloca refere-se à minha liberdade, à minha escolha. A angústia era o efeito da liberdade recém-descoberta com as revoluções da época moderna.

A angústia referia-se à interioridade. Hoje, aquilo que chamamos de Sociedade do Espetáculo nos concede a vida em estado de pura exterioridade. Como que extirpado de mim mesmo, posso viver da superfície que apresento em relação a outras superfícies representadas. Nossa vida é um encontro de máscaras no qual o inadequado está com o rosto à mostra. O outro é como eu, neste caso, pura máscara, fachada, atrás da qual não se espera que possa haver um rosto. A vergonha é o sentimento daquele que, inadequado no cenário do espetáculo, ainda preserva o interior contra a lei da superfície e do uso da máscara que a todos encanta.

Contra o fingimento, o inadequado experimenta uma sinceridade insuportável. Sua expressão contra a fuga é a confissão nem sempre pré-pensada, muitas vezes exposta à queima-roupa. A sinceridade não é um valor na Sociedade do Espetáculo que se sustenta sobre todo tipo de fingimento. Sente vergonha aquele que ainda deseja ser sincero. No entanto, o que vemos em redes sociais hoje é a tentativa de expor a verdade sobre si mesmo como compulsão à mera emissão de qualquer tipo de informação. Vivemos no tempo da emissão da informação pela informação. As pessoas se transformam em notícias umas para as outras, expõem suas intimidades, da comida que comem ao que pensam, conforme as regras do jogo das redes sociais. Desistiram da sinceridade e, ao mesmo tempo, a emulam como se ela fosse o teatro ao qual se está condenado. Assim, aquele que antigamente se angustiava hoje está envergonhado. Nesse estado, resta adequar-se ou assumir-se e pagar a conta da própria vida no tempo em que a vida só vale enquanto imagem ou que a imagem vale contra toda outra forma de vida.

A pessoa que vive o sentimento de inadequação está presente no mundo como qualquer habitante que tem o direito de estar nele. Mas nem sempre sabe disso. Então ela sente vergonha diante do "Outro" que cobra dela um lugar no espetáculo. Seu dilema pode ser o de conduzir o espírito com o maior cuidado sem negar o mundo abstratamente, sem, ao mesmo tempo, simplesmente endossar a ordem social destrutiva para muitos, letal para tantos. Como pensar? Como fazer pensar? Como provocar o pensamento? São perguntas daqueles que, sentindo-se inadequados no estado geral do mundo pleno de desejo de capital e vazio de espírito reflexivo, ainda se importam. Ainda sentem vergonha. O sentimento de vergonha é sinal de que algo ainda importa. Importar-se é, a propósito, tantas vezes, o nome próprio da inadequação. Inadequado é quem, por um motivo ou outro, começou a pensar. "Adequado" é, neste sentido, o sem-vergonha. Seria aquele que se entrega à prática abstratamente, aquela prática sem pensamento na qual o outro não é considerado. Quem faz o acordo com o mais-do-mesmo e cancela qualquer tipo de reflexão sobre o sentido de existir ou não existir não tem por que sentir vergonha. O "adequado" pode, no entanto, estar neste mundo, como um robô, não sentindo mais nada. Inadequado é quem não consegue virar robô, logo se questiona, sofre, se ressente. Em geral, sente vergonha. E, neste caso, prefere ficar sozinho.

Não gostaria de fazer um simples elogio da vergonha. Um elogio que pode soar moralizante como se esta fosse a forma correta de um sentimento para com o mundo. Sentimentos são apenas sentimentos, não são corretos nem falsos. Antes, creio que seja possível analisar a vergonha como um afeto de nossa época que nos diz onde estamos quando ela está ou não está presente.

Política da solidão

Algo vai muito mal com a autocompreensão do ser humano sob a crença de que existe um padrão normal dos afetos que calibraria o todo da experiência emocional humana. A crença na normalidade confirma apenas que vivemos mergulhados em certa incomunicabilidade. Os sentimentos humanos são nebulosos e confusos, mas não são expressos senão por meio de atos desesperados que falam por si mesmos. Se a norma fosse estabelecida pelo que há de mais comum, teríamos que voltar ao paradoxo de Bacamarte: o anormal é normal, o normal é anormal. Olhando de perto, como diria o músico, as coisas ficam bem complicadas.

O fenômeno contemporâneo da psiquiatrização da vida nasceu como tentativa de eliminar a estranheza humana. Hoje ele sustenta a "Indústria Cultural da Saúde" que se serve do sofrimento humano como a hiena se serve da carniça. Para os fins do logro capitalista, já não basta aproveitar a desgraça do outro, também se pode ajudar a incrementar a produção do infortúnio usando a arma do discurso da ciência. A moral une-se à ciência nestas horas e quem paga o preço é o indivíduo humano do qual se extirpa a capacidade de pensar sobre a própria vida.

Se a indústria farmacêutica depende da evolução das drogas e remédios, depende também da existência de doenças. Criar um remédio pode implicar a criação da doença. Assim é que uma das mais fundamentais das experiências humanas na mira dos sacerdotes da moral que propagam a psiquiatrização da vida é, hoje, a solidão. A banalidade da proposta não é pouco violenta. Em pesquisa divulgada não há muito tempo, um médico americano definiu a solidão não apenas como doença, mas como epidemia. Tratou-a como uma tendência contrária à evolução. Definida como um erro da "natureza humana", a solidão seria vista fora de sua dimensão social e histórica. Como doença, ela seria a causa do sofrimento e não o efeito da perda de sentido da convivência entre pessoas. Em última instância, daquilo que seria o significado mais próprio da política como universo da integração entre indivíduos e comunidades.

Em um mundo em que a política foi destruída pelo poder transformado em violência, a solidão é o sintoma do medo do outro que ameaça o indivíduo.

Diz-se indivíduo daquele que não pode ser dividido, que é inteiro. Podemos, por conta desse conceito, dizer que a solidão é constitutiva de cada um no mais simples sentido metafísico. Na solidão positiva perdi um outro externo e encontrei o outro interno. Há a solidão como um fato que diz respeito à vida vivida fora das relações. É esta solidão que deve ser inscrita na filosofia política como afeto político.

Mas o que poderia haver de anormal em alguém viver só? A solidão, da qual muitos se queixam hoje como um desprazer, pode ser para outros tantos um prazer. Viver em comunidade não faz sentido para todo mundo, e isso não leva necessariamente à conclusão de antissociabilidade da qual o indivíduo seria vítima ou culpado. A solidão nas cidades grandes é muito mais um sinal da precariedade do sentido da comunidade e da convivência, é mais um problema sociocultural do que de escolha individual. Certamente ela reflete a impossibilidade de retornar às florestas como um dia fez Henry Thoreau. Lembremos que as florestas estão em extinção, curiosamente como a ideia de humanidade... Resta fugir para a moderna caverna na selva de pedra — sem querer reeditar lugares-comuns — que é a casa de cada um.

A solidão é, assim, a categoria política que expressa a nostalgia de uma vivência de si mesmo. Ela é, por isso, a tentativa de preservar a subjetividade e a intimidade consigo mesmo que não tem lugar no contexto de relações sociais transformadas em mercadorias baratas. A sociedade da antipolítica precisa tratar a solidão como uma pena e um mal-estar quando não consegue olhar para uma das maiores misérias de nossa época: o fetiche da hiperconectividade que ilude que não somos sozinhos.

Por outro lado, a solidão antipolítica é aquela em que o indivíduo é vítima de abandono. Quando ele precisaria estar relacionado e não está. Essa solidão não eletiva é efeito do abandono nosso de cada dia que está na base do sistema social, econômico e político que prevê a morte do particular em nome da sustentação do todo e sua lógica do mais-do-mesmo.

Anestesia

O convite ao padrão, à regra, à norma é daqueles aos quais não se consegue dizer não. A adequação é uma imposição autoritária e sedutora ao mesmo tempo. O que podemos chamar de "anestesia ética" refere-se à anestesia da sensibilidade que permite ao indivíduo ser enquadrado, tornar-se "adequado". Podemos perguntar como alguém se torna anestesiado. Que relações viveu? Com quem e como aprendeu a ser quem é, a viver como vive? Adequado é aquele que acredita no mundo e se esforça por adaptar-se a ele, alguém que cede de si para "caber" na "ordem". Ou é aquele que impõe aos outros a "adequação". Muitos dentre nós, que sempre poderíamos pensar na construção conjunta como possibilidade para o mundo que habitamos, passam a dominar relações, passam a controlar relações, a exercer poderes contrários à nossa própria comunicabilidade livre de violência, aquela que faria de nós seres abertos ao outro na forma da experimentação da vida. Quem sabe até mesmo tão abertos uns aos outros que seríamos capazes de ultrapassar, pelo menos em alguns momentos, a solidão ancestral que nos caracteriza. Nessa abertura talvez pudéssemos nos tornar seres ainda mais colaborativos do que somos, pois que somos em muitos momentos seres altamente colaborativos, embora nossa experiência de colaboração esteja em grande medida deturpada pela competitividade hipervalorizada numa sociedade do medo e da autoconservação.

Por mais que nossas relações possam parecer poucas, na verdade são muitas, envolvem outros e mais outros. Por mais tímido e isolado que alguém esteja, por escolha ou condição, mesmo na floresta densa para onde fugiu, ainda estaria em risco de encontrar povos ou grupos sem contato, ou estaria sob a ameaça dos piratas e bandidos que a desmatam. A ficção pode parecer pobre, mas nos ajuda a brincar com a nossa fantasia de individuação *ex nihilo*, aquela onipotência meio infantil de que o mundo começa e termina em nós. Em outro caminho, nos faz pensar na solidão como fuga de um mundo tomado pelo ser humano, ser que é presença total para si mesmo e que, contra a presença total do outro seu semelhante, imagina-se indivíduo irrelacionado. Já não podemos deixar de ser humanos, o que implica, em grande medida, já ter perdido de vista os limites e fronteiras de nossa condição humana. A ficção da solidão florestal não é tão ruim, no entanto, quando nos faz lembrar que pelo menos ali estaríamos relacionados a um mundo natural e teríamos escapado a essa alienação fundamental da natureza, a partir da qual construímos nossas vidas urbanas. O mundo na floresta, ficção de uma natureza desejável, é, na verdade, o sinal de um mundo inconcebível, mas que rememora um mundo vivo e, enquanto vivo, totalmente estranho no qual o inadequado se sentiria bem, finalmente reconciliado com a estranheza.

Mas tudo isso é ficção, e o que a pessoa concreta vive é ou a inadequação ou a anestesia. O anestesiamento é o efeito de um massacre sobre os sentidos físicos e também sobre o sentido, a direção, o lugar de nossa existência, enquanto ela é corpo no mundo. O anestesiado não consegue sentir-se nem adequado, nem inadequado. Já o inadequado frequentemente está só, ou se sente só. A solidão é uma alternativa muitas vezes inevitável no contexto de contatos que causam sofrimento, mas pode também ser mais do que isso. Seria a política da solidão mais do que o vazio da emoção?

Vazio da emoção

A letra da canção "Socorro", da poeta Alice Ruiz, é um retrato poético da interioridade contemporânea no ponto de seu esvaziamento. Podemos dizer, esvaziada de sua própria presença.

A letra, em sua beleza, em sua simplicidade, diz: "Socorro/ eu não estou sentindo nada/ nem medo, nem calor, nem fogo/ não vai dar mais pra chorar/ nem pra rir. Socorro/ alguma alma mesmo que penada/ me empreste suas penas/ já não sinto amor nem dor/ já não sinto nada. Socorro/ alguém me dê um coração/ que esse já não bate nem apanha/ por favor, uma emoção pequena/ qualquer coisa que se sinta/ tem tantos sentimentos/ deve ter algum que sirva..."

No contexto do vazio da ação, e do vazio do pensamento e da linguagem, podemos ainda falar do vazio da emoção. Anestesia seria seu nome mais técnico. O vazio da emoção é sintoma de um mundo em que a emoção já não é possível. Mas isso apenas porque a emoção é diariamente plastificada como convém a uma mercadoria bem embalada. As pessoas não compram coisas, devemos lembrar desde já, elas compram sinais que informam aos outros sobre um capital simbólico. Coisificação da consciência é o nome antigo para o fenômeno em que a concretude das coisas é substituída pela abstração da insígnia. Mais do que a marca, já podemos saber que o que interessa é a emoção que ela promete. Queremos ansiosamente as emoções porque estamos anestesiados. Uma emoção plastificada que se coloca como tapa-buraco do vazio da emoção.

A banalização da emoção que advém desse vazio apenas explica a cortina que se põe sobre o muro frio de uma sociedade interditada para o outro cujo fechamento deve se esconder a todo custo. Mas onde foram parar nossas emoções verdadeiras? Há sentido em falar de "emoções verdadeiras" quando o mercado da emoção mede e pesa cada uma conforme seu valor econômico?

Pensar o corpo cultuado, naquilo que se "oculta" por meio desse "culto", parece ser uma saída reflexiva que tem sido levada a cabo por muitos estudiosos. O corpo fora do culto, o corpo da doença, o corpo do sacrifício, o corpo da dor, do trabalho e do desconforto material. A simples pessoa não se ocupa de seu corpo senão na experiência da doença, do nascimento e da morte. Até mesmo os artistas do corpo, que são os únicos que poderiam conhecê-lo de um modo diferente, também passam por essas experiências triviais que o envolvem. O corpo é o nosso lugar, o mais imediato e, no entanto, o grande desconhecido. Mas o que é, afinal, o corpo e que relação ele teria com os afetos, as emoções?

O outro é, como eu, corpo. Somos e nos fazemos corpos, o lugar de nossa experiência e da pobreza de nossa experiência. É, neste sentido, lugar da vida em todas as suas dimensões, como nosso "feito" existencial. É o corpo que nos leva à atividade, ao movimento, ao trabalho, à inércia, à pseudoatividade. É o corpo que experimenta os prazeres e os desprazeres de que temos conhecimento apenas através dele. É o corpo que somos que age e deixa de agir. Distração, atenção, impressão, percepção, sensação, emoção são experiências do corpo.

O corpo não é um objeto, mas o âmbito concreto de nossa relação com o mundo baseada em afetos. Nossa experiência com o outro depende toda do nosso estar, ele mesmo sempre corporal, somático, físico, presente. O corpo é nosso modo de estar no mundo. É o corpo que aparece de algum modo, que nos põe em relação com alguma coisa. Ele é o suporte de toda linguagem. Entre o corpo e o mundo estão as imagens como formas afetivas, ou seja, como imagens táteis, auditivas, gustativas e visuais. No contexto daquilo que se chama "Sociedade do Espetáculo", as imagens visuais são as que mais importam no universo público, são elas que valem como maior capital, mas elas só valem enquanto submetidas ao contexto da "sensação" que podem causar: a sociedade é "excitada" e todas as nossas relações estão afetadas pelo fato da administração das sensações.[39] O que não causa sensação está sumariamente descartado socialmente. Somos, assim, infinitamente afetados todos os dias. Queremos emoções, e elas são providenciadas pela ordem como mercadorias. Em outras palavras, podemos dizer que nossa capacidade de sermos afetados é administrada diariamente. O culto da emoção, que caracteriza nossa sociedade, é, nesse sentido, o culto do mesmo velho capital que nos atormenta há séculos.

A ação da qual todo projeto ético é refém é aquela que podemos chamar de ação espetacular. Ela incide sobre o corpo de quem é capturado no processo espetacular como uma mariposa em busca de luz. Introjetada, ela se torna parte de nós. O corpo é tópico de nossa reflexão ética. O "sentir", ação involuntária de nossos corpos, está em risco sob a lógica devoradora da sensibilidade que é promovida no Espetáculo. É a devoração da experiência o que ele produz. Temos que nos perguntar: que ética é possível na era em que um ordenamento estético, praticamente uma ditadura estética, comanda nossas atitudes? Podemos sentir livremente em uma época cuja característica é a excitação manipulada diariamente? Em que sentido somos reféns dos afetos corriqueiros do dia a dia, tais como ódio, inveja ou até mesmo a fé?

Não sabemos o que sentimos, mas o poder sabe que precisa administrar os sentidos e os sentimentos, e o faz milimetricamente, na miudeza do cotidiano, pela organização dos meios de comunicação aliados ao mercado. Daí que aquilo que alguns chamam de "culto da emoção"[40] seja, na verdade, o seu descrédito, a sua mistificação. Emoção tornou-se mercadoria vendida de maneira mais cara ou mais barata conforme o freguês. Podemos dizer que já não se vendem coisas, vende-se, em seu lugar, o fetiche das marcas — a própria marca vale como uma espécie de sensação que provoca emoção. Da raiva e do ódio ao amor romântico e à compaixão, do medo à esperança, da tristeza à alegria, nossa sociedade transformada em mercado tem vendido de tudo. O mercado emocional cresce contra toda ética possível. Na base encontra-se o minúsculo corpo humano, submisso e humilhado, incapaz de ser "si mesmo".

Podemos até falar, nesse caso, de um "sujeito" humilhado, de um sujeito propriamente "assujeitado". Trata-se do sujeito da depressão vivida coletivamente em um sentido ético, aquele que, tendo sucumbido à inércia dos afetos, o corpo-espírito anestesiado, é também o que adere ao discurso da verdade emocional, da emoção como redenção. Não é estranho que, em uma sociedade que vende algo como "felicidade", haja tanta gente triste — mais do que isso, haja uma verdadeira epidemia daquilo que se chama depressão enquanto é compreendida como doença. A depressão psicológica é efeito do vazio emocional que advém do vazio do pensamento e do vazio da ação. Estamos praticamente diante de uma equação. A alegria transformada em mercadoria fácil é vendida junto com toda sorte de "comprimidos" e bugigangas. Verdade que a alegria é um bom afeto e pode até mesmo ser um afeto em certa medida redentor. Viver sem alegria de viver parece não fazer sentido. Melhor, no entanto, de um ponto de vista ético, seria pensar que a alegria é apenas um afeto entre outros, um afeto a ser partilhado com outros em um mundo em que sentimentos não deveriam ser plastificados. A alegria é um dos poderosos afetos revolucionários e emancipatórios que foram plastificados. É por conta disso que viver sem alegria pode fazer sentido para muitos. No contexto dos diversos afetos experimentados por um ser humano ao longo da vida, a alegria pode ser apenas mais um, mas não fundamental. Se falamos de uma alegria publicitária, então, tal sentimento pode não valer nada. A alegria plastificada pode não ser algo melhor, pode não ser algo extraordinário contra a tristeza de uma vida monótona. A paz pode ser, para muitos, a melhor alternativa. Aqueles que percebem a perversão da alegria de plástico podem preferir a monotonia. Isso quer dizer que, na época do culto à emoção, pensar implica desconfiar das emoções em geral, sejam fáceis, sejam difíceis. Que os afetos possam ser sentidos como forma de experimentar a existência e não apenas fazer um jogo espetacular de si mesmo ou do mundo, eis o sentido que proporcionam para além da emoção administrada a que foram reduzidos.

No contexto do vazio da emoção, a ação espetacular surge confirmando o lugar da ação vazia. A ação espetacular visa ao consumo que se esconde atrás da ostentação e que a usa como modo de manter o consumo intacto e sempre mais atual.

Ostentação

Ostentação é o principal tipo de ação espetacular. É o próprio cerne da espetacularização. Como vazio da ação e vazio da emoção, ela reflete a morte da expressão no tempo do culto religioso às marcas. A valorização religiosa de bens ditos "de marca" é uma característica das sociedades capitalistas contemporâneas. Delas advém a distinção[41] como forma de poder que fascina tanto ricos quanto pobres no cenário de uma dessubjetivação que é partilhada por todos, da loja de luxo ao camelódromo das falsificações. A democracia atual, porque falsa democracia, implica a partilha do gosto no ocultamento de sua falsificação. Ao mesmo tempo, nessa falsa democracia o que se pretende é a distinção: todos compram a ideia de que são diferentes. A partilha da fascinação com a mercadoria é real. Partilha-se o fascínio, no entanto compra-se a mercadoria. E cada um compra a mercadoria que seu bolso pode, que os crediários permitem na grande programação das compras que cabem como dever a cada classe social. O consumo é, nesse aspecto, uma lei introjetada, mas apenas depois que a ostentação cavou fundo na emoção do indivíduo posicionado como otário, aquele que, como dissemos mais acima, aceita fazer parte do círculo cínico do sistema. Mais do que uma lei, o consumo é uma crença que atinge todas as classes sociais para devorar cada um de seus adeptos. Todas as classes são filhas do capitalismo, como o crente é, ou se pensa, filho de Deus. O capital é seu nome econômico.

A questão da distinção entre classes sociais faz parte de nosso cotidiano e nos separa do outro. Ela guarda em seu fundo um aspecto mais tenebroso concernente ao presente da condição subjetiva da vida dos "usuários". Devorados pelas antipolíticas autodestrutivas do consumismo transformado em regra, somos todos zumbis adorando o senhor Capital como valor não humano absoluto que está no meio de todas as relações, esvaziando a ação que poderia unir pessoas ao produzir o comum como espaço ético-político. Nesse contexto, o outro não é mais do que uma sombra de nós mesmos que somos sombra dele mesmo. No entanto, perdidos uns dos outros, não sabemos disso, não somos nada senão pessoas rebaixadas a consumidores.

Zerada a intersubjetividade, essa ação de reconhecimento mútuo, que poderia nos unir de algum modo no campo da construção do comum, e tomados pelo delírio da distinção, de que somos diferentes e superiores ou inferiores aos outros, o que resta são as coisas — e as pessoas como coisas — que podem ser compradas. A intersubjetividade que se definia na interação afetiva e comunicativa entre pessoas, na relação de diálogo, pode sempre ser retomada, mas não no estágio em que somos servos da ação vazia expressa na estética da ostentação.

A fascinação de tantas pessoas por roupas, carros e até eletrodomésticos ditos "de marca" em nossa época é a declaração autoexposta da morte do sujeito, daquele que poderia saber de si, colocar-se a si mesmo como questão no mundo. Espantalhos de uma ordem que previu o assassinato do desejo, do pensamento e da liberdade — conjunto do que aqui chamamos de subjetividade —, muitos de nós somos incapazes de compreender o descarado simulacro na hora em que nos pomos a escolher mercadorias, roupas, carros, maquiagens da moda ou até mesmo a religião que possa nos colocar num plano de "status". A manobra social é novamente publicitária.

Falar em morte por assassinato da subjetividade não é um exagero. Ela é a morte também das relações e do reconhecimento intersubjetivo. Ela é percebida na redução do indivíduo a uma espécie de morto-vivo naquilo que podemos chamar os três tempos da ostentação promovida pela lógica da sociedade publicitária:

1 – A destituição do direito ao próprio desejo: a publicidade colonizou a capacidade de sentir e projetar a autobiografia de cada um, apagada na encenação de uma "vida fashion".

2 – O desaparecimento da possibilidade de pensar: a publicidade oferece os jargões e slogans a serem repetidos sob a ilusão de ideias próprias.

3 – O direito à ideia-prática da liberdade é extirpado: resta o simulacro da escolha entre uma marca e outra, entre uma mercadoria e outra. A ação torna-se acomodação ao mais-do-mesmo. A escolha é reduzida à repetição da escravização ao consumo contra a autonomia que nos tornaria pessoas éticas.

Isso não quer dizer que as pessoas deveriam renunciar a todo tipo de compra. Mas apenas que deveriam ver ao que foram rebaixadas quando perdem a dimensão do ser, e até mesmo do usar, para o consumir.

A escolha entre o nada e a coisa nenhuma é bem disfarçada no poder de ostentar que promete redimir do buraco subjetivo, do grande vazio do pensamento, da ação e da emoção percebidos como o novo mal-estar na cultura. Não tendo mais o que expressar nem acerca de si, nem acerca do mundo onde vive, alguém simplesmente "ostenta" um relógio caro, um computador moderninho, um carrão oneroso. Ou um piercing, um músculo forte. Por fim, pode "exibir" seu rosto, seu avatar, seu humor, ou suas ideias no Facebook. Tudo e cada coisa, até mesmo as ideias são reduzidos à marca, emblema do capital e seu poder na era do Espetáculo. O outro não é mais nada para quem ostenta, senão o eco de um narcisismo devorador que é, na vida subjetiva, o equivalente da ordem e do sistema na vida objetiva.

Cultura da falsa expressão

Podemos dizer que a ostentação é a cultura da pseudoexpressão no tempo das marcas. Se o poder de ostentar é proporcional ao esvaziamento da expressão, resta perguntar: o que foi feito dessa potência da linguagem humana? Ora, a expressão é fator subjetivo que se cria em um contexto social e político em que está em jogo a capacidade de "dizer alguma coisa", de "dizer o que se pensa", o que se "deseja". De dizer algo a alguém. Mas fomos privados da expressão com a derrocada da formação de sujeitos desejantes, reflexivos e livres. Se as pessoas não dizem o que pensam, é porque a capacidade de pensar e dizer lhes foi extirpada, já diziam Adorno e Horkheimer no texto sobre a Indústria Cultural. No lugar, podem travestir-se com a insígnia do poder fundamentalista das marcas da religião capitalista. A cruz para o Cristianismo, a Estrela de Davi para o Judaísmo, a Lua Crescente para o Islamismo e uma marca famosa (com produtos fabricados com o trabalho escravo na Ásia ou aqui mesmo) para o servo fiel do capital.

Os jovens são as principais vítimas da violência simbólica das marcas. Que sejam o "público-alvo" quer dizer que são a presa fácil para um tiro certeiro. Os rebanhos de zumbis nikezados, abercrombiezados, macdonaldizados são arregimentados no exército de otários das massas manobradas, paramentados para o grande sacrifício sem ritual do capitalismo em que a subjetividade é diariamente morta a pauladas.

A saída é a arte, a poesia, a negação ativa contra o uso e o consumo de marcas. A saída é, certamente, a ética contra o espírito do capitalismo. A prática anticapitalista é um ateísmo e começa com a recusa a seus deuses. O simples dizer "não, obrigado" torna-se a verdadeira profanação cotidiana.

Certamente, quem compra a ideia da servidão voluntária à ostentação na forma das marcas de roupas, sapatos, bolsas, ou carros é aquele que vive há muito tomado pela felicidade publicitária. Afinal, ser feliz é também uma regra da sociedade adequada.

O esteticamente correto e o declínio estético da ética

No contexto das impotências da ética, quando todavia sabemos que ela pode ser reinventada a cada momento contra o estado de coisas que pede seu esquecimento, deparamo-nos com dificuldades subjetivas e intersubjetivas nada fáceis de perceber. Muitos sucumbem, no contexto da pobreza da experiência cultural contemporânea, ao que chamamos de "politicamente correto". Eles são os moralistas que jamais se deixam passar por moralistas, aos quais Nietzsche, no século 19, chamaria de "sacerdotes da moral".[42] Mas há também os que se dizem seus críticos. Eles se autoelogiam como "politicamente incorretos". Seriam como que "sacerdotes do imoral", servos daquela mesma moral, porém sob o disfarce da inversão. Os dois são tão moralistas quanto pseudopolíticos. Podemos dizer que o "sadismozinho" diário dos antipolíticos politicamente incorretos esconde o desejo de uma crueldade socialmente inviável. A maldadezinha do cotidiano faz mal às suas vítimas, mas é autorizada ao agente, desde que ele saiba manter as aparências de que tem toda a razão e não é tão mau assim. A crueldade fica para os sádicos e perversos. A "pessoa de bem", no entanto, se regozija com o politicamente incorreto como versão aceitável da maldade. Isso não quer dizer que o politicamente correto seja melhor eticamente do que o politicamente incorreto, mas que entre tais posturas há uma relação que tem algo a nos ensinar. Se o politicamente correto diz respeito ao moralismo e não à ética, o politicamente incorreto também pode dizer respeito ao moralismo cujo fascismo se esconde atrás de aparências morais.

A manutenção das aparências como verdadeira força que sustenta as condições da dominação é o que chamaremos pela expressão "esteticamente correto". Ela surge no contexto da ostentação como prática vazia. Enceguecidos pela cultura do espetáculo, não vemos justamente o "evidente" que é, acintosamente, ostentado. O velho parecendo novo, o mau parecendo bom, o sujo parecendo limpo, o feio parecendo belo. A correção estética é a expressão da racionalidade técnica da dominação. Exemplos abundam, dos modos de vestir às academias de ginástica, aos procedimentos plásticos sobre o "corpo inadequado" (o corpo velho, o corpo gordo, o corpo dessensualizado). O esteticamente correto é a versão estética do politicamente correto que não passa de discurso moralista aplicado à aparência.

O esteticamente correto foi bem apresentado, por exemplo, em um filme chamado *O homem do lado* (Gastón Duprat e Mariano Cohn, 2009). Tal como na vida, o personagem principal do filme é um respeitado designer internacional que mora na única casa desenhada por Le Corbusier em todas as Américas. A casa, que fica na Argentina, é impecável do ponto de vista do design. Dentro dela se desenvolve uma vida moralmente bem-comportada, o que se vê no modo como o arquiteto protagonista e a esposa tratam a faxineira com respeito atencioso. Tratar a faxineira corretamente não é apenas um dever de um ser humano para com outro ser humano. Mas representa ali um ponto sutil onde aparece a ação politicamente correta. O gesto gentil com a empregada combina com os móveis e objetos domésticos. Da roupa que vestem à música que ouvem, tudo está esteticamente correto. O designer tem uma vida tão correta que chega a ser professor universitário, o que vem coroar o personagem com a aura do intelectual que é também, digamos, "epistemologicamente correto".

Tudo se passa na mais simples normalidade, até que um vizinho bronco resolve abrir um buraco em uma parede contígua à casa para servir de janela. O caráter ilegal de seu ato se relaciona intimamente ao caráter "esteticamente incorreto" da ação. E dele mesmo. Este antagonista tem um "estilo" visual fora do padrão culto expresso também em seu senso de humor, em seu jeito de falar, em seus atos cotidianos. Os regimes de comportamento ético e estético de cada personagem expressam-se em tensão.

O desenvolvimento da trama nos legará um desfecho estarrecedor, pois que esperamos de quem tem algo como "estilo" que tenha uma prática que combine com ele. O esteticamente correto implicaria o politicamente correto. Quem sabe até mesmo a postura verdadeiramente ética. No final, o vizinho bronco vai salvar a filha do arquiteto politicamente correto, mas leva um tiro dos assaltantes. O arquiteto chega em casa e vê seu vizinho baleado. E não lhe presta socorro. O filme acaba e ficamos com a incumbência de imaginar/decidir o que aconteceria depois. Nesse sentido, o filme nos põe contra a parede. Mostra que julgar pela aparência é um risco, e muito mais confundir a ação esteticamente correta com a ação ética. As aparências, no entanto, não enganam — nós é que não olhamos com cuidado.

Mania de carrão, escravidão estética, morte da cidade

Dizer que toda ética tem sua estética pode ser traduzido por "toda moral tem o seu gosto". O velho padrão do gosto sobrevive hoje, por exemplo, na ditadura do fashion, segundo a qual "fazer tipo" é a lei.

A beleza e o bom gosto definem o padrão do "esteticamente correto" enquanto medida a partir da qual tudo é relativo no mundo da aparência. E, como a esfera da aparência é decisiva em uma sociedade espetacular, aquela em que as relações são mediadas por imagens, o poder se exerce ali silenciosamente, definindo quem é bonito e quem não é. A ditadura da beleza se impõe em nosso mundo sobre quem é constantemente reduzido a seu corpo — é o caso de mulheres de todas as idades. Por isso, o homem branco e rico pode ser barrigudo, careca e velho (digamos isso, para brincar com um estereótipo). Ninguém ousa tachá-lo de feio, pois sua feiura não está em jogo: ele está na origem da lei que rege o gosto como padrão onde encaixar os outros. A preferência por inserir-se no gosto em vez de questioná-lo explica a voluntária escravidão estética desses tempos, que exige correção corporal, músculos no lugar, ausência de gordura, rugas, os cabelos também devem estar bem cortados, nos dentes deve-se trazer um aparelho. O míope deve deixar os óculos e optar pela cirurgia corretiva, mesmo que à noite ainda precise de óculos. O portador da correção deverá andar com roupas de marca e em um carro bem limpo igualmente de marca. O uso dos carros é muito interessante nesse contexto, pois ele mostra um certo teatro social revelador do estado estético-moralizante de nossas vidas. Diz-me com que carro "andas" e te direi quem és — eis o julgamento pelo qual todos nós passaremos em uma sociedade esteticamente motorizada.

No uso urbano de carros percebemos a questão mais profunda da aniquilação da relação entre o ético e o político no contexto dos valores da ostentação que comprometem o lugar do comum. O carro novo é o baluarte do esteticamente correto. E, quanto mais caro e ostentador, mais correto. Assim como a roupa é para poucos apenas um agasalho, ou a bolsa um mero recipiente para carregar algo, o automóvel é para poucos apenas um meio de transporte. Produto para a indústria e o mercado, ele deve surgir, assim como a roupa, a bolsa, ou qualquer outro acessório, como fetiche na consciência coisificada dos usuários. É dessa coisificação que depende o sucesso das vendas e o aumento da produção. O aumento da produção gera emprego, dirão uns, gera capital, dirão outros. Que o carro seja central na economia política de uma sociedade marcada pelo descaso com o transporte público (escrevo este livro esperando que essa questão fique datada...) explica a supremacia do privado. Certamente o poder do dinheiro age em detrimento da cidadania. O núcleo bárbaro de nosso estado social refere-se também ao declínio do espaço público ocupado pelos carros em uma sociedade motorizada quando já não há por onde seguir. Nos congestionamentos diários em que carros imensos são ocupados por um único motorista que não dá carona a ninguém, o que vemos é a lógica das vidas isoladas, do velho individualismo burguês, derivado do capitalismo, aniquilando a rua e a cidade.

Não é diferente no transporte público dos grandes centros urbanos de países pobres como o Brasil. Aqui o transporte público, transformado em prisão, com a humilhação e a opressão que a caracterizam, convida à fuga e, assim, ao individualismo pelo qual paga quem pode no cenário da necessidade logo transformado em cenário da ostentação. Cada um paga o que pode e quem pode mais paga mais, conseguindo alguma coisa a mais. No cenário da pobreza da experiência, só o que se pode esperar no contexto de ruas e cidades é algo para ostentar. Aquele que vai para a rua exibir não tem nada a experimentar senão essa oferta pobre que o capital reservou para seu devoto dedicado. Não há nenhuma outra lógica que não a do pagamento até se chegar ao cúmulo da ostentação. Cada um mostra o que pode. E pode mais quanto mais capital mostra. Inadequado é quem anda a pé. A ostentação nada mais é do que o capital em tal grau de acumulação que devém imagem. A ostentação é a estética da acumulação. A forma da imagem é a ostentação de algo com que o outro possa se impressionar, respeitar, retirar-se das proximidades. No caso dos carros, o extremo da imagem enquanto ostentação está no carro blindado. O carro blindado é o emblema do poder e, no extremo, marca o afastamento de todos os outros. Seu dono tem poder total por um preço bem alto. Inclusive o poder de não morrer como qualquer um no trânsito.

É evidente que o espaço social da rua, esse espaço desvalorizado onde vivem excluídos e marginalizados, moradores sem casa, transeuntes perdidos, se tornaria o lugar onde o capitalista motorizado ostentaria seu poder automobilizado. O motorista realiza a ideia de que a racionalidade técnica é a racionalidade da dominação por meio de sua máquina impressionante. Andar a pé — uma prática totalmente antitecnológica — tornou-se um perigo, cujo risco é deixado ao despossuído. Àquele que, perdendo a vida, não terá perdido muita coisa. A caça do capitalista é, neste caso, o espaço a ser percorrido como posse. Aquele que não tem carro não se apossa das ruas tornadas coisa feita para o carro. Os carros nas grandes cidades congestionadas surgem como marcadores de lugar: quem pode mais ocupa mais espaço em relação a quem pode menos. Quem pode menos corre o risco de desaparecer.

A reflexão sobre o espaço, sobre sua transformação em mercadoria, sobre o que foi feito das ruas, é das mais fundamentais para entendermos a redução da potência de nossas relações e de nosso ser e estar no mundo. O espaço é hoje o capital na lógica da medida. Por essa lógica tudo é coisificado. Tudo é medido e pesado, tudo vale conforme peso e metragem. Neste sentido, pensar a cidade é pensar o mundo. Nas grandes cidades, o valor das moradias se dá em metros quadrados e conforme a lógica da medida da distância em relação ao centro. Periferia é um conceito, na prática, de um aviltamento concreto. A periferia já é conceito humilhado segundo o qual o conceito de distância tem pelo menos dois pesos e duas medidas. Quem mora na periferia mora menor e pior, mora "longe" quando, na verdade, o centro poderia ser o longe se a linguagem não guardasse em si mesma a medida histórica da humilhação.

Quem mora na periferia também tem seu corpo medido de outra forma. O burguês que mora no centro, nos bairros "bons" de morar, tem um corpo medido distintamente. Seus corpos ocupam lugares diferentes, seja no trânsito, seja em casa. Verdade que a lógica da medida vale para os dois, pois ambos, ao fim e ao cabo, respeitam a lógica do fabricante de caixões, como diziam Adorno e Horkheimer na *Dialética do Esclarecimento*. O carro que acompanha o corpo é o corpo da classe social que chega no corpo da casa no centro ou na periferia, definindo a cidade como um espaço onde somos apenas o contrário do que poderíamos ser.

Assim é que a sociologia do trânsito de nossa época tem que se ocupar não apenas com a divisão do espaço, mas com a tradicional avareza do capitalismo aplicada ao movimento nas grandes cidades. A imobilidade é o destino como aquilo que cabe no caixão. A metáfora é a da morte. Não se trata mais do simples direito de cada um à cova medida conquistada ao chegar ao apartamento também avaramente medido; o movimento lento dos carros nas ruas enfartadas lembra o funeral em que todos estão a caminho de um grande enterro.

O carro faz parte da mitologia cotidiana. O piloto Ayrton Senna foi o deus maior do Brasil sacrificado no ritual do automobilismo, ritual do qual participam as massas encantadas com seus brinquedinhos mais ou menos baratos. Para entender o fenômeno do fetiche automobilístico de nossos tempos podemos pensar algo ainda mais elementar: quem compra um carro nunca compra apenas um carro, compra a ideia vendida pela propaganda do carro. A ideia é sempre a mesma, compra-se poder. Com o poder na forma de um carro, o motorista pode transitar pela rua. Podemos, nesse caso, também dizer que não se compra apenas o poder, mas toda a emoção que ele propicia. Um carro permite a ostentação fundamental que se tornou meio de sobrevivência em uma sociedade competitiva na qual, mesmo não sendo um vencedor, sempre é possível *parecer* um. A ostentação é parte essencial do sistema simbólico em que o reconhecimento deturpado diz quem somos e o que podemos ser dependendo do que possuímos.

Do mesmo modo que o menino rico ganha um carro dos pais assim que aprende a dirigir, não porque o carro seja necessário, mas porque é sinônimo do tornar-se adulto ou pelo menos parecer adulto, o menino pobre que trabalha como empacotador no supermercado economiza dinheiro para comprar um carro porque, também ele, entende que é o carro que o torna alguém numa sociedade de pilotos competitivos em que ninguém vale pelo que simplesmente é. Assim o menino trabalhador não questiona seu trabalho escravizado, pois pode chegar ao fim da corrida alcançando o bem desejado por todos os que, na qualidade de vencedores ou vencidos, não se colocam a questão de parar a corrida.

Assim é que entendemos o caráter de máscara dos automóveis. Se a questão é a de ser quem se é, ela se resume no meio de transporte que se usa. Da bicicleta ao carro blindado, do ônibus que sai da periferia à Ferrari, cada um é reduzido ao transporte utilizado. O corpo é só um acessório que deve caber dentro da caixa... Por fim, quem não tem carro, pois ele está ao alcance de todos independentemente dos sacrifícios implicados em sua aquisição e manutenção, pratica um ateísmo. O dono do carrão expõe, como um exibicionista expõe seu sexo, uma verdade teológica.

Mas por que o espaço é medido e o carro que transita se torna tão importante? É que se tornou impossível ser feliz enquanto ao mesmo tempo se definiu publicitariamente que ser feliz é ostentar. Quem não mostra não existe. Para quem pode comprar um bem material em voga a felicidade parece um brindezinho fácil.

Indústria Cultural da Felicidade

Assim é que a felicidade se torna uma perigosa ideia plastificada. Quando o outro não existe, resta o "fazer tipo". Fazer tipo para quem? Para o otário que compra o jogo do círculo cínico e que não é o outro com quem eu poderia construir os laços que nos levariam em outra direção: aquela da felicidade como modo ético de ser um mundo realmente político.

A felicidade merece nosso cuidado e atenção, pois é uma das ideias mais importantes da história da ética e da valorização humana. Impossível não começar desconfiando dela. Desde o mau uso, seja por publicações de autoajuda e pela propaganda que a vende como imagem fácil, a própria ideia de felicidade se tornou um perigo. Se a felicidade é tão simples, muitos de nós se questionam sobre seu estado falso. Ao mesmo tempo, vemos que este é um mundo dominado pela infelicidade relativa às diversas formas do sofrimento, da violência à injustiça social, à depressão epidêmica. Diante desse quadro, somos capazes de pensar que só um idiota é feliz.

Assim, muitos se tornam críticos veementes da ideia de felicidade. E se negam a usar a ideia de felicidade acreditando liberar os demais dos desvios das falsas necessidades, das bugigangas que se podem comprar em shoppings grã-finos ou em camelôs na beira da calçada que, juntos, sustentam aquilo que podemos chamar de "Indústria Cultural da Felicidade" à qual foi reduzido o que antes era o ideal ético de uma vida justa.

A felicidade, contudo, é uma categoria ética fundamental. Ela sempre foi mais do que essa ideia de plástico, e não seria bom jogá-la fora mesmo que o que reste de seu conceito seja apenas uma versão esfarrapada. Olhar essa versão, entender os caminhos, os motivos, os processos pelos quais ela passou de ideia luminosa a pano sujo da vida, é algo que pode nos levar a uma reavaliação e ressignificação em nossa época.

Tirar a felicidade da cena, como fazem muitos intelectuais e profissionais como sociólogos e psicanalistas, não é uma boa saída. Transformá-la em *commodity* é ainda pior. Esse gesto de jogá-la fora representa, a meu ver, a vitória antes do tempo do instinto de morte que gerencia a agonia consumidora do capitalismo no qual a *commodity* está sempre vencendo. Por isso, para não jogar fora a felicidade como signo da busca humana por uma vida decente e justa, é preciso hoje separar estas duas formas de felicidade: uma felicidade publicitária e uma felicidade filosófica.

A felicidade filosófica é a felicidade da *eudaimonia* que desde os gregos representava a ideia da vida justa em que a interioridade individual e as necessidades da vida exterior entrariam em harmonia. Felicidade era o nome dado ao sentido da pensante existência humana. Estado do pensamento reflexivo, ela seria o oposto da alienação em relação a si mesmo, ao outro, à história e à natureza. Condição natural dos filósofos, a felicidade seria, no seu ápice, o prazer da reflexão que ultrapassa qualquer contentamento.

A ausência de pensamento caracteriza nossos dias, fazendo-nos ver que, de um ponto de vista filosófico, vivemos uma época infeliz. Infelicidade poderia ser o nome próprio desse novo estado da alma humana que se perdeu de si ao perder-se do sentido do que está a fazer. Desespero é um termo ainda mais agudo quando se trata da perda do sentido das ações pela perda da capacidade de reflexão sobre o que se faz. O consumismo é a ação repetitiva e irrefletida: uma forma contemporânea de desespero. Desespero que é útil pragmaticamente ao capitalismo. O desejo é impossível. Se nada mais pode ser desejado, que seja comprado. O que muitos chamam de depressão nada mais é do que esse quadro existencialmente e espiritualmente muito pobre em que o desejo impossível dá lugar ao desespero com todas as suas ações repetitivas.

Sem pensamento que lucidamente oriente ações, é fácil se deixar levar pelos discursos prontos que prometem "felicidade". Daí a oportunidade da compra. Quem compra o faz porque se trata de uma "oportunidade" cujo subtexto é a felicidade possível. A "oportunidade" é criada diariamente pela propaganda como uma compulsão à repetição de um gesto mecânico. A ausência de pensamento leva à crença em clichês e depende dela para se manter.

Perdida a capacidade de diálogo que depende da faculdade do pensamento, as pessoas confiam cada vez mais em verdades preestabelecidas, seja pela Igreja, seja a propaganda, que constitui sua versão pseudossecularizada. A comparação com a Igreja não é um exagero. A propaganda vive do ritual de sacralização de bugigangas no lugar de relíquias. Nela o consumidor é o novo fiel. Não há nada de novo em dizer que o consumismo é a crença na Igreja do capitalismo. E que o novo material dos ídolos é o plástico.

Tudo isso pode fazer parecer que a felicidade foi profanada para entrar na ordem democrática em que ela é acessível a todos. O sistema é cínico, pois que, banalizando a felicidade na propaganda de margarina, em que se vende a "família feliz", ou o carro, em que se vendem o status e uma certa ideia de poder, torna a felicidade intangível pela ilusão de tangibilidade. Sacralizar, sabemos, é o ato de tornar inacessível, de separar, de retirar do contato. Na verdade, o que promove a propaganda é uma nova sacralização da felicidade pela pronta imagem plastificada que, enchendo os olhos, invade o espírito ou o que sobrou dele. Ora, a felicidade capitalista é a morte da felicidade por plastificação.

Fora disso, a felicidade filosófica é da ordem da promessa a ser realizada a cada ato em que se sustenta a aliança entre pensamento e ação. Ela envolve uma compreensão do outro como figura concreta que devo reconhecer. A felicidade publicitária é toda mascarada, ela se apresenta como mágica dos *gadgets* eletrônicos que se acionam com um toque, dos "amigos" virtuais, a má ficção de nosso tempo. A felicidade publicitária está ao alcance dos dedos e não promete um depois. Ilude que não há morte e com isso dispensa do futuro. Resulta disso a massa de "desesperados" trafegando como zumbis nos shoppings e nas farmácias do mundo em busca de alento, loucos para eliminar o desespero sem nem saber que é de desespero que se trata.

Massa

Somos uns com os outros enquanto somos, ao mesmo tempo, massas. O sistema conta com as massas e as produz na intenção da dessubjetivação. Na massa cada um deixa de ser "um". Ao mesmo tempo, nela cada um se sente em geral muito bem, pois pode esquecer-se de si por algum tempo. Talvez que a massa seja um idealismo barato, o modo como "imediatamente" cada um pode sentir-se parte do "todo", até mesmo da "humanidade". Na massa, qualquer forma de solidão se desmancha. E isso porque a massa é densa, intensa, um verdadeiro ápice de sensação. O lugar onde nosso corpo some, transformando-nos em parte de um todo esteticamente mais denso.

Dá-se o nome de massa ao conjunto de muitas pessoas que é multidão dominável. Sua característica é a indistinção. O termo multidão é reservado, desde Spinoza,[43] para falar de indivíduos, singularidades que se unem na hora de uma revolução. Massa é termo bem posterior para dar conta da perda da individualidade em meio a muitos outros.[44] Quando somos massa somos com os outros, quando multidão também estamos nesse lugar "com". Mas no primeiro caso confundimo-nos para desaparecer, no segundo caso o "com-fundir" serve para fazer algo novo aparecer. É notório que as massas adorem um líder artístico, espiritual, esportivo, político. O desaparecimento de cada um é coerente com a projeção que se faz em um "único" que, diante de todos, faz cada um ser ninguém enquanto, ao mesmo tempo, libera cada um de ser alguém. As massas precisam desse "alguém", um ponto cego, para seguir adiante. Já a multidão não precisa de líder nenhum e, em geral, é revolucionária porque nela, curiosamente, sobrevive a singularidade.

As massas aderem à moral do mercado porque não conhecem outra. Foram forjadas em seu meio. A dessubjetivação das massas é o seu próprio nascedouro. A moral do mercado em que tudo e todos são rebaixados a mercadoria depende de sua manutenção. O corpo é a primeira mercadoria que interessa a essa moral. Se usarmos termos foucaultianos, procedimentos anatomopolíticos, relativos ao corpo de cada um, e biopolíticos, relativos à espécie humana, tornaram "populações" mansas e dóceis. O trabalho do poder sempre foi sobre e contra o corpo. Quando Adorno e Horkheimer escreveram sobre o corpo em sua *Dialética do Esclarecimento*, já haviam percebido que toda dominação se dá sobre o corpo. Nietzsche, por sua vez, já tinha criticado a moral que constrange o corpo enquanto cinicamente o utiliza. A moral do mercado produz a própria miséria subjetiva da qual se alimenta e à qual cada um adere para, na forma de ninguém mais, poder fazer parte da massa. Os mecanismos dessa produção são vários, todos ligados ao ato de consumir. Consumir bens como uma regra, uma ordem, leva seguramente a autoconsumir-se. Pois se somos subjetivados por aquilo que fazemos, também somos por aquilo que usamos. A lógica da humilhação ampara esses processos. O mercado sabe disso, mas, como nele não surge nenhuma ética, senão, tão somente, a moral que ele mesmo sustenta, ele continua sendo sempre o mesmo, usando tudo para sustentar a si mesmo. O mercado usa a adulação como estratégia, vende qualquer coisa para quem quiser ser igual ou diferente. O que ele vende, seja na forma de shopping, igreja ou rede social, é como "um lugar ao sol". As massas caem direitinho como moscas no açúcar porque para a mentalidade de massa, da individualidade sem lugar, só o que vale é ter lugar como um mínimo de reconhecimento, mesmo que seja falso. A mentalidade de massa é a da adequação, a do fazer parte, custe o que custar. No caso do mercado, custa sempre o capital, seja na forma de dinheiro, imagem, ou qualquer outra forma de poder.

Quando falamos em ética, fica complicado sustentar algo como moral do mercado, justamente porque a ética implica a crítica de tudo o que coisifica e não emancipa as pessoas.

Na humilhante produção social da ignorância que atinge a cada um, há um projeto econômico que, antes, atinge a todos, em nome do qual todos agem querendo ou não, conscientemente ou não.

É desse projeto que devemos tentar fugir se quisermos sustentar a única riqueza que cabe a quem deseja a ética: a da própria experiência em relação a si mesmo e aos outros com quem se partilha o mundo. Essa fuga só é possível pela fuga do mecanismo de incitação estética usado pelo sistema. Como salvar nosso corpo dos mecanismos que querem usá-lo para fazer "massa"?

Este projeto econômico tornou-se cultural e, por isso, tendemos a vê-lo, no campo do senso comum, como natural. Nós o bancamos como um grande aparelho, como agentes bem prestativos, em pequenos atos diários aparentemente destituídos de maldade: compramos, consumimos bens, nos comportamos segundo regras que vão de pagar impostos até ver televisão, tudo está relacionado ao ato de comprar. Toda a vida está programada pela compra: do nascimento à morte somos atravessados pela compra, pela aquisição, pela acumulação e perda financeira. E tendemos a achar que o problema da programação seria ético, no sentido de que a responsabilidade seria de cada um, quando, na verdade, o indivíduo foi aniquilado em sua subjetividade e por isso impedido de ser ético. Devemos saber, no entanto, que a ética é apenas a construção da política desde dentro e que ela depende de uma política que promova o pensamento reflexivo que nos ajudaria a quebrar o nó que ata nosso ser ao poder econômico. De uma profunda luta política contra o esvaziamento da política pela hipervalorização do econômico.

Somos programados por meio de dispositivos. Causa estranheza que a programação use justamente "objetos" que não se enquadrariam facilmente na categoria das mercadorias comuns e consumíveis. Refiro-me aos bens culturais, às obras de arte, aos filmes. Que esses objetos — ou não objetos —, que existem em nome da liberdade, da expressão e do espírito livre, sejam usados para programar pessoas, seu desejo e seu comportamento, define seu uso cínico. Que as mercadorias seduzam pode até ser mais fácil de compreender, mas que esses objetos que não podem ser rebaixados a uma mercadoria passem a seduzir como uma mercadoria é algo que podemos dizer lastimável. Podemos tomar como exemplo o caso complicado dos livros que, na visão certeira de Walter Benjamin, valem sempre mais do que se paga por eles.[45] Pelo menos em sua época. O que um livro faz, como meio de comunicação que é, é servir de meio de subjetivação em qualquer cultura. Quando, no cenário do cotidiano, leio um livro qualquer, vivo uma espécie de aventura no outro que é aventura para dentro de mim mesmo. O livro me constrói, porque, como qualquer outro meio, ele age sobre mim atingindo meus sentidos e meu corpo todo até chegar ao sentido extremo que é o meu pensamento. Todo meio, todo objeto é, ao mesmo tempo, um significante. Ou seja, possui uma dimensão simbólica. O livro simboliza mais do que um meio de comunicação ou de informação, ele simboliza a própria civilização humana em oposição à barbárie. Ele simboliza a democracia. Complicado, então, é entender como o livro se torna um objeto contra a emancipação. Vejamos como ele se torna arma de humilhação no cenário da moral do mercado. Justamente quando ele se compromete a formar uma massa de pessoas e não simplesmente pessoas.

Na capa de um livro da classe de escrita denominada "autoajuda" encontramos a seguinte informação: "Mais de 50 milhões de livros vendidos em 50 países." A explicação numerária está curiosamente sob o nome do autor, bem no topo da capa, antes mesmo do título que, logo abaixo, parece ser relativamente menos importante do que os números que aparecem acima dele. Livros em geral, clássicos ou não, não trazem explicações dessa natureza que venham, como essa, sublinhar o nome do autor. Verdade é que escritores são valorizados por motivos estéticos e políticos que também podem representar algum tipo de capital. Mas justamente por implicarem outros valores não precisam apelar à quantidade vendida aqui ou acolá para despertar o desejo de compra. Além de tudo, sempre há o saudável copyleft que hoje transita sobretudo na internet.

Nesse caso exemplar, o nome do autor está relacionado a uma quantidade, coisa que a explicação deixa clara. Trata-se de um "best-seller", um livro muito vendido. Por que essa informação precisa estar em destaque para que o livro seja lido é a incógnita que nos deixa confusos.

O motivo deve ser o mesmo pelo qual jornais publicam listas de "mais vendidos". E o que realmente importa nos chamados "mais vendidos"? É redundante, mas necessário dizer que os "mais vendidos" vendem mais. Que sejam lidos ou não, é questão que importa menos, pois podemos dizer que nem todos os livros são feitos para serem lidos. Os mais vendidos não são livros escritos com o propósito de despertarem o desejo de ler. Mas com o propósito de que sejam comprados. Que possam vir a ser lidos pode ser deixado como questão de foro íntimo que o mercado concede à pessoa reduzida a consumidor. O consumidor é, a propósito, o comprador, não quer dizer que seja o usuário.

Mais importante é entender que há uma manipulação das massas no ato de lançar e publicizar os números das vendas diante delas. Massas devem comprar livros que não permitam individuação, pois que, nesse caso, o livro subjetiva individuando, sobretudo o romance como forma. Daí a função da lista estimulante para as massas de "consumidores de livros" que ainda são chamados mascaradamente de leitores. Massa é uma medida de quantidade populacional, sempre muita gente que pode ser manipulada porque, no contexto do todo, perde sua capacidade de decisão no abandono de cada um à coletividade sem reflexão. Mas como isso acontece quando um livro, que deveria ser um mecanismo de subjetivação subjetiva (com o perdão da redundância), produz massas? Ora, o pensamento igual, o mais-do-mesmo, também pode ser veiculado pelo livro. Por mais contraditório que possa parecer. Como o mecanismo do livro promove uma "viagem vertical", mais certeiro ele é do que a televisão ou qualquer outro aparelho que se introduz em nossa experiência sensível, ela mesma sempre corporal.

Assim como em uma eleição pesquisas de intenção podem mudar a orientação do voto, do mesmo modo, a lista de mais vendidos ajuda a vender qualquer coisa. A lógica é simples como aquela que verificamos ao ouvir do vendedor em uma loja: "essa camisa está vendendo muito", "esse é o carro mais vendido da semana". Frases como essas atingem um estranho desejo das massas localizado em cada indivíduo. Infelizmente, o único desejo que sobrevive naquele que participa da massa deriva do medo de não fazer parte dela. Mas que desejo é esse que pode ser manipulado, se desejo seria, justamente, aquilo que, no indivíduo concreto, não se deixaria manipular, enquanto a massa seria caracterizada pela ausência de desejo? Ora, trata-se do desejo que constitui a massa. Não o desejo de ter audiência para si, mas o desejo de ser parte da audiência de alguma coisa. O desejo de ser parte que o "inadequado", por exemplo, não sente. O desejo enquanto desejo do outro, conhecido pela religião e pela publicidade antes de ser expresso pela filosofia e pela psicanálise.

O desejo de audiência é o desejo de fazer parte, de frequentar o clube, de entrar no estádio de futebol, de ver a novela que todos veem, de também ler o livro da lista dos mais vendidos. A lista aglutina a massa e assim conquista os indivíduos que, cobrados em participar, são proibidos de sua singularidade, de sua própria biografia, confundidos que foram com o todo.

O pior dos livros, nesse contexto, vende mais porque é, em algum sentido, mais barato. O mais barato é acessível a quem tem menos capital. Isso vale para a instância econômica, tanto quanto vale para a instância simbólica ou cultural. Quem não tem dinheiro, ou capital econômico, não compra objetos caros. Quem não tem cultura, ou seja, capital cultural, não compra livros ou, se os compra, são simbolicamente baratos, livros que cabem na possível ignorância acerca do mundo dos livros.

O livro, que era um meio relativamente livre da indústria cultural, foi, como meio cultural, rebaixado a mercadoria e ao mercado. Há ainda livros simbolicamente muito caros que não podem ser comprados mesmo que custem apenas centavos ou sejam emprestados em bibliotecas. Livros que não cabem em listas porque exigem *aquilo* que se chamava antigamente de alma e que hoje, na falta de nome melhor, pode ser compreendido como "riqueza subjetiva", aquela que não vale nada no mundo da miséria inerente ao capitalismo.

Inação

A ética é o oposto da moral que, em nossa época, encontra sua forma especializada no mercado. Ética é a reflexão sobre a ação contra a ação repetitiva, mecânica, padronizada. Ela é a ação refletida que assume suas consequências a partir da pergunta "o que estamos fazendo uns com os outros?". Nesse sentido, ética é o contrário do vazio da ação. É o modo de ser da pessoa concreta que implica a inclusão do outro na ordem da vida. Essa inclusão do outro não vem pronta, ela precisa ser diariamente construída. O coletivo não pode ter uma ética que não tenha surgido em cada um.

O esvaziamento da subjetividade corresponde ao esvaziamento da ética em cena em uma sociedade de massas necessariamente vazia de pensamento. Assim, podemos colocar a questão sobre o destino da ética em um mundo em que a moral do mercado trata a passividade como um valor enquanto, ao mesmo tempo, a trata em outra medida, como um desvalor. Ser passivo é algo considerado bom no discurso do poder na hora de escutar o vendedor, mas na hora de comprar é preciso ser ativo. Produtivo, sempre, desde que obediente aos protocolos da avareza capitalista. A produtividade é totalmente passiva no sistema. A passividade é totalmente ativa na direção de um tipo específico de inação.

Nesse contexto podemos nos perguntar "o que realmente significa agir?", pois estamos em busca do sem-significado da ação, da ação em si, daquilo que efetivamente fazemos enquanto todo fazer é, desde sua condição íntima, atuar sobre o outro, seja o próximo, seja o mundo. Agir é nosso básico modo de ser no mundo. Mas o que significa esse modo de ser quando nossa ação está programada por algo que impede a liberdade que seria própria da ação? A propósito, a liberdade ainda nos interessa? Ela ainda seria um motivo para "agir"?

Talvez tenhamos que concluir esta reflexão sobre a ética da ação pensando no quanto não agimos. *Thanatos* foi o nome dado por Freud ao "instinto de morte" que podemos compreender como princípio da inércia. A esse desejo profundo de todos os seres de pararem completamente de agir. Tender à morte é, no fundo, o paralelo da vida. Tender à vida é experimentar de muitos modos a morte. Na inação verificamos que o outro da ação é a própria ação. A morte é o objetivo do capitalismo como sistema da avareza sustentada na inação.

Parte fundamental do que chamamos de ética e de cotidiano, a inação é uma contramedida da ação. Se de um lado ela parece a prática do inútil, de outro ela pode ser o que há de mais útil. Tanto o capitalista que explora a força de trabalho alheia quanto o mendigo que sobrou no cenário da economia política da avareza são causa e efeito de um elo comum, a inação. O dono dos meios de produção, ao impor um tipo de ação, produz inação; ao levar a um tipo de inação, proíbe outros tantos.

O vagabundo poderá ser, neste caso, um revolucionário ao propor-se como um tipo inativo contra a ação e a inação de seus contrapares. O desempregado será, no entanto, um pobre coitado, sempre na medida da ação e da inação ditadas pelo dono dos meios. Somente o artista poderá escapar delas, assim como o vagabundo com o qual alguns o confundem, ao agir na direção da criação da própria ação. O artista é, neste ponto, aquele que inverte a lógica da ação e da inação ditadas pelos donos dos meios de produção mercadológicos e industriais. O artista é aquele que se coloca fora, se coloca não como exceção à regra, mas, virando as costas para as regras, confunde o seu sentido, desconstrói o seu lugar.

A acomodação é um tipo de inação gerada pelos meios de produção concentrados nas mãos de uns. Aquele que deixa tudo como está e apenas repete não deixou de agir, mas age como se não agisse. Trata-se, neste caso, de inação falsa.

Por outro lado, negar-se a fazer é a inação verdadeira contra a imposição da ação num mundo que hipervaloriza a prática vazia. E apenas valoriza a prática enquanto ela é ação repetitiva, enquanto produção do mais-do-mesmo. A negação da ação — inação — é, neste caso, uma forma de ação. A inação enquanto negação a consumir, por exemplo, se torna ação política. A inação de não ver televisão, não ter carro, não comer carne, não andar com roupas da moda, a recusa de hábitos que configuram o quadro geral da ação falsa, da "pseudoatividade", é a verdadeira ação. Ação que não se vende, não se rende, não se prostitui. Na medida em que agimos, não agimos. Na medida em que não agimos, podemos estar muitas vezes fazendo algo sumamente importante do ponto de vista ético. Deixamos o outro em paz, renunciamos a fazer o que o sistema nos pede. Mas como podemos distinguir a inação que serve ao capitalismo, aquela pseudoatividade que sustenta o mais-do-mesmo, da inação que nega o capitalismo na forma de renúncia às suas regras? O caminho parece ser constitutivo de nossa capacidade de perguntar sobre isso.

Mas isso resolveria nossos problemas práticos? Tal como o problema do viver junto?

3. Como viver junto?

Neste momento confrontamo-nos com a pergunta "como viver junto?". Esta perspectiva implica a autocriação ético-poética que buscamos. A questão "como viver junto" é título de um livro de Roland Barthes sobre "simulações romanescas de alguns espaços cotidianos".[46] O livro de Barthes é diferente desta Filosofia Prática, mas, certamente, neste ponto ela se inspira nele. Devemos-lhe a questão.

É, portanto, a pergunta que nos importa, pois ela tem um tal poder performativo que nos coloca diretamente na posição de uma presença que se dá em um lugar sempre partilhado com um outro. Um lugar feito de proximidade e distância, de relações entre os insubstanciais eu e outro. Não há presença sem lugar. Ora, que lugar é esse no qual estamos juntos? O lugar sempre importa, ele é determinante de nossas vidas. Seja o país, a cidade, a casa, a rua, o mercado, a praça, a feira, a sala de aula, o lugar importa embora não tenhamos consciência dele. É nos lugares que estamos ou não estamos, onde nossa presença é permitida ou proibida, desejada ou rejeitada. Se a ação se define no "como" agir, ao mesmo tempo, ela diz respeito ao "onde" se age. É nos lugares que podemos estabelecer estas ou aquelas relações. No conforto de uma casa burguesa, ou no desconforto de uma casa pobre, no luxo de um hotel cinco estrelas ou na prisão mais aniquiladora, no hospital como paciente ou como funcionário imbuído de obrigações, no mosteiro, na praia, na igreja, no mercado, todos estamos em algum lugar onde a convivência é inevitável, onde ela se torna algo imposto. Assim como as condições materiais que a configuram. Como não podemos escolher com quem conviver, a convivência se torna muitas vezes uma questão de sobrevivência. Estamos de fato condenados uns aos outros.

A convivência é dado indissociável das instituições às quais nos agregamos. E às construções que as guardam. Família, trabalho, círculo de amizades. Até mesmo os artistas, que nos dão sempre impressão de liberdade e prazer de conviver, estão submetidos a seus pares. Olhamos para o outro como o inferno com o qual Sartre o associou um dia. Não há instituição sem lugar físico e é importante falar dele quando tudo em nossas vidas tende para o lugar virtual. Ou quando, no império do virtual, tudo tende à solidão e à distância.

Toda cultura é lugar e cria lugar. Nesse sentido, é a mais simples das verdades que "quem casa quer casa", do mesmo modo que quem se reúne para jogar bola vai querer estádio e quem faz a passeata espera a rua para marchar e, além da rua, um lugar para descansar. A definição desses lugares onde habitamos produz a definição do que somos. Animais urbanos ou rurais, do deserto ou da floresta. Somos seres abrigados e sempre uns junto de outros.

A palavra "ética" tem a ver com isso. Ela apareceu quando os filósofos gregos começaram a se ocupar com as questões da vida humana. *Ethos*, raiz da palavra ética, era o termo usado por eles para definir o lugar e o modo como as pessoas viviam e conviviam. O lugar onde viviam: a casa, a morada. Hoje em dia usamos, infelizmente de modo mistificatório, a palavra "comportamento" com o mesmo objetivo, para explicar como agimos junto com os outros, como seres que interagem e, inevitavelmente, coabitam. A ênfase está mais na ação, no modo como, e menos no "onde" ao qual devemos voltar para recolher o que foi perdido. É verdade que a questão da ética define sempre o modo da relação que se tem com o outro: como me "porto", como me "com-porto", como partilho uma ação, um modo de ser. Mas é verdade também que só podemos partilhar a ação e o gesto dentro de um contexto, de espaços muito concretos, por mais que possam parecer abstratos. Falamos dos espaços nos quais convivemos, sob um teto, no âmbito de um território. Mas a ética refere-se, neste sentido, também ao corpo, esse lugar no espaço que constrói espaço. À relação entre corpos, Spinoza, por exemplo, deu o nome de afetos. Afetos são modos de ser que dizem da vida que vivemos em nosso movimento diário na direção daquele com quem convivemos positiva ou negativamente.

Ética é, portanto, sempre uma questão do cotidiano enquanto lugar que se partilha e se compartilha. Cotidiano é o lugar da vida simples, da vida banal, da vida qualquer. É o lugar onde ética devém política, onde construímos a política desde dentro e, ao mesmo tempo, somos construídos ou destruídos por ela. "Como viver junto" implica o espaço e o tempo, que configuram a categoria do "onde" vivemos. Onde vivemos juntos é decisivo quando pensamos em "como viver junto?".

O outro é o conceito fundamental da ética. O outro é aquele que me precede. Que me constitui em termos ontológicos e psicológicos. Mas em temos práticos, ou seja, em termos éticos, ele é, fundamentalmente, aquele com quem me relaciono em um dado contexto. Na irrelação, quando rompo com o outro, quando o apago, mesmo assim ele permanece, ainda que na forma de algo absurdo, de algo que me escapa. Facilmente o elimino do meu campo de considerações para me sentir bem, pois que o outro externo é sempre amedrontador, sempre terrível. Minha tendência é passar por cima dele, fingir que ele não me toca. No entanto, estamos juntos, no mesmo lugar: em casa, no trabalho, na escola, nas ruas. Esse lugar é a ágora grega, ou a ágora virtual, a assembleia, a festa, o cerimonial, o ritual, o corredor. Não importa. Estamos partilhando o que desejamos ou não compartilhar em um espaço onde relações se tornam possíveis. Estamos "sob" alguma coisa comum. Alguma coisa pela qual seremos todos responsabilizados.

A ética é constantemente tratada como teoria da ação. Mas podemos ampliar seu significado para além de seu uso na esfera das ciências. Nesse nível da questão a ética distancia-se da prática vivida por cada um de nós e se torna metateoria. Aqui procuramos nos aproximar das coisas e experimentar algo como "presença". Mesmo assim, mesmo tentando manter-se como mero estudo, qualquer teoria sobre ética tem, em sua base, um pano de fundo, uma espécie de pressuposto ético. Falar sobre a coisa não é realizá-la — senão quando falar é fazer —, mas o elemento do esclarecimento, ele mesmo ético, está dado na mais simples teoria. Isso quer dizer que toda teoria sobre ética inclui uma potência performativa. Em outras palavras, inscreve o puramente teórico no âmbito da prática, das experiências e vivências cotidianas. E o que chamamos de "performativo" implica o que fazemos uns com os outros. A questão da performatividade da linguagem é fundamental à ética enquanto prática lúcida, enquanto pensamento concreto. E é neste sentido que podemos superar o problema ético fundamental acerca do caráter protoprático da teoria ética. A performatividade implica algo de positivo ou de negativo, mas sempre algo do âmbito de um efeito sobre o chamado "outro". Esse campo de efeitos, que é também campo de afetos, é o lugar onde vivemos juntos e onde a pergunta "como viver junto?" se coloca de modo radical.

Em nome de nosso direito à presença e à presença do outro, naveguemos na experiência poético-política do espaço na direção de um reconhecimento afetivo do terreno do dia a dia. Cotidiano é o nome desse lugar partilhado por todos, esse lugar onde a ética parece impossível. Esse lugar onde fazemos toda a experiência cômica e trágica da vida simplesmente vivida uns com os outros.

Ética como anacronismo

Neste ponto, creio que seja importante começar sinalizando para o caráter intempestivo da ética, seu caráter anacrônico em relação ao *"ethos"*.

No texto chamado "Sobre a Utilidade e a Desvantagem da História para a Vida", em uma das "considerações intempestivas", que se podem traduzir também por "anacrônicas", Nietzsche anuncia, já no prólogo, que a história tem sentido quando serve à vida, mas não quando se torna mero eruditismo que explica o presente pelo passado. Nietzsche então afirma que a "cultura histórica" da qual todos se orgulham em sua época é, na verdade, um erro. Perceber esse erro, que se expressa na forma de uma febre histórica, causa-lhe um mal-estar que, no entanto, ele assume como método. É assim que Nietzsche fala do anacronismo de sua própria vida em relação à sua época. É neste sentido que, partindo de

Nietzsche, a ética seria anacrônica em relação ao *ethos*, tanto quanto a vida em relação à história na visão de Nietzsche. Uma coisa não encaixaria na outra, porque uma critica a outra, porque uma transcende a outra.

Aqui é importante perceber que a ética está além do *ethos* — ela corresponde à nossa dúvida sobre o caráter inevitável do *ethos*. É a ética que me faz questionar o meu lugar e o lugar do outro em minha vida. Sob a verdade do puro *ethos*, eu simplesmente aceito aquilo que está "dado", me submeto, sou inconsciente, não duvido de nada. *Ethos*, podemos dizer, é a vida, simplesmente vivida, mas ética é a vida enquanto algo sobre o qual temos que tomar posição, responder, pensar e pensar mais. De um ponto de vista ético, a vida nunca é simplesmente a vida, por mais simples que ela possa parecer.

Nietzsche fala muitas vezes em vida, e o sentido que dá ao termo refere-se a um tipo de existência. Evidentemente ele não se refere à vida biológica que, no eugenista século 19, assim como ainda em nossa época, sofre de mistificação. Ele se referia à vida como onde estamos, onde somos, o lugar da ação que realizamos. Lugar onde somos o que somos porque fazemos o que fazemos. Propõe sua "consideração" sobre a história em termos de uma "atuação inatual" que seria a própria filosofia que ele se dispunha a fazer. Como crítica da História em defesa da vida. A filosofia seria, nesse caso, uma ação contra o seu tempo, em nome de seu tempo. Um tempo em que, como no nosso, está sempre em jogo a vida. Mas creio que Nietzsche, por meio de toda a sua sofisticada filosofia, quis, sobretudo, sinalizar para a potência da filosofia em relação à vida em seu sentido amplo: de um lado, a vasta existência; de outro, o miúdo cotidiano ao qual estamos todos condenados. Nele, está em jogo o que somos nós, a cada momento, tornando-nos quem simplesmente somos entre a exuberância da transcendência e a miséria do dia a dia.

Gostaria de pensar a ética no lugar dessas considerações extemporâneas. Fazer da ética esta filosofia prática que critica o seu tempo, não para negá-lo abstratamente, mas por desejo de entrar cada vez mais nesse tempo, mesmo que começando por romper com algo que nele se apresenta. Gostaria de propor ao leitor que a Filosofia Prática seja pensada, também ela, como uma consideração extemporânea. Mas tão extemporânea que o pessimismo ao qual nos convida o nosso tempo seja aberto como uma fruta, como um armário fechado há muito tempo, como um aparelho tecnológico tão esteticamente bem fechado que nos faz esquecer de nossa curiosidade tão primitiva quanto prazerosa. A extemporaneidade implica pensar a partir de algo que não cabe mais, de algo que se perdeu. Nietzsche buscava isso nos gregos, na filologia clássica que já não interessava a ninguém. Penso que o anacronismo, a intempestividade, pode referir-se a uma produção que rompe com as regras de um tempo: a ética é, ou pode ser, ao mesmo tempo, o que cabe construir.

No entanto, isso não é fácil. Habitamos lugares tantas vezes inabitáveis: empregos indesejados, famílias desprazerosas, relações de um modo geral falsas. A "vida" que levamos apresenta-se sempre como o desafio da ética em todas as instâncias. A vida é simplesmente o *ethos*, mas o *ethos*, nosso modo de ser no cotidiano, por mais que seja vivido, não é reconhecido. Vivemos em relação a ele tão alienados como vivemos em relação aos outros com quem convivemos. É no campo da vida como *ethos* que cometemos nossas contravenções, crimes, assédios. É ali que construímos a nós mesmos e que interferimos subjetivamente no universo alheio, ajudando a construir os outros. É nela, na vida como *ethos*, que temos nossos gostos e desgostos, é nela que sofremos injustiças, angústias, dores.

A ética que buscamos é o desafio do cotidiano a ser "descoisificado", a ser liberto de seus estigmas e naturalizações. Ao mesmo tempo, não podemos simplesmente conhecer o cotidiano, pois estamos dentro dele. Sua estrutura, como diz Agnes Heller,[47] é espontânea, antiteórica e pragmática. O cotidiano precisa ser reconhecido como tal. Ao mesmo tempo, a "vida" é um mundo que não cabe em nosso tempo. Aquilo que se perde de vista no cotidiano simplesmente vivido. A confusão entre vida e cotidiano não é um erro. Ela faz todo o sentido.

Vida cotidiana como questão

No contato com a "Filosofia Prática" estamos diante da escolha de um objeto. O olhar do cronista que se dedica às miudezas diárias ajuda a descortinar o vivido. A filosofia prática é o pensamento que se faz na direção de algo que está além de um simples objeto, mas que se lança na direção do mundo móvel, ainda que repetitivo. Ela não é a abstração pura, mas a força do pensamento diante do que a convoca, portanto, abstração em sentido heterônomo — deriva de um objeto que não se tem, mas se busca. Neste aspecto a filosofia prática combina com toda teoria que respeita seu objeto. Que não o devora, mas se percebe dele dependente como o nadador que, vendo uma embarcação ao longe, quer salvar-se do naufrágio vivido e se esforça, a nado, para alcançar o barco que simplesmente vai embora. Diferentemente do Capitão Ahab, que persegue Moby Dick[48] para destruí-la e vingar-se, nossa filosofia prática é muito mais o processo do marinheiro e narrador Ishmael, que medita sobre a história vivida buscando conectar-se ao seu absurdo ou seu mistério. Aqui, a devoração do objeto por meio de sua explicação — a vontade de matar Moby Dick — dá lugar a uma deriva do pensamento que não é o pensamento à deriva, mas o pensamento que se exerce como algo urgente a fazer, algo que põe em jogo nossa sobrevivência espiritual no campo das materialidades imediatas. E quem seria capaz de negar, pelo menos de negar com consistência, essa dimensão da vida cotidiana achatada sob as demandas do trabalho e do consumo derivadas do consenso capitalista que a tudo devora?

O Capitão Ahab se sente impelido a vingar-se, Ishmael sente-se chamado a compreender. Nós, que pensamos nessas duas posições subjetivas, perguntamos: quem nunca se sentiu convocado por alguma coisa deste mundo? A propósito, qual a diferença entre ser impelido e perceber-se "convocado"? Ora, quem é impelido não age por conta própria, por mais que seja autor, culpado e responsável por suas ações. Age em nome de algo outro em relação ao qual poderá se arrepender. O mesmo não acontece na convocação. Isso quer dizer que a "convocação", esse chamado das coisas, é o nosso modo próprio de existir no mundo onde as coisas abstratas e concretas nos chamam. A convocação é um apelo, algo que se aceita, que se assume, como um convite urgente, como uma responsabilidade. Ela nunca pode ser entendida como obrigação, mas em nome de sentir-se experimentando a vida. É nosso modo de viver a experiência como algo que se aceita. A aceitação, aquela que nos comove, nos envergonha, nos assusta, não importa: é sempre ela que nos define, ela é nossa verdade cotidiana porque simplesmente nos entregamos, na prática, por meio de nossos corpos, a ela.

Esse campo onde nosso corpo está posto na direção de algo é o chamado cotidiano. Ele não é simplesmente prático, nem simplesmente teórico. O cotidiano parece à primeira vista o lugar do banal, do coloquial, do vulgar, do simples, do ordinário. E ele é tudo isso, por isso mesmo chamamos ao pensamento típico desse campo de "senso comum" como quem fala de um rebaixamento. Este rebaixamento é puro preconceito. Poucas vezes o cotidiano foi matéria da investigação séria. Ali vive o ser humano em seu estado banal, anti-heroico, indistinguível. Ali somos todos, para usar dois exemplos de Michel de Certeau, um analista riquíssimo que se deu conta da invenção do cotidiano, como "O homem sem qualidades" de Robert Musil. Somos nós mesmos e "ninguém",[49] qualquer um, nenhum... É Michel de Certeau, ao construir uma filosofia-história do cotidiano, apropriando-se de certos aspectos levantados pela filosofia da linguagem de Wittgenstein, quem resumirá o problema da separação da cientificidade como um conjunto de práticas que acabou por constituir "o todo como o seu resto".[50] Nesse sentido, aquele que se ocupa com o cotidiano se ocupa com o que para as ciências são restos — são, como podemos também dizer, conteúdos rejeitados. Para Certeau trata-se de pensar a cultura como um resto incabível na ciência tradicional. No nosso caso, de devolver a filosofia à vida que não cabe na filosofia.

Verdade que a vida parece confundida com o senso comum do qual a filosofia tenta se separar. E é verdade que, enquanto é saber qualificado, a filosofia não poderia ser jamais "filosofia do senso comum". Antes ela é sua crítica. O espaço do "comum", ao mesmo tempo, seria aquilo que a filosofia ajudaria a forjar ao ser neste contexto a arte de formular diálogo. O "senso comum" em sua formulação deturpada significa o lugar do falso, mas só é possível dizer isso a quem acredita que tem uma medida da verdade. De um ponto de vista que quer ir além dessa verdade que julga, que quer fazer filosofia como algo diferente da perícia à qual o trabalho filosófico da linguagem que é ação tem sido reduzido, o comum não é outro que o lugar da experiência partilhada, experiência que é sempre teórico-prática mesmo que sustente a separação desses âmbitos.

O que é o senso comum que permeia o cotidiano? Ora, não é demais dizer que é o "lugar-comum", o lugar do pensamento pronto que incomoda o artista do pensamento que é o filósofo. O filósofo é, nesse caso, o autor do pensamento incomum, aquele que conduz a um pensamento em comum, que é pensamento nascido no diálogo como fala desmistificada e desmistificatória.[51]

Nesse campo onde sobressai a miséria da vida automaticamente vivida temos a experiência da morte, da finitude, do nada, do mesmo, do mais-do-mesmo, do tédio. A ética seria o trabalho de desmistificação do cotidiano, aquilo que Barthes chamou de semioclastia — uma destruição semiológica, ao tentar sinalizar para uma prática de pensamento que realmente fosse além dos mitos cotidianos.

A propósito, Barthes escreveu suas *Mitologias* mais ou menos na mesma época em que Adorno escrevia *Minima Moralia*. Nelas, Barthes analisava os "mitos da vida cotidiana". Seu ponto de partida, como ele mesmo define, é "um sentimento de impaciência frente ao 'natural' com que a imprensa, a arte, o senso comum mascaram continuamente uma realidade que, pelo fato de ser aquela em que vivemos, não deixa de ser por isso perfeitamente histórica".[52] A intenção de Barthes seria "recuperar na exposição decorativa-do-que-é-óbvio", o "abuso ideológico" que nele estaria dissimulado. *Mitologias*, de Barthes, é também um texto que nos ajuda a pensar a ética no cotidiano. Olhar para o cotidiano, desmontando os mitos que nele se calcificam, é o primeiro passo ético da teoria ou daquele que simplesmente pensa, mesmo quando suas pretensões se resumem a simplesmente viver melhor.

O conceito filosófico de cotidiano implica a vida, assim como a vida implica o cotidiano. Não é possível uma ética do cotidiano sem que saibamos de que estamos falando quando a palavra cotidiano, ela mesma, aparece tão banalizada no próprio cotidiano. Dizemos que o cotidiano é o lugar da experiência do banal. Mas ele é também o lugar da experiência, daquilo que nos põe em uma relação de tangibilidade com a vida. Lugar do que experimentamos fisicamente e psiquicamente ou até mesmo "fisioteologicamente",[53] tendemos a experimentar o cotidiano como o lugar da inautenticidade, como aquilo que não nos origina, como a prisão à qual estamos condenados. Compreender o cotidiano para saber estar nele junto com os outros, eis a questão ética que podemos nos colocar. Ao mesmo tempo, compreendê-lo em suas tensões nos permite pensar a ética em seu domínio, inclusive enquanto é postulada a possibilidade de que este projeto se desintegre diante de seu objeto, antes mesmo de chegar ao fim ao qual se propõe.

O cotidiano é, pois, o lugar do ordinário, no qual o extraordinário surge como mística. Aquilo que, sempre acontecendo, ao mesmo tempo parece implicar a perda do acontecimento. O cotidiano é o lugar da democracia e da banalidade que se confundem numa intimidade perturbadora. Assim como democracia implica a produção e a partilha do comum, a banalidade é o seu lado perverso, igualmente partilha do comum. Cotidiano é aquele lugar em que vivemos implicados em não saber, sob a aura de que, nele, tudo já é previamente sabido. A mesma banalização ocorre com a palavra "vida". Chamaríamos a vida cotidiana de "vida besta" como no poema de Drummond,[54] como o lugar da experiência e de sua perda. Experiência que se dá ao mesmo tempo em que não se experimenta mais nada no fluxo intangível do não acontecido. O marasmo, o tédio são próprios do cotidiano onde nos vemos, ao mesmo tempo, anestesiados, angustiados e, por fim, banalizados.

Meu interesse neste livro é justamente o de "re-significar" o sentido da "prática de pensamento" ao qual nomeio como "filosofia prática" na direção de um encontro mais estreito com o campo especialmente teórico-prático — tomo aqui o senso comum como um modo de fazer teoria e não como simples antiteoria — do cotidiano, esse espaço de experiência em que repetição e autocriação tensionam-se mutuamente. Entendo, neste caso, por cotidiano as práticas fabricadas, o lugar da fabricação da vida, aquilo que, de algum modo "dito e feito", simplesmente se vive. Aquilo que fica de fora da história. Aquilo que não se constitui nem como paisagem histórica e que, no fundo, fica guardado nas revistas velhas, nas cartas, nas fotografias, e nas crônicas do passado.

Neste contexto, a ética é o horizonte que pode colocar-se na questão do cotidiano, como uma linha que nos envia para longe dele enquanto nos aproxima para vê-lo de mais perto: "como viver junto?" A ética é o que nos permite estar dentro dele por meio de um distanciamento produtor de aproximação. Parece um paradoxo, um enigma. Mas esta é a experiência do pensamento cujo vazio conhecemos na forma da tristeza e da depressão. Penso na "imediatez" do simplesmente vivido. E de como lhe faz falta o pensamento. No cotidiano como campo em que exercitamos o "senso comum" e, ao mesmo tempo, o "vazio de pensamento", em que o ordinário está em cena, em que o trivial é repetido como regra inconsciente, em que se exerce o "sempre-o-mesmo". O lugar das experiências éticas, estéticas e políticas fabricadas pela pessoa comum, do ato de comprar ao ato de ver televisão, do ato de andar ao ato de conversar, de beber, de comer, de passear, de viajar.

O traçado do conceito de cotidiano pode se estabelecer de diversas maneiras. De qualquer modo, ele se refere à vida imediatamente vivida. À vida em seu sentido mais banal de vida diária, de dia a dia — por fim, de cotidiano. Todos nós sabemos em nossa experiência mais sensível o que é a vida cotidiana, pois que ela se confunde com tarefas de subsistência, com rotinas, trabalho e cansaço e com aquilo que chamamos de falta de sentido. O cotidiano é a vida sem *glamour* em que o padrão estético aristocrático e burguês — e do mercado da moda e da decoração — tenta melhorar o nível da experiência enquanto só consegue mistificar o imediatamente vivido. Como num pingente de cristal que a dona de casa traz sobre a mesa da sala de jantar para alertar que ali se faz o que se pode: "Há um mundo melhor, mas é caríssimo." O cotidiano é o lugar do popular, do prático, do sem pensamento, do que não entra na história por mais que hoje em dia tantos tentem pesquisá-lo e fazer dele algo memorável. É o lugar eleito pela comédia, que nos rebaixa a animais, por oposição à tragédia, que nos aproximaria dos deuses. A comédia não é só a teoria do riso, mas também a elaboração do nosso lado "baixo",[55] o que em nós tende ao rés do chão. Aquilo que, em nossa vida diária, conhecemos como sua evidente parte banal.

Banalidade: nota etimológica

Falar do banal é, pois, falar do cotidiano. Até este momento não nos ocupamos em esmiuçar o significado do próprio termo "banal" que percorre este livro. Como ele está intensamente relacionado ao tema do cotidiano, deixamos para analisá-lo melhor por aqui.

Toda palavra guarda alguma verdade histórica e é por isso que a etimologia pode nos ajudar a pensar. Relativamente à palavra "banal", encontra-se em dicionários de algumas línguas que se trata de um adjetivo oriundo do francês "*banel*" datado do século 13. Diz-se que tudo o que pertencia ao senhor feudal era banal, ao mesmo tempo que aquilo que era de uso comum entre pessoas de uma mesma comunidade era banal. A palavra francesa, contudo, teria surgido de "*bannan*", uma outra palavra, desta vez inglesa, que significaria "controle legal", ou "permissão para uso de bens comuns". O termo "*ban*", do francês, significaria o mesmo. Essa palavra teria relação com o que se permite e o que se proíbe por parte do senhor feudal, o "soberano", o dono dos meios de produção. O que se chamou, então, de "direitos banais" ou "banalidades" referia-se naquele tempo às coisas que podiam ser usadas por todos, pagando uma pequena quantia ao dono dessas mesmas coisas. "Banido" diz respeito ao uso permitido ou proibido conforme concessão do dono da coisa usada, em geral um equipamento de produção.

Diferente de outros tipos de "obrigações" ou impostos, o direito banal (*banalité* ou *banal rights*), ou banalidade, referia-se ao uso de meios de produção da vida cotidiana, os moinhos, os fornos, o açougue e o que mais pudesse ser usado para produzir bens relativos à subsistência. Dizem que até mesmo a água podia ser banalidade pela qual se cobrava um valor. Pela banalidade se pagava com uma parte do que era produzido no uso do meio de produção. Mas referia-se também ao que era de uso cotidiano e corriqueiro. Em Portugal esses direitos teriam sido sustentados até o século 19 e, obviamente, eram motivo de muita injustiça, pois que já se tentava levar vantagem sobre os trabalhadores que não detinham os meios de produção, não detinham, portanto, as "benfeitorias" nem a terra que pertencia claramente a um senhor proprietário e, portanto, dependiam de sua permissão para usá-las. Dizem que em Portugal somente no século 19 é que esse tipo de direito foi eliminado. Neste sentido, a etimologia dá conta do aspecto mais "coletivo" e "comum", além de "partilhado", do que é banal. Interessa-nos prestar atenção no fato de que os direitos banais eram relativos às coisas corriqueiras, simples, da simples manutenção da vida diária, da alimentação, da construção das casas, em uma palavra: do cotidiano.

A etimologia de "banal" é a mesma de "bando". Ambas as palavras vêm de "*ban*". Dizem os dicionários que o verbo "banir" é palavra francesa, também do século 13. "Banir" teria vindo do germânico "*bannan*", e diria respeito ao ato verbal de proclamar um desterro, uma expulsão legal de alguém da comunidade. O senhor feudal, que proclama o direito banal, também o faz por um pronunciamento sobre o que pode e o que não pode ser usado. O francês "*ban*" significa "proclamação legal". É a fonte em francês de "banal" no século 13 e de "abandono", século 16. "*À ban donner*" significaria "deixar ir ao exílio". Segundo o Houaiss, houve uma confusão de "banda" relativa à palavra "*band*", que, como antepositivo, significaria "sinal", e "*ban*", como pronunciamento. Essa confusão aproxima bando, abandonar, banal e até mesmo banho, além de várias outras palavras, pela mesma origem.

O que nos interessa aqui é a ligação entre bando e banal. Entre banir, abandonar e o termo "banal". Bando é um grupo de pessoas "banidas" por um ato legal. Diz respeito àqueles que já não podem mais fazer parte de uma comunidade. Bando de bandidos, mas igualmente de "banidos". Aqueles que foram "abandonados" pela lei. O filósofo Jean-Luc Nancy[56] foi quem primeiro se deu conta do termo "bando" para designar tanto aquele que foi banido da comunidade como o que fica sob o jugo do soberano. Para Nancy, a própria estrutura da lei é o "Abandono", na medida em que a lei serve para permitir e proibir, e assim separar quem a ela se rende e quem não cabe em seu espaço. A própria história do Ocidente seria, para esse filósofo, o "tempo do abandono". Será Giorgio Agamben quem, levantando o significado da palavra em italiano, nos ajuda a ver que "*correre a bandono*" e "*bandito*" vêm a significar o "excluído, posto de lado" e, ao mesmo tempo, aquilo que está "aberto a todos, livre". Assim, enquanto ele nos faz ver que "o Bando é uma forma de relação" com a lei, temos o espaço para levantar o problema da banalidade.

No livro de Agamben chamado *Homo Sacer*,[57] o objetivo era mostrar que há uma figura específica que encarna, há muito tempo, o abandono pela lei. Trata-se do *homo sacer*, termo que se traduz por "homem sagrado". Esta figura teria existido no direito romano para dar conta do condenado a um crime abjeto, tal como o parricídio. *Homo sacer* era, então, o criminoso que, imolado num ritual de "banimento", ficava proibido de retornar ao convívio das gentes. Assim como fazemos com todos os excluídos de hoje em dia. Podemos pensar em prisioneiros nas penitenciárias, loucos nos asilos, mas também em pobres em favelas, mendigos nas ruas, prostitutas nas esquinas. A tese de Agamben refere-se ao fato de que a lei sempre *a-bandona*, ou seja, bane para fora dela enquanto, ao mesmo tempo, deixa o banido sob seu jugo. Por sua vez, segundo ele, o que se bane é a "mera vida", aquele corpo do sujeito desqualificado pela cultura, o desprotegido pelo aparato da cultura que é, ele mesmo, um efeito da cultura. Agamben retoma, assim, o motivo benjaminiano da "vida nua".[58]

"Vida nua" é, para Walter Benjamin, aquilo que está em questão na manutenção do poder soberano. Aquela vida dos corpos enquanto são meramente vivos; aquela vida que todos experimentamos por sobre as designações e classificações da cultura. Aquela vida que sentimos sofrer corporalmente em diversas situações do cotidiano, nos hospitais, nos meios de transporte das grandes cidades, no trabalho braçal tantas vezes aviltado; aquela vida cuja dignidade está sempre ameaçada por total ausência de qualquer poder. Aquela em que o próprio fato de poder sobreviver está em risco, seja em prisões, seja nas ruas. Aquela vida por meio da qual estamos todos ameaçados de extinção. Se, quando encontramos com um mendigo na rua, ainda somos capazes de nos estarrecer pode querer dizer apenas que somos pessoas ingênuas, mas também que ainda somos capazes de nos questionar e nos colocarmos em seu lugar: por que ele, por que não eu? O fato de que esta pergunta seja hoje possível implica a condição banal do abandono.

Quem é, então, o excluído? Se todos carregamos a potência da exclusão, se confiamos na ideia de que somos todos "*homines sacri*", ou seja, pessoas sob o jugo da lei, por que alguns estão mais excluídos do que outros? A ameaça pela lei é geral. A lei é mais amena com uns do que com outros. A lei sempre foi a expressão do poder na criação do banal que o perpetua por administração. *Homo sacer* é, pois, o representante da chamada "vida nua", o indivíduo enquanto simples pessoa vivente, enquanto transeunte, habitante do cotidiano. O oposto da lei, o corpo esperado por ela.

Todos, neste sentido, enquanto pessoas submetidas a toda sorte de leis, das mais complexas às mais simples, somos também sujeitos do cotidiano. Descortina-se para nós, por meio da palavra, a dimensão da lei que, metamorfoseada em moral, não facilita o acontecimento da ética quando, então, refletiríamos sobre nossas ações. No cotidiano estamos simplesmente mergulhados nelas. O cotidiano não é o lugar de nossa experiência no sentido de uma abertura ao ser que nós somos, ao ser como direito à presença do próprio ser; antes é o lugar regulado pela lei no qual a moral — não a ética — define os poderes microfísicos introjetados por cada um de nós. Por isso, o cotidiano é o lugar de frustrações e de ressentimento. O lugar em que gostaríamos de encontrar a felicidade na contramão de todas as dores e dissabores experimentados, seja na forma de violências físicas e simbólicas, seja na fina forma das burocracias devoradoras.

O cotidiano é uma espécie de deserto onde defendemos a nossa mera vida porque justamente nele estamos diariamente ameaçados. É o lugar do medo da lei que combina com o medo do outro que produz posturas neuróticas e defensivas. Isso está intimamente conectado com o fato de que o cotidiano é o antipoético, lugar onde simplesmente estamos, jogados na imposição, na acomodação, no abandono. Quantas vezes chamamos o cotidiano de "mesmice", justamente porque nele temos a experiência de não poder mudar nada no mundo? Lugar da repetição, do mais-do-mesmo, da dureza e da penúria, dos afetos mais generosos aos afetos mais mesquinhos. Dos jogos de poder enquanto eles são jogados na vida miúda nas formas de violências sutis, como as do assédio moral e até mesmo do sexual.

O crime também faz parte do cotidiano, pois que, no lugar em que se experimenta a lei, experimenta-se também a chance de sair dela, de confrontá-la. O crime quebra o cotidiano enquanto, ao mesmo tempo, em sua forma banal, está nele inscrito. Entre nós, na justiça brasileira, usa-se o termo "banal" para falar dos motivos de um crime. Dizem que um alto índice, mais de 30% dos crimes praticados no Brasil, tem motivo banal. Em alguns municípios o percentual sobe até mais de 60%. Banal é o motivo considerado "insignificante", "fútil", "torpe", por "bobagem". Abundam em noticiários narrativas sobre crimes praticados no cotidiano doméstico ou de rua, tendo como cerne valores econômicos irrisórios, inveja e sentimentos negativos em geral. Desde aquele que morreu porque atrasou num compromisso até quem assediou verbalmente a mulher do próximo. Trata-se, de um modo geral, de crimes que envolvem discussões seguidas de morte. Motivos como "ciúme, embriaguez, homofobia, intolerância religiosa e racismo"[59] levam a todo tipo de sofrimento para as vítimas que, no limiar da ação cega, encontram a morte. Tais crimes são praticados muito frequentemente sem nervosismo, estando o criminoso em estado de frieza, e constantemente no contexto de uma discussão. Ao mesmo tempo, vemos campanhas que defendem que o crime banal é motivado porque seus agentes estão com a "cabeça quente". O crime banal mostra apenas que nos relacionamos diariamente com a potencialidade do mal banal como uma espécie de efeito social inevitável em relações humanas deterioradas pela ausência de respeito, mas sobretudo, evidentemente, da prática do diálogo que viria também da valorização do diálogo como prática de encontro com o outro na cultura.

O mal banal, como vimos na primeira parte deste livro, é estarrecedor, por ser evidentemente mais ilógico e irracional do que os males mais malignos. Nos parece mais fácil compreender uma atitude deliberadamente perversa, como quando vemos um *serial killer*, do que a ação do sujeito do assédio moral, bem como do criminoso qualquer que mata sua namorada ou esposa. A banalidade do mal é estarrecedora nesse aspecto porque nos mostra algo como o lado sombrio das pessoas mais comuns. Ao mesmo tempo que nos aproxima, por meio de uma comparação implicada na performatividade da banalidade do mal, dos criminosos quaisquer que fazem cair por terra o que pensamos das "pessoas de bem".

No caso de crimes domésticos, de crimes contra mulheres, o "feminicídio" seria o melhor exemplo da banalidade do mal enquanto parte da lógica da dominação masculina. Se para nós hoje banal é aquilo que não tem importância, ainda está em seu cerne a raiz do uso comum. O praticante do mal banal é o ser humano comum, aquele que ao receber ordens não se responsabiliza pelo que faz. Não se responsabilizar significa colocar a responsabilidade em outrem, um chefe, uma circunstância, as normas da empresa. Como uma criança que não entendeu ainda o significado de seu ato, ele se esconde atrás da desculpa de que só recebeu ordens. Se não recebeu ordens, ele crê que tem toda a razão, pura e simplesmente. O crime contra mulheres é um excelente exemplo para entender o momento em que o próprio crime é lei. Eis o que revela a estrutura do mal banal: não há mal banal que não se efetive em lei na ordem do cotidiano.

Feminicídio ou o ódio ao outro como questão de gênero

Anticristo, o polêmico filme de Lars Von Trier de 2009, conta a história de uma mulher que sofre pela morte acidental do filho pequeno. A opção do diretor dinamarquês parece ser a de investir na mítica culpa feminina, estabelecendo um elo entre o desejo sexual irrefreável da personagem — caracterizada como uma espécie de "ninfomaníaca" — e o acidente que vitima a criança. O conflito entre mulher e mãe talvez esteja no fundo obscuro do filme. Mas isso é o que menos importa diante de um elemento mais curioso e politicamente mais perigoso.

Trata-se do fato de que a personagem interpretada pela atriz Charlote Gainsbourg é uma estudiosa do que se chama de "feminicídio", do qual ela mesma será vítima. Ela morre ao final, depois de ter mutilado sexualmente ao marido e a si mesma, como se seus corpos desejantes devessem ser punidos por um crime. Mas, obedecendo a fatos mais próximos da realidade social atual, ela é que é morta e queimada pelo marido diante de sua casa de campo. Sabemos que a morte por incineração é comum como crime doméstico em alguns países. O que o filme nos diz é que o destino das mulheres é padecer sob a culpa até sua eliminação como papel queimado.

Feminicídio é um termo cada vez mais corrente entre nós. Usado há séculos para falar do assassinato de mulheres, ele foi retomado em termos críticos há poucas décadas por uma teórica feminista inglesa chamada Diana Russell, que percebeu o significado misógino deste tipo de assassinato. Fala-se de feminicídio desde então para referir-se ao assassinato de uma pessoa por ela ser "mulher".

A pergunta simples que é preciso fazer diante desses fatos envolve entender o elemento absurdo que a constitui: por que alguém seria morta apenas por sua condição de mulher? Ou, na via do assassino, por que alguém mataria outrem pelo fato de o outro ser "mulher"? Podemos nos perguntar o que há de crime ou pecado, de ofensa ou de erro em ser "mulher"? Qual o teor desse ódio que tem causado tanto sofrimento a tantas pessoas? Por que ele se tornou banal?

Não há discussão sincera sobre este tema que não seja obrigada a lutar contra o cinismo de respostas como a que dá Lars Von Trier em seu filme exemplar: a culpa é das próprias mulheres. O preço a ser pago para a portadora da culpa é a morte. O argumento da culpa feminina é usado por assassinos, estupradores e praticantes de violência contra mulheres em geral. O algoz se defende, quando a opinião pública o questiona, dizendo que "ela estava querendo", que "ela sabia o que iria acontecer". Os estupradores autorizam-se a estuprar e até matar porque a "outra" não se "portou" como "devia" Casos exemplares em nossa época não podem ser esquecidos: o da jovem indiana estuprada e morta em um ônibus em dezembro do ano de 2012 e das garotas estupradas pela banda New Hit na Bahia no mesmo ano. O machismo nesse caso é o próprio mal "banal", o feminicídio é sua formulação "legal" na ordem da dominação masculina.

Assim como genocídio é o termo usado para falar do assassinato étnico, feminicídio é o termo usado para falar de assassinato de mulheres motivado pelo fato de que sejam mulheres. É como se as mulheres estivessem desde sempre marcadas culturalmente por seu "sexo", como disse Simone de Beauvoir, mas, neste caso, mais ainda, é preciso ver que marcadas para morrer por conta deste "sexo" com que são marcadas culturalmente.

Sob a prática patriarcal oculta-se mais do que o absurdo do suposto "motivo para os homens". A autorização soberana dos homens contra as mulheres é a característica do que podemos chamar de lógica da dominação masculina: o poder total na mão dos homens apenas porque são homens. Essa lógica se confunde com o que chamamos de patriarcado. Ela é uma espécie de ordenamento fundamentalista, simbólico, político, econômico e jurídico, que implica que homens possam fazer o que quiserem com mulheres sem serem culpabilizados por seus atos. O rebaixamento das mulheres em qualquer campo (da pornografia ao trabalho mal-remunerado) é a ponta do iceberg do assassinato de antemão autorizado e sempre possível no contexto da banalidade do mal. O ódio contra travestis e homossexuais que faz parte do fascismo cotidiano é outro modo de realização da banalidade do mal ligado à questão de gênero.

A banalidade do mal exerce-se contra a vida. É de modo banal que o poder mede e pesa, calcula sobre a vida. A vida de todos aqueles que podem ser rebaixados à mera vida.

Vida

A banalidade do mal que partilhamos no cotidiano confunde-se com a banalidade da vida. A morte é sempre a saída à qual se autoriza o fascista em sua forma de assassino. O termo "vida" foi banalizado por obra daqueles que, cinicamente, mais a defendem. Capturado por toda sorte de ideologias, o que exige que sobre ele se opere uma desmontagem crítica, o termo "vida" comparece nos discursos do Estado e da Igreja, exigindo a crítica de quem é aviltado nesses discursos. A disputa sobre o termo "vida" corresponde na ordem do discurso ao que, para além do discurso, é ocultado: quem vive e quem se mata ou quem se deixa morrer. Não querendo reeditar apressadamente nenhum nominalismo como alternativa crítica do discurso, é necessário hoje observar se já não estamos vivendo uma nova era nominalista em que a posse do nome define a posse sobre a possível verdade das coisas. A "vida" é, na ordem do discurso, o que se defende no âmbito do senso comum quando se trata, por exemplo, de falar contra a legalização do aborto em um país como o Brasil, mas não se defende a "vida" quando se trata dos jovens nas favelas submetidos ao poder do tráfico e ao descaso do governo, ou dos simplesmente pobres e negros. Em nosso país, a vida tem dois pesos e duas medidas, dependendo dos interesses que estão em questão. Enquanto os pobres se salvam quando podem, os donos dos poderes legislam contra tudo e contra todos sob todas as formas estéticas e políticas.

A vida, portanto, precisa ser analisada como uma questão de discurso. A captura da palavra "vida" — sabem os que manipulam o discurso ou dele se valem num contexto comunicativo — define a intenção da captura da própria vida pela palavra que a sinaliza. Da vida enquanto é capturada pela palavra como ordem simbólica que impera sobre o real. A relação entre as palavras e as coisas está mais do que nunca na ordem do dia. Em outras palavras, quem puder definir vida, saber-se-á seu dono e senhor, assim como dos poderes a ela associados. No entanto, o único uso da palavra vida que pode chegar perto dela é aquele que a coloca como um indefinível. A tarefa se torna para nós, hoje, a de reler a palavra buscando entender em que medida ela se tornou lugar da verdade sobre a qual sempre se disputa no discurso. O poder do discurso, entendido como fala preestabelecida em nome da verdade, advém de seu ocultamento como tal.

Em outras palavras, fala-se da vida como se se estivesse a falar da própria coisa, e não de uma palavra que, ela mesma, é já conceito e, como tal, sempre elaborado, re-elaborável e passível de discussão. A palavra, por mais que se relacione à coisa, que seja dita *em nome de* algo, não é a própria coisa à qual alude, ainda que as próprias coisas só possam ser ditas por meio de palavras. Por isso, nos dias atuais, enganamo-nos ao discutir a vida — esse amplo e inespecífico conceito que vai da natureza à cultura, da mera vida às suas formas. No contexto das crenças, para saber quem deterá o poder dos que podem crer (seja no que for que creiam, na ciência ou na religião): o sexo dos anjos, a alma de índios e mulheres ou a "vida" dos embriões. A vida está ainda em jogo relativamente ao Poder.

É preciso falar com cuidado e pressupor o próprio ato de fala como algo que merece análise. A palavra "vida" encontra-se neste lugar especial na atualidade, lugar que, a qualquer momento, é ocupado por qualquer palavra com a qual se deseje entabular a verdade. É o lugar do discurso contra o lugar do diálogo. A questão hoje apenas poderia ser refletida por aquilo que poderíamos chamar de uma teoria do estado de exceção da linguagem por meio da qual se investigue o modo como se pretende, na ordem do discurso, capturar a verdade e decidir sobre ela. Apenas uma teoria organizada sob a tese de que a linguagem, como parte de toda estrutura política, está sitiada por uma ordem que oculta seu próprio funcionamento, que a linguagem, como o corpo, está "capturada fora", incluída e excluída como no mesmo mecanismo do estado de exceção, é que se compreenderá o que se diz e o que se quer ao pronunciar a palavra vida. A vida na forma como é dita é, portanto, uma representação de um interesse ou de um desejo sob o qual fica a "mera vida", a vida do corpo nu, a vida do corpo do condenado como vimos nos contos exemplares de Kafka. Seus diversos usos, a disputa que alguns fazem sobre ela quando se trata de temas como aborto ou eutanásia, nos fazem saber que a vida é algo que interessa ao discurso do poder. O poder contemporâneo depende de seu discurso, inclusive e justamente do discurso sobre a democracia que deve ocultar toda a falta de democracia partilhada pelas pessoas no cotidiano.

Vida ornamental

No modo de viver a vida, vivemos sempre uma cisão: entre a miséria da vida e o poder, ou a riqueza da vida e sua ilusão.

Que nosso tempo seja excessivamente "estético" quer dizer que vivemos envergonhados do que somos, do que pensamos e do que fazemos. A estética de nosso tempo acoberta problemas, a desigualdade social, também a de gênero, a de raça. A vergonha e o medo são afetos cultivados no cenário do capitalismo que exige de todos um jeito de pensar e viver de acordo com o valor do "sempre o mesmo". As aparências, sempre prontas a enterrar as contradições sociais, valem tudo, e cada um imita o rico, a estrela ou o popstar, com seus recursos: roupas de grife ou do camelô, todas servem ao império do fingimento. Nesse mundo estético, é preciso fingir o que não se é. Do dinheiro que não se tem à inexistência de utopias. Ser em sentido próprio está proibido.

Finge-se, por exemplo, a derrota do espírito humano pela perversão do capital. Finge-se que não há mais futuro, que não há mais política ou ética possível. Nem sonho ou projeto humano que possa renovar o sentido da vida em sociedade. Finge-se que não pode haver sentido. Que não pode haver esperança. A questão mais grave do existir, do pertencer à esfera do mundo, de estar e ser enquanto se faz a experiência do absurdo, é reduzida há décadas ao "papo-cabeça". Quando Albert Camus tratou do suicídio como questão filosófica essencial, referia-se à questão trágica do sentido que o jogo sujo da imbecilização planetária já não permite colocar em cena. A questão foi abandonada em nome de aparências: parecer aquilo que não se é tornou-se o cerne de um acordo de idiotas dessubjetivados que raramente encontram um jeito de descongestionar o espírito. Tanto faz, nesse contexto em que há convites diários ao consenso da imbecilização, parecer "feliz" ou "deprimido". A sociedade da aparência demanda o que o mercado define como certo.

Desde que Foucault inaugurou o conceito de biopoder para referir-se ao "cálculo" que o poder faz sobre a vida, a questão do sentido da vida assumiu um novo contorno político e se tornou ainda mais grave. Junto do biopoder, Foucault falou em anatomopoder. Enquanto o primeiro incidia sobre a vida das populações (calculando do preço do pão ao sistema de saúde), este último referia-se à vida do corpo individual (o controle do padrão corporal que une mídia e medicina estética). Em qualquer dos casos, seja calculando sobre o geral ou o particular, biopoder refere-se ao conjunto dos dispositivos que controlam a vida do corpo vivo.

Ficamos sabendo, por meio de seu argumento, que o poder não é opressor, mas regulador, controlador, disciplinador e altamente voltado para a administração do desejo. Por isso, é importante compreender que o poder não é apenas uma questão de governo agindo na direção de ideologias ou consciências, mas de governos, mercado, instituições como família, escola, ciência, direito, todos atuando sobre o "corpo" vivo da espécie e de cada indivíduo, de cada jovem, de cada criança, de cada mulher, de cada pessoa física. O poder é material, concreto, e se realiza nas formas da vida cotidiana, nos corpos, mas podemos dizer que também nas coisas feitas para uso e condicionamento desses corpos. Daí a importância de pensarmos o corpo — e a vida que se faz materialidade concreta junto dele — consumido pelo consumo.

Neste contexto é que se pode dizer que decidir pessoalmente sobre a própria vida é a ilusão vendida a cada dia para a manutenção do sistema. No jogo das aparências que geram o poder e o mantêm, cada um deve se sentir livre e autêntico, e isso é vendido diariamente na forma de mercadorias as mais variadas. Mas as mercadorias não são vendidas sem ideias. Vende-se em geral a felicidade na forma de uma imagem convidativa de uma cena cotidiana agradável. A vida da aparência depende de que não se saiba de seu caráter de aparência, da vida conforme o padrão estético. Neste ponto, Foucault, que alertou para a materialidade do poder sobre o corpo, perdeu de vista o dispositivo imagético que impera sobre o corpo nosso de cada dia. Não há corpo sem representação; se há um corpo não representado é porque foi liberto das representações por meio de um contradiscurso, de contrapráticas e contraideologias. Mas isso é muito mais a utopia ética que nos move do que a realidade do tempo presente — a política das representações, do que se diz de um corpo.

A essa forma de vida reduzida à pura estética, à aparência de vida, chamaremos de vida ornamental. O intelectual ornamental que fala por vaidade, o pai e a mãe ornamentais que têm filhos por motivos egoístas, o sistema de ensino que constitui o teatro da educação, o político ornamental que finge defender o povo, homens e mulheres que pagam para parecer jovens eternos são exemplos da vida expressa como máscara em uma sociedade ornamental. Ornamento é, pois, o nome estético do "poder". É o ornamento que usamos, e ao ornamento é que servimos quando seguimos regras estéticas padronizadas, compradas e vendidas no mercado das aparências.

Não é à toa que Hitler tenha sido um fanático pelo biótipo do ariano e que sejamos hoje tão vendidos à ideia de beleza. Sobretudo as mulheres que buscam, de um modo ou de outro, agradar. Aquelas que se encaixam no dispositivo da beleza como escravas submissas a um padrão com o qual concordam e que, ao mesmo tempo, as oprime. O referido "padrão" relativo ao corpo é sempre inventado no contexto do que podemos chamar de "matriz heteronormativa" e "heterossexual", em que o enquadramento em um tipo de "gênero" faz de uma pessoa "mais" ou "menos" mulher em função de um estereótipo normalizador a ser seguido como lei.

Falamos de corpos que transitam no território da vida simplesmente vivida de maneira imediata no cotidiano. Mas podemos falar dos lugares onde transitam tais corpos. Por isso, vale a pena pensar no caso das revistas de decoração e da pornografia, as formas ornamentais do espaço que regem nosso cotidiano. A indústria cultural especializou-se nessas revistas vendidas em bancas, umas mostrando o corpo deslocado do espaço, como um puro corpo numa espécie de "representação épica do íntimo",[60] outras, corpo nenhum. Enquanto a decoração expõe a obscenidade do espaço e o transforma em mercadoria, a pornografia explora o corpo no mesmo sentido.

As revistas de decoração vendem espaço objetificado, espaço enquanto coisa no contexto da mitologia do cotidiano. Na indústria cultural da felicidade cotidiana, essas revistas são o meio mais poderoso ao lado da televisão.[61] Fundamental à decoração é que ela oculte, na forma de "estilo" e "bom gosto", o fato de que o espaço é medido — de que, antes de ser algo utilizável, ele é coisa. Mas, na revista, ele é coisa imaterial, ele é abstrato, ele é até mesmo idealizado. Por meio disso, o espaço é transformado em mercadoria. A mercadoria pode ser alcançada por meio do capital. A decoração sempre tem que agradar, promover a ambientação para um corpo convidado ao "bem-estar".

As revistas de decoração raramente incluem um corpo humano em suas fotos, senão quando esse corpo possa fazer-se parte da decoração. É importante que o corpo humano não esteja presente, pois ele, por mais que esteja idealizado entre nós, impõe uma outra medida, a sua própria. O corpo impõe a comparação das coisas ao corpo. Comparação que, na foto, colocaria a questão da escala corporal, questão a ser evitada. É certo que olhamos para os móveis e imaginamos corpos que os complementam, mas, ao mesmo tempo, o espaço está livre do corpo para ser a pura decoração. A decoração é o ornamento puro e simples. O recurso à funcionalidade pode ser usado na decoração, mas o que ela deve ter em vista é sempre o escamoteamento que só o ornamento pode bancar.

Ética e política só podem renascer numa operação de desengano. A partir dele, um outro mundo para além do culto da aparência se tornará possível. E, nesse mundo, cada um poderá ser quem é sem nada dever ao fingimento, à vergonha e ao medo. Essa é uma utopia ética que pode ser lançada contra o amor atual ao fim das utopias.

Vida reta, vida imediata, vida danificada

Theodor Adorno, em *Minima Moralia*,[62] de 1953, começa falando que a ética é a triste ciência. Ele se refere ao esquecimento da ética como doutrina da vida reta. Preocupado com o significado de vida — algo que, segundo ele, era assunto dos antigos filósofos e que foi rebaixado à "esfera privada" e depois à "esfera do mero consumo" —, Adorno comenta que a vida se tornou um "apêndice sem autonomia" do processo de produção material. Ele chega a dizer, comentando a respeito do lugar da ideologia como um olhar que impera sobre a vida, que não há mais vida. O que se podia entender como vida deu lugar ao automatismo que nos devora diariamente pelo consumo.

O que o filósofo queria deixar claro sem alarde é que o declínio da ética relaciona-se ao declínio da vida, à desvalorização da esfera da vida simplesmente vivida porque nela já não há mais nenhuma intenção ética. O alerta de Adorno, acerca da eliminação da vida em nome do mercado, não deve, no entanto, nos afastar da tentativa de entendê-la como algo que ficou na sombra. Talvez a vida sombria que experimentamos hoje (pelo menos aqueles que se dão conta dos problemas do mundo onde estão) seja a verdade superficial com a qual temos de nos haver.

Se ele tiver razão, como parece ter, e todo o olhar sobre a vida se tiver transformado em ideologia, que ilude sobre a inexistência da própria vida, mais radical ainda se torna a necessidade de filosofia, que é o modo de pensar contraideológico. O modo de pensar que abre os olhos para a cortina do acobertamento ideológico. O único modo de desmascarar a ideologia, que, por outro lado, não espera que alguém possa tentar ainda, a esta altura dos fatos, ver o que acoberta a vida, seus limites, suas vicissitudes. Adorno é um filósofo que se relaciona em certa medida com a questão da "consciência", mas não perde de vista que ela se confunde com o corpo. E que a prática da vida se confunde com a produção e o consumo daquilo que se produz. A produção a que foi rebaixada a vida nos coloca no lugar de robôs produtivos e consumidores. Teríamos que nos livrar dessa confusão se quiséssemos retirar a vida de seus escombros subéticos e dar espaço à exuberância criativa que é a potência de felicidade à qual almeja toda ética.

Minima Moralia, no entanto, é um livro em fragmentos. Um livro que cuida de uma espécie de ética das pequenas coisas, uma ética voltada justamente para os sinais do cotidiano. Esboços de ideias, comentários sobre qualquer coisa relativa à vida do dia a dia a partir dos quais Adorno conseguiu falar sobre a "configuração alienada" sem o que seria impossível entender o que ele chama de "vida imediata". Ora, a vida imediata é a vida da simples experiência vivida, de nossas relações com coisas materiais e imateriais que nos alienam de nós mesmos e também de qualquer saber sobre os jogos de poder. Essas coisas que, por assim dizer, nos coisificam por complexas operações em que consciências e corpos perdem seus limites epistemologicamente sustentados por séculos de teorias dualistas.

O que era a "vida reta", aquela vida justa que se almejava pela ética, dá lugar à vida danificada experimentada a cada dia como "vida imediata". A vida danificada é uma impotência de vida, aquela que se vive na rachadura social, na ausência de sentido, na destruição da experiência. A vida danificada é tanto privada quanto pública, mas esses conceitos talvez não digam mais nada quando o mero "morar" sofre abalos sísmicos em sua prática.

Ninguém mora onde não mora ninguém

A supervalorização da decoração das casas e apartamentos em nossa cultura burguesa diz respeito à mitologia cotidiana. De um lado, a decoração é o elogio da vida privada; de outro, é o elogio do refúgio individual contra o opressor plano coletivo. De outro, ele diz respeito ao puro mercado da aparência que se deve construir desde dentro de casa. A casa se torna um valor extremo quando a rua se torna um perigo. Antigamente éramos crianças que brincavam na rua, hoje há crianças que vivem em apartamentos, impedidas de brincar, enquanto tantas crianças vivem nas ruas, chegam a morar nelas, com ou sem suas famílias, em condições sempre bárbaras. A privacidade deveria ser um direito, no entanto ela se tornou uma mercadoria.

Quando pensamos em cotidiano, muitas vezes pensamos em uma casa, somos capazes de confundir cotidiano e vida privada. A moda da decoração de interiores presente nas revistas faz a propaganda de uma vida boa porque bela e bela porque organizada. O cotidiano é, no entanto, feito também de vida pública. Há um espaço em aberto no campo do cotidiano, aquele que não é da vida privada, nem exatamente da pública. Trata-se do lugar onde habita o abandonado. Este lugar dentro e fora, ao mesmo tempo rua e casa, de outro lado, nem rua, nem casa. Aquele que vive a rua como casa talvez viva a casa como rua. Algumas pessoas hoje estudam novas e outras formas de morar e até elogiam os modos novos de morar, mas certamente aqueles que estudam essas novas formas de morar não são os mesmos que moram nesses lugares curiosos como pontes, bueiros, ou simplesmente calçadas, nas quais os proprietários colocam tantas vezes plantas, pontas, cercas que evitem a presença dos habitantes indesejáveis

Nas grandes cidades, pessoas que não têm onde morar são contraditoriamente chamadas de "moradores" de rua. Essas pessoas atravessam o cotidiano burguês, mas também vivem um outro tipo de cotidiano. O que podemos saber dele? Ora, dizer "moradores de rua" implica a verdade da nova habitação, mas é, do ponto de vista da desigualdade social, um eufemismo. Ele acoberta o quadro da injustiça social típica das sociedades em fase de capitalismo selvagem, aquele no qual a eliminação do outro é a regra. Que tantos e cada vez mais vivam nas ruas é uma prova de que o famoso instinto gregário do ser humano se esfacela, ou assume formas cada vez mais enganadoras porquanto mais voláteis em uma sociedade que é, ao mesmo tempo, de massas e de indivíduos que não têm a menor noção do que possa significar a experiência do outro ou do comum.

Dizem as pesquisas que o número de pessoas vivendo sem teto nas grandes cidades cresceu nos últimos anos por causa do desemprego. E são milhares. Motivos além do desemprego podem confundir quanto ao sentido (e o sem sentido) da complexa experiência vivida por essas pessoas que habitam as ruas. Afinal, pode-se encontrar entre os que vivem nas ruas até mesmo quem não se sente em situação de injustiça social. Mas, ao mesmo tempo, não vemos ninguém que tenha casa e uma vida boa (reta, justa) preferir a rua. Uma das mistificações da ideologia que pretende acobertar a realidade é justamente a de dizer que as pessoas estão ali porque querem.

Verdade que a população das ruas das grandes cidades é composta de habitantes (ou desabitantes) provisórios ou não, que estão ali por motivos diversos. Muitas vezes afetivos, mas sobretudo financeiros. Não é raro encontrar ricas histórias de vida entre as pessoas sem morada, desde aquele que renunciou à vida burguesa por considerá-la insuportável até quem, por meio de inesperadas leituras filosóficas, criou um significado para o ato de "habitar" a transitoriedade, ou seja, "desabitar" intransitivamente e estar, assim, na mera existência. Casos raros ocorrem, mas devemos nos perguntar mais profundamente sobre o lugar da exceção em uma sociedade de regras.

Que não habitar uma casa possa significar uma experiência existencial é, no entanto, apenas a exceção que confirma a regra da contemporânea injustiça social a cuja base racional e afetiva tantos entregam as forças. Renunciar, desistir, jogar a toalha, permitir-se à impotência como o Bartleby de Melville, o escrivão que preferia não fazer nada, ou a dignidade do fracasso, como um dia afirmou J. L. Borges, pode ser o único modo de viver em um mundo marcado pela melancolia e pelo sem sentido em termos políticos, estéticos e metafísicos.

Reconciliar-se com o fracasso?

O cenário social contemporâneo é o espaço e o tempo dessa possibilidade de fracasso que diz respeito à potencialidade mais profunda de nossos tempos. É a forma mais terrível do mal, a da banalização que se estabelece na vida humana como força lógica. Como um "deixar acontecer" ao qual damos o nome de "abandono", esse ato de exílio, de ostracismo, de curiosa rejeição sem ação. A mendicância das pessoas é apenas a verdade íntima do capitalismo como mendicância da própria política deixada a esmo em nome de antipolíticos interesses pessoais ou do abandono de uma ideia de humanidade, país, cidade.

Os chamados "moradores de rua" são a figura mais perfeita do abandono que está no cerne da devoração capitalista. Convive-se com eles nos bairros elegantes das cidades grandes como se fossem um estorvo ou, para quem tiver algum tipo de pensamento mais humanitário, como um problema social a ser resolvido filantropicamente. Alguns moram em lugares específicos, têm sua "própria" esquina, sua "própria" laje, carregam objetos de uso aonde quer que vão; outros perambulam a esmo, desaparecendo da vista de quem tem onde morar. Não passam de fantasmagorias aos olhos de quem não é capaz de supor sua alteridade. Esmagados pela contradição de morar onde não mora ninguém, não têm o direito de ser alguém. São "ninguém" a trafegar pela rua. Partilham um "deslugar". E, no entanto, praticam o mesmo que os outros dentro de suas casas: dormem, comem, fazem sexo, têm todo tipo de necessidades fisiológicas e, obviamente, muito mais doenças do que os que têm onde morar. A condição humana é, nesse caso, o que vemos dividir-se por paredes ou pela ausência delas. A democracia partilhada com os que não têm casa torna-se uma questão de nudez e exposição da vida íntima.

Certamente, a questão da casa na qual morar torna-se uma questão "conservadora" se desconsiderarmos a história de vida e os mecanismos pelos quais alguém, mesmo sem ter uma casa para morar, constrói a própria vida. É verdade, como foi dito, que há muitos que preferem a rua. Mas, ao mesmo tempo em que se respeita a trajetória de cada um, as condições históricas e sociais nos levam a pensar que ninguém "mora na rua"; antes, quem está na rua não mora. Quem está fora dos básicos direitos constitucionais está especificamente "excluído" da sociedade. E, muito mais além da Constituição, está excluído pelo próprio status com que é medido. O status de "morador de rua" é apenas um modo de incluir os excluídos na ordem do discurso acobertadora do fascismo prático de cada dia oculto sob o véu da autista sensibilidade burguesa que sustenta uma sociedade sem ética, no sentido de que a vida justa não é uma opção para todos. Mesmo sob o status de morador de rua, o mendigo da nossa esquina é a prova do fracasso de todos os sistemas, e não por não ter desejado participar. A mística do desejo também precisa ser revisada para parar de nos enganar. Se as estatísticas não mudarem, comprovando que a tendência da exceção pode ser a regra, talvez a democracia de teto e paredes não sirva mais a ninguém em breve, quando a maioria tiver sido tirada de suas casas.

Teríamos, então, absolutamente destruída a mitologia da vida cotidiana apenas porque a minoria tornou-se maioria. Ora, que cotidiano é esse de quem mora na rua? O cotidiano é sempre um desenho que, bem analisado, nos mostra o estado de catástrofe da experiência.

Vidas secas

O cotidiano, antes de ser um conceito, é uma cena, e ela admite um desenho, uma descrição. Na verdade, não podemos falar em "cotidiano" no singular, mas em "cotidianos" que, como linhas, se entrecruzam, formando algo como o mundo da vida. A narrativa literária na forma do conto ou do romance sempre nos ofereceu esse desenho feito com a tinta da melancolia, como no *Brás Cubas* de Machado de Assis, no cinza, como nas peças de Samuel Beckett, nos arranjos ornamentais de um Osman Lins ou na luminosidade amarelada de Clarice Lispector. A literatura sempre foi mais longe, no ato de investigar ou de inventar o cotidiano, do que a filosofia. O cotidiano é o lugar onde vivemos junto uns dos outros, onde partilhamos algo. Como nos diz Barthes, existe "em quase todos os romances um material esparso concernente ao viver-junto (ou ao viver-só)".[63]

Podemos ao mesmo tempo dizer que esse processo de abrir o cotidiano é parte do "inconsciente conceitual" que opera na arte. Alguém pode querer argumentar que a ficção seria o ponto de separação entre uma coisa e outra. No entanto, sabemos que o cotidiano é um objeto que escapa. Pois, se ele não implica "tudo", implica certa forma de fantasmagoria enquanto sabemos/vivemos. Ele é, em certa medida, um conceito sempre dependente de uma ficção, pois que a vida do amplo cotidiano jamais é a pura vida nua; tampouco é a vida do espetáculo, seja artístico ou político. Nesse sentido, o cotidiano é o lugar da vida vivida como experiência cindida em vida política e vida sem política, entre corpo identificado e corpo que escapa: o cotidiano é aquilo que está sempre perto de nós enquanto, ao mesmo tempo, dentro dele sentimo-nos e somos "inadequados". A vida é o que fazemos e o que somos impedidos de fazer no cotidiano. Aquilo a que estamos submetidos, e aquilo que, nos apresentando à vida, nos põe dentro dela, enquanto dela nos expulsa. É a ambiguidade da vida, como coisa política e não política, como aquilo que é, afinal, calculado pelo poder, o que conhecemos no cotidiano em nossa própria carne.

Vidas secas, obra de Graciliano Ramos de 1938, mais do que outros livros, nos oferece um retrato exemplar do cotidiano de uma família de retirantes da seca nordestina. Ali a vida define o cotidiano e o cotidiano desenha a vida possível. Como positivo e negativo, um ameaça apagar o outro a todo momento. Não há narrativa que mais dependa da relação entre vida e cotidiano. A vida se expõe no corpo e na existência de cada um de seus personagens. E na palavra viva, ainda que há tanto tempo grafada, de seu escritor. O conceito de vida aparece marcado desde o início, quando a família anda pela caatinga e o menino mais velho deita-se no meio do caminho, de fome e cansaço, sem força alguma para seguir. O cotidiano é sempre esse lugar em que fazemos uma parada para descansar, extenuados, em que nos prostramos. Por isso, a cozinha, a mesa, o quarto, a cama, a soleira da porta, onde alguém senta para fumar um cigarro e bater um papo, seriam imagens típicas do cotidiano. Não há cotidiano sem imagem. Por isso, quem tentou uma história do cotidiano a construiu a partir de imagens. Que o cotidiano entre na história é uma questão de metodologia histórica totalmente possível, mas que ele seja um tema filosófico implica o caráter fugidio dos acontecimentos nele envolvidos.

A imagem do cotidiano de *Vidas secas* é a de uma família em estado de miséria quase absoluta. O conceito de vida que se apresenta em *Vidas secas* já está dado em seu título. A vida regulada pela seca. A vida impedida de vicejar, senão pela lei imponderável da seca que às vezes ameniza o seu peso. Não há vida fora da seca e na seca não há nenhuma vida. *Vidas secas* aponta, assim, para um limiar. A vida não é mais possível, e, mesmo assim, resiste, insiste.

Fabiano, o pai da família de retirantes, é o sujeito desse limiar. De uma ambiguidade que todos os socialmente fragilizados experimentam: do homem ao animal, de gente a bicho, sua odisseia não o conduz a lugar nenhum. Ele dá voltas em busca do próprio rabo.

O que há de comum entre o personagem kafkiano da *Metamorfose* e o pobre Fabiano é que ambos estão secos, um

pela condição de inseto, o outro pela condição da seca como falta de água que é também falta política, como falta de afeto, como falta de respeito, como falta de cuidado, como excesso de cálculo que o poder faz sobre a vida. Mas, enquanto um é mero fruto da imaginação, é fantástico e metafórico, o outro é fruto das condições geográficas e históricas que perfazem o perfil da seca e se apresentam na mais infeliz verossimilhança com os homens reais de um país como o Brasil, no qual está em vigência da lógica da humilhação.

Fabiano de *Vidas secas* é o herói trágico interrompido. A tragédia é real, mas a condição inexpressiva, a carência de linguagem não permitem sua posição subjetiva que permitiria descobrir a própria tragédia. A dessubjetivação que acontece no cenário de Kafka pelas relações secas com a família, como em *A metamorfose*, ou pela máquina que é artificialmente molhada pelo sangue de quem ela sangra, se dá em *Vidas secas* pela seca. A seca é o vampiro num mundo sem máquinas, um mundo em que sobra o indivíduo humano subjugado à natureza e ao poder primitivo do próprio homem.

Se pensarmos na história cotidiana de pessoas simples (ou menos do que simples porque rebaixadas à ralé) contadas pelo sociólogo Jessé Souza em seu livro chamado *A ralé brasileira*,[64] entenderemos melhor do que se trata em *Vidas secas*. Das diversas histórias do livro de Jessé Souza, destaca-se a de Leninha, contada no capítulo intitulado "No fundo do buraco" por Maria Teresa Carneiro e Emerson Rocha. Leninha é uma empregada doméstica, mora na periferia, começou sua vida como "agregada" em uma casa de família. Fugiu de sua cidade natal, onde cortava cana e queimava carvão, onde foi casada com um homem violento. Na cidade grande ela acredita em ideais meritocráticos burgueses que aprendeu com as famílias em cujas casas trabalhou. Casou-se de novo e teve uma filha. Seu novo marido não é muito diferente do primeiro, mas ela nos faz saber que uma mulher sozinha na periferia terá que pagar um preço alto em termos de outras violências. A humilhação e o rebaixamento vividos por ela são imensos, mas ela não se deixa abater, pois seu sistema de crenças faz que se sinta compensada com alguma segurança. Confia em um marido que não é tão violento com ela, ainda que o seja em alguma medida, e em seu próprio vigor para o trabalho. Sua capacidade de consumo empresta-lhe o que ela entende por dignidade a partir de seu gesto básico de imitar o que pode dos valores e padrões burgueses. A história de Leninha se torna muito interessante para pensarmos o cotidiano enquanto vida ordinária, quando lemos o que os autores nos contam sobre um momento extraordinário em sua vida: a festa de 15 anos da filha. Leninha faz questão, segundo os autores, de contar quanto gastou com a comemoração, pois que é preciso sempre afirmar também que seu dinheiro é fruto de seu trabalho árduo. No momento da homenagem à filha, algo muito curioso acontece. O pai lhe dá um computador, mas quem pagou por ele foi Leninha. Ela participa do teatro em que o marido se torna de algum modo poderoso diante dos convidados. É como se ela se posicionasse no lugar de uma mulher que ela não é. Então, nesse lugar de mulher simplesmente mãe, ela se contenta em ler uma carta que escreveu para a filha. Na verdade, quem escreveu a carta foi uma de suas patroas, uma patroa "boa" que comparece à festa. No momento em que vai ler, Leninha cai no choro. A patroa, então, assume o lugar da pobre mãe emocionada, e lê a carta. Acontece que, na verdade, Leninha não sabe ler. Vítima de seu "legado de classe" como dizem os autores, o problema de Leninha é o de "imitar o 'truque' das classes médias" e amenizar, assim, a dor moral de que é vítima. Ela finge tudo, até que sabe ler. Finge para não parecer humilhada. De uma humilhação histórica e social insuportável. Daí a necessidade do fingimento. Os autores são muito felizes em sua abordagem sobre uma história de tanta bravura, e de tanta enganação relativa a um "desvalor social objetivo" que Leninha, como qualquer outra pessoa, não pode suportar. O consumo dos bens, como afirmam os autores, é "a única instância visível do modo de vida que ela pôde observar ao longo de sua trajetória e desejar para si". O consumo como modo de vida vem tapar a injustiça social, a desigualdade de classe. Leninha é mais uma pessoa que acredita que os gostos e o modo de ser dos outros são algo "natural" e que, com muito trabalho e muito esforço, ela se tornaria igual (esteticamente) àqueles que admira ou pelo menos faria o que é certo para ter o que estes outros merecem.

Da complexa e triste história de Leninha destaca-se um aspecto para o todo do que estou buscando nesta *Filosofia Prática*. Refiro-me à privação da linguagem, sobretudo na forma da expressão que permitiria o desenvolvimento de outros tipos de comunicação e de relações; portanto, da construção da esfera do ético e do político. Neste caso, o conceito de expressão nos ajuda a pensar o direito de cada um a estar no mundo e a fazer uso da linguagem, participando de decisões, entendendo os discursos dos quais pode ser vítima ou dos quais pode ser algoz. Certamente, Leninha se expressava de algum modo dentro do seu "legado de classe" e tentando transcender esse legado por imitação de outros modos de ser, para ela expressivos. Certamente a expressão burguesa não deve ser tomada como o "todo" da expressão, mas, ao mesmo tempo, o poder dessa classe permite mais expressão contra as classes que são privadas de expressão. Privadas de voz, privadas de oportunidades de desenvolvimento concreto, a expressão se torna uma espécie de capital, um valor fundamental, do qual os pobres estão privados. Assim como, por um lado, é preciso desmascarar as expressões, por outro, é preciso permitir que elas sejam democraticamente partilhadas na direção do respeito a cada um que a elas tem direito.

Assim como Leninha, Fabiano e sua família não têm linguagem que permita representar num mero diálogo com a mulher, o sofrimento que experimentam juntos. A ausência de diálogo poderia ser apenas uma figuração, mas é, contudo, a marca do texto, aquilo que a pena atenta e comprometida de Graciliano Ramos soube perceber e grafar. Fabiano é o próprio homem seco — bruto e gutural — que se constrói na história seca de um país sem justiça ou direitos. O eixo em torno do qual o cotidiano se desenha é o da fome e do caminho na intenção de fugir dela, de atravessá-la. Os movimentos dos personagens se dão todos em torno da fome. A fome que se diz na forma da extrema miséria material em contato com a miséria espiritual.

O cotidiano das pessoas pobres não é o cotidiano burguês em que se descrevem veludos e rendas, pratarias e cristais usados na vida privada de famílias. Também a ideia de cotidiano corresponde a um cenário de classe que jamais pode ser apagado. O que está em jogo é sempre o fundo seco da fome. O fundo seco da fome que é como o fundo seco da falta de expressão que caracteriza a fome ética e espiritual. A fome foi tratada raramente pelos escritores de filosofia. De modo que podemos dizer que a filosofia não entendeu um tipo de sofrimento que vemos em cena em *Vidas secas*. Aquele nada burguês, o sentimento do pobre, da classe social e cultural da chamada "ralé" tão bem expressa no livro de Jessé Souza acima citado.

Não creio que seja possível falar sinceramente de ética — e, portanto, bancar aquilo que se diz, sem que se pense nesse fenômeno do sofrimento da fome e todo o contexto social no qual ela surge e se mantém. A fome é o próprio núcleo do sofrimento que advém da desigualdade das classes. A ponto de podermos dizer que ela é o indizível do conceito de sofrimento que sustenta esse conceito. Sobre a fome jamais se falou senão de um ponto de vista sociológico. Exceto em Ernst Bloch, que se ocupou desse esquecimento em seu livro *O princípio esperança*,[65] a fome é o mais esquecido dos temas sérios que ele nos fará lembrar. Bloch nos conta que até mesmo Schiller, que era um idealista, sabia que fome e amor moviam o mundo. A psicanálise ainda negligencia a fome, no entanto acolheu a libido. Nesse contexto, Bloch afirmará que a fome restringe a libido da classe inferior, deixando claro que existem variações históricas das pulsões e que a fome como pulsão de preservação não teve um lugar nobre na vida das pessoas, fundamentalmente porque a psicanálise sempre foi feita, como tudo o que é do campo da cultura, das artes e da erudição, para as classes que não padecem de algo como "fome". O avanço da arte culinária em nossos dias, o crescimento das ofertas do que comer em todos os cenários retiram a fome do cotidiano e deixam no lugar da lacuna que ela representa todo tipo de excesso. Comer é arte para o *gourmet*, é trabalho criativo para o *chef*. É brincadeira adorável para o sujeito da classe média. Quem tem fome, contudo, não é sujeito livre de coisa alguma, mas rebaixado ao estado mais primitivo do corpo, assujeitado, objetificado, animalizado.

Da anorexia à obesidade, contudo, é o instinto de autopreservação como fome o que está sendo manipulado no âmbito do cotidiano no qual o comer e o não comer é aspecto central.

Comer é questão cultural, mas é também questão de classe social. O que comer, como comer, quem come são questões fundamentais na compreensão do sentido da vida. A fome é a questão — e o conceito — que melhor reúne aquilo que está sempre teórica e simbolicamente separado: a vida biológica e a vida social. A vida como mera vida e a vida do ser humano enquanto ser genérico, social, ético e político. A fome e seu combate são dados do cotidiano enquanto esfera esquecida. Não é à toa que o preço dos alimentos é sempre controlado, para evitar — ou justamente para provocar — a fome de uns e a acumulação — até mesmo em termos de peso — de outros. A lógica da avareza enquanto economia política do capitalismo é autoexplicativa.

A partir de *Vidas secas*, de Graciliano Ramos, creio que seja possível introduzir em filosofia o conceito de fome — em seu sentido físico estrito e social amplo cujo entrelaçamento tornar-se-á cada vez mais claro — dando-lhe um lugar especial, ainda que incipiente e inicial, no campo da reflexão. *Vidas secas* nos mostra o portador da fome, que não é sujeito de uma experiência justamente porque foi aviltado pela fome, e todo o cotidiano onde ela se cria como um grande esquecimento, uma grande ausência.

A fome e a privação da expressão

"Na beira do rio haviam comido o papagaio que não sabia falar. Necessidade." Nas palavras de Graciliano Ramos vemos desenhar-se a impossibilidade do diálogo que organizará todo o livro como uma tragédia interrompida no instante mesmo em que é inevitavelmente texto que possibilita a relação com o além do imediato. A tragédia é sempre transcendência do cotidiano. No entanto, na sua forma interrompida ela é o nome mais próprio do cotidiano. Ora, o papagaio é o animal trivial, não é bicho de comer. É o animal doméstico que fala, que serve de companhia e até como brinquedo da casa. Análogo a Fabiano e sua família, ele balbucia, grunhe, usa onomatopeias, imita palavras. Que ele morra comido pela família de esfomeados, inclusa a cadela Baleia, que é evidentemente parte da família, é sinal de que o "humano" está ali reconduzido ao bicho. Só um bicho comeria um animal tão humano como é um papagaio. Comer o papagaio é comer o que não se come ou o que só se come quando há muita fome. O limite entre história e natureza é dissolvido desde o início. Desde o início até o fim, Fabiano se relacionará mais com os bichos, agirá como um bicho que entende um pouco das coisas, mas não tudo. Ele não tem nada, nem palavras. Um homem em estado de bicho que não tem como falar certo porque não foi cultivado de um modo diferente.

Na tragédia da inexpressão que não compõe nenhuma tragédia em sentido literal, mas o apartamento do trágico, o antitrágico em si mesmo trágico, Fabiano, logo após saciar-se na água lamacenta da poça, enuncia afirmando a ambiguidade da qual não se salva: "Fabiano, você é um homem." E logo mais corrige a si mesmo: "Você é um bicho, Fabiano." Fabiano é o sujeito desse "ser ou não ser" em que o enunciado propriamente dito é praticamente impossível. Vítima de um ciclo em que cultura e natureza se confundem, o cotidiano de Fabiano e sua família é feito de um mutismo estranho ao qual estão condenados desde o destino histórico. Esse homem que "tinha muque e substância, mas pensava pouco, desejava pouco e obedecia" envolve-se em briga com um policial. Sabemos que a inexpressividade de Fabiano implica ausência de pensamento, que ele "não pensa, não sabe o que faz, não decide, não sabe mentir, nem se defender". A carência da palavra coloca Fabiano em situações-limite. E a todos. A mulher, Sinhá Vitória, só pensa em possuir uma cama, consciência coisificada que é. O menino mais novo passa toda a narrativa querendo entender a palavra "inferno" que ouviu de Sinhá Terta, mas ninguém o acode em sua curiosidade e angústia. O mundo inteiro é carente de afeto, de entendimento, carente de palavras. Uma lágrima que escorre sem palavras não vem ao caso, no cenário rígido da lei da vida em contato com a morte. O cotidiano é essa prática de um mutismo atravessado pela fome do corpo em que sequer há lugar para a fome do espírito.

Há uma cena que demonstra a força da incomunicabilidade que nasce desse estado de mutismo. A família está diante do fogo. É inverno. Os meninos dormem. Graciliano Ramos desenha o momento do diálogo:

> "Não era propriamente conversa: eram frases soltas, espaçadas, com repetições e incongruências. Às vezes uma interjeição gutural dava energia ao discurso ambíguo. Na verdade nenhum deles prestava atenção às palavras do outro: iam exibindo as imagens que lhes vinham ao espírito, e as imagens sucediam-se, deformavam-se, não havia meio de dominá-las. Como os recursos de expressão eram minguados, tentavam remediar a deficiência falando alto."

Nosso narrador nos faz saber que Fabiano esquece as palavras, que Fabiano e toda a sua família estão privados de sua própria experiência. Estão privados do próprio entendimento. Quando Sinhá Vitória, cujo nome é uma ironia, afirma que as arribações matam o gado, Fabiano custa a entender.

E se espanta ao entender. Não é apenas a expressão que é minguada, mas o próprio entendimento, o pensamento e o desejo. Se a arte de narrar estava para Benjamin, mais ou menos na mesma época, em vias de extinção, é que ninguém mais conseguia contar a experiência comunicável, porque não havia mais nada que pudesse ser contado. No caso de Benjamin, desde a guerra e o jornal, o ato de narrar tornou-se supérfluo. Contudo, a seca é como a guerra. A seca é material e imaterial, constituindo a condição inteira do homem. É a seca no corpo, na paisagem e na linguagem. A seca impeditiva da narração porque impeditiva da experiência.

Na contramão, esperaríamos uma vida diferente. A característica da vida seria justamente a esperança de que falava Bloch. O que significa viver uma vida sem esperança? Seria simplesmente não viver. Então, nos colocamos finalmente a pergunta "o que significa viver?" e descobrimos que a vida está dominada, por todos os lados, por poderes e ideologias. Descobrimos que viver, quando reduzido à sua estética, é algo que cabe mais facilmente no poder. A falta de pensamento não nos permite saber que somos todos manipulados, calculados, programados.

E que dar uma resposta à pergunta "como viver junto?" é o maior desafio de nosso tempo em que o "comum" que essa resposta implica não está sequer na mais remota perspectiva. Isso seria, no entanto, motivo para não propor a sua reconstrução?

4. Ética e cotidiano virtual

As três perguntas anteriormente colocadas ajudam-nos a pensar o que podemos chamar de "cotidiano virtual". Ora, "como chegamos a ser o que somos quando nos colocamos na posição de 'seres virtuais'"?; "o que estamos fazendo uns com os outros no âmbito das redes sociais?"; "como viver junto no ambiente virtual?" são questões que nos permitem refletir sobre a experiência virtual. Que tipo de experiência é essa?

Gostaria de propor que pensássemos em nossa experiência com a internet, com a "rede" (*Web*) de um modo geral, em termos de "cotidiano virtual". Costumamos nos referir à internet como "espaço virtual" na intenção de demarcar um "*locus*". Outros já falaram em "ser digital"[66] referindo-se ao novo modo de vida implicado na existência da internet. Uma vida que passa pelos computadores, pelas telas. Uma vida atravessada pela tecnologia da informação, pela tecnologia dos dados. Uma vida voltada para o digital e não mais para o analógico. Uma vida que tem como base a comunicação, seus processos, fluxos. O riquíssimo tema da "ágora virtual" fez pensar a novidade da internet como espaço de trocas democráticas e não democráticas. Reunindo esses aspectos e pensando nas experiências mais simples e corriqueiras que desenvolvemos com a internet é que podemos pensar em termos de "cotidiano virtual".

O cotidiano virtual é o lugar da experiência com a internet e, sobretudo, com as redes sociais. Tal como é vivida, a internet nos oferta diariamente visões de mundo, compreensões novas, ou pelo menos diferentes, do hábito imediato. Ela acaba por definir-se para nós como um território de práticas antes inimagináveis que vêm modificar questões e conceitos fundamentais em nossas vidas. Estamos na internet e ela está em nós. Categorias como amizade, sinceridade, verdade e falsidade, ilusão, honestidade, mas sobretudo as formas de uso e práticas da linguagem, interessam-nos no ato de pensar o cotidiano na rede, na intenção de avaliar o que pode ser algo como "ética" nesse meio.

Por trás da experiência digital que é nossa experiência com dedos e dados, a experiência com a tecnologia e com a imagem tecnológica oferece um pano de fundo que, aos poucos, pela mágica do virtual, perdemos de vista. O virtual é uma espécie de nova natureza. Assim como dizemos que a cultura é uma segunda natureza, podemos dizer que o virtual é a nossa terceira natureza. Ele não é visto nem experimentado como tecnológico, mas como parte de nossos corpos, enquanto, ao mesmo tempo, os nossos corpos mudam seriamente seu "modo de ser" na direção de uma espécie de servidão ao desejo também próprio do virtual, aquele desejo de audiência, o desejo de fazer parte. Desejo que é programado, que é também ele "performatizado". No qual somos inscritos como éramos no tempo da igreja, quando a experiência pessoal era reconduzida à coletiva na forma de uma homogeneidade que ainda está em cena. Se tomarmos o virtual como problema, ele será ético, estético, político e ontológico. No fundo, o grande problema ético do campo virtual não é apenas o das formas de relação que sejam capazes de reconhecimento e justiça na relação que uns estabelecem com os outros, mas está em jogo o problema de nossos corpos, de nosso modo de existir onde existimos quando a internet e a virtualização da vida que ela estabelece confirmam de modo impressionante a espetacularização da vida. A espetacularização que se apresenta a todos nós como uma grande tela forjada a partir da separação entre mundos que finalmente são reunidos na forma de uma grande ilusão. Eis o que é o virtual, a junção entre realidade e não realidade.

Se ética é questão relativa ao corpo, à ação que pode esse corpo, ao modo de viver enquanto corpo pensante, o que poderia significar uma ética do "digital"? Certamente, podemos falar de uma estética digital,[67] mas não de uma ética ou de uma política digitais, pois que essas dependem de um corpo que, diferentemente do corpo estético, não apenas se apresenta, mas faz. Neste ponto, podemos levar em conta que aquilo que chamamos de "digital" é o limite da ética e da política, enquanto, ao mesmo tempo, pode ser um meio especial de sua construção. Mas por quê?

A questão do "como" resolver problemas éticos que surjam no mundo da internet depende do reconhecimento do "que" estamos falando e fazendo e, sobretudo, dos processos éticos como processos de recorrente questionamento sobre os modos de subjetivação (como nos tornamos o que somos?), dos modos de relação e ação (o que estamos fazendo uns com os outros?) e dos modos de estar e ser, de existir (como viver junto?), próprios da internet. Neste sentido, o ambiente virtual pode muito bem servir de laboratório de pensamento, de espaço de aprendizagem da experiência ética. Precisamos pensar na ética que nos permitirá estabelecer com a internet uma relação de lucidez, aquela que salve nossos corpos vivos experimentando o mundo. Que nos emancipe da posição do "aparelho" que nos domina, disciplina e controla.

O olhar do cronista nos ajuda a pensar. A olhar a internet como cotidiano e a perceber que, como toda linguagem inconsciente, como processo de construção do mito resultante da crença de que ali estão uma natureza e uma verdade, a internet também precisa ser desmistificada para poder ser vivida sem sofrimento, ajudando-nos como instrumento a construir uma vida mais justa.

Interação

Para pensar a ética do cotidiano virtual, poderíamos começar por pensar a questão da inteligência artificial como categoria ética. Se lembrarmos que na primeira parte deste livro falamos em inteligência e burrice, poderíamos levantar o tópico da "burrice digital". Poderíamos ligá-lo ao tópico da banalidade da ação e da banalidade do mal na internet. O que chamamos de inteligência artificial não resolveria os problemas éticos e políticos referidos à "ausência de pensamento" que está na internet porque ela não é uma "filosofia" — refere-se apenas a um mecanismo inteligente, porém irreflexivo. Ora, podemos sempre nos perguntar: um robô seria ético? Programado para isso, o robô poderia ser obediente até mesmo a um código moral, mas sua ação seria repetitiva e não fruto da liberdade que somente o ser humano conhece justamente por viver dentro dos limites da condição humana. Uma quantidade de filmes e livros trata desse tipo de questão. De *Blade Runner* a *Alien, o oitavo passageiro*, passando por muitos outros, o amálgama entre "caráter humano" e potencialidade de máquina está sempre em jogo como enigma a ser enfrentado.

Por mais que a Inteligência Artificial seja uma área fundamental em nossa época e que resolva muitos problemas para seres humanos, não podemos evidentemente dizer que a Inteligência Artificial seja um "pensamento artificial" ou "digital" que possa resolver problemas éticos enquanto esses problemas são de fundo subjetivo e, hoje, relativos justamente à perda da subjetividade. Por isso o que chamo de "ético" refere-se ao cotidiano enquanto espaço da vida da experiência em seu estado espontâneo. Mesmo os programas criativos, que inventam obras de arte, romances e até poesia, não são pensamento no sentido vivo dessa palavra, mas apenas brinquedos com os quais podemos interagir. A inteligência artificial nunca poderia resolver nossos problemas éticos, no entanto ela nos coloca diante de vários problemas éticos relativos ao que somos, ao que fazemos, ao que vivemos. Não há nada mais importante no caso da internet do que entender o que significa sua condição de meio para os fins da vida humana que é a própria forma de vida humana baseada em relações de uns seres com outros seres humanos e não humanos.

A característica essencial dos meios é, portanto, a sua capacidade de promoverem relação. À relação com a internet e na internet chamamos de "interação". Atualmente a interação encontra-se mistificada, como se ela não fosse construída também pelas pessoas, como se ela não tivesse um lado obscuro, aquele que coloca os usuários na posição de vítimas de um aparelho,[68] de um dispositivo.[69] Com esse termo, acontece o mesmo que com a ética, que não pode ser dada, que precisa ser igualmente construída. Mas ética é justamente aquilo que nos liberta, enquanto o "aparelho" nos aprisiona. Por isso, quando falamos de ética e internet, inevitavelmente falaremos de uma ética enquanto crítica, não enquanto crítica ressentida, mas enquanto crítica consequente, que analisa e desconstrói, emancipando seu próprio objeto e, desse modo, também o usuário.

O que chamamos de "interação" é o cerne do conceito da experiência ética que devemos definir, ao mesmo tempo, enquanto estética. O estatuto ético-estético próprio da internet, enquanto espaço interativo, exige nosso questionamento. Isso pode ser dito levando em conta que em nossos tempos, estes que podemos chamar de espetaculares, excitados e teofisiológicos,[70] já não é possível isolar a ética da estética, como se de um lado a racionalidade sobrevivesse sem a sensibilidade, ou como se o espírito capaz de pensar e agir sobrevivesse sem a experiência corporal. O político se faz nesse contexto da inteira experiência em que, enquanto indivíduos, estamos todos relacionados ao todo, uns aos outros e, ao mesmo tempo, por sermos, de certo modo, mas apenas de certo modo, "mônadas", a relação é sempre mais um desejo e uma potência do que uma realidade imediatamente disponível.

Vida virtual, vida espectral

Esta é a verdade talvez cruel que implica nossa condição humana na era do espetáculo. Somos relacionados enquanto somos, ao mesmo tempo, irrelacionados. É isso que aprendemos observando e experimentando a "interação". A internet não criou esse modo de ser de subserviência aos objetos, às telas, a "vida virtual", mas certamente abriu-se como espaço para esse modo de ser que, antes, se realizava de outros modos. Na esfera espectral que já conhecíamos desde a invenção das imagens técnicas, sobretudo desde a televisão,[71] vivemos como sombras enquanto somos concretos, e como concretos enquanto somos sombras. A verdade da interação é que nossa dimensão concreta dá espaço, dá até mesmo primazia à dimensão espectral, que parece ser maior e mais importante do que a primeira.

Na internet podemos deixar de ser uns e outros para sermos de outro modo uns e outros. Espectros são imagens no lugar de pessoas. Espectros seriam pessoas intangíveis. Espectros são pessoas não presentes. A vida espectral da internet é a nossa vida enquanto ali simplesmente parecemos pessoas. Por isso podemos a todo momento criar avatares que não são personagens, muito antes máscaras.

A internet enquanto simulação da vida teórico-prática implica as mesmas questões daquela vida em relação à qual ela se liga enquanto oportuniza desligar a vida dela mesma. A internet não é apenas uma ferramenta, ela é um mundo que atravessa nosso mundo, um mundo que é atravessado pelo mundo que a cerca e que, ao mesmo tempo, ela duplica constituindo um espaço onde tudo se concentra. Modalidade daquilo que Guy Debord chamou de "Espetáculo",[72] a internet é um mundo que corta o mundo da vida, transformando-o em uma coisa inteiramente outra, real e não real, enquanto ao mesmo tempo dela estamos incluídos e excluídos. Quanto mais cresce a realidade virtual, mais decresce a realidade real. Quanto mais integrados na internet, mais livres do mundo real parecemos estar. A relação entre os mundos não é mais de correspondência no sentido de que podemos estar e deixar de estar, mas de dependência e subserviência, pois somos obrigados a ela.

O que neste contexto se quer dizer com espetáculo diz respeito à parte aparente, à experimentação sensível, corporal e sensorial, da racionalidade técnica que organiza nossas vidas ao modo de uma programação e de condicionamentos corporais e mentais. Quando ligamos a televisão ou o carro, quando dormimos sem desligar o computador e o telefone celular, estamos vivendo a experiência da banalidade tecnológica mascarada em banalidades do cotidiano. Pode ser apenas isso. Mas nossa conversa pode ir longe se o que colocamos em jogo é uma avaliação de nosso modo de pensar e agir e, assim, de viver diante das novidades de um mundo em que o tecnológico produz espectros, em que somos objetos de um modo de produção de coisas, com as quais confundimos nossa própria vida.

Neste sentido, tomando a ética como "compreensão-prática" ou como prática de compreensão com vistas a ações e relações no contexto da condição humana, temos como primeiro desafio a compreensão da categoria de "reconhecimento" implicada na categoria de "interação" típica da internet. Se reconhecimento pode ser considerado o termo para designar a base de toda ação ética, podemos dizer que "interagir" possa ser sua tradução em termos éticos no campo da internet? O problema é que a internet, enquanto espaço, enquanto campo, não sustenta as categorias de "mesmo" e "outro". No campo da internet nossas identidades mínimas se fundem, confundem, difundem no "meio". Com isso não quero, de modo algum, afirmar uma apologia da identidade, mas antes afirmar que a diferença também não é contemplada. A lógica do espectro aproveita o desaparecimento do sujeito para pisar sobre o que dele sobrou. Nossos corpos desaparecem. Nossos rostos também. Nossa linguagem cede a formas pré-programadas. Verdade que sempre vivemos pré-programados, mas na internet esta pré-programação atinge sua especialização máxima.

Reconhecimento não é mais categoria capaz de dar conta do universo ético nesse campo. A ética na internet não envolve pessoas concretas, seus corpos vivos ocultos sob a tela, mas apenas representações e simulações na base de discursos. É neste sentido que podemos falar de uma estranha ética dos espectros enquanto os espectros, de muito longe, sendo linguagem pura, têm uma remota relação com seus corpos. Uma relação na base da lembrança.

Infelizmente, por uma questão lógica, a interação — gesto em que duas pessoas se relacionam por meio de um computador — antecede o reconhecimento e o substitui. O reconhecimento não é uma categoria dada; ele precisa, como base da ética, ser sempre construído e reconstruído, posto e reproposto. Não há teorização sobre o reconhecimento que não implique necessariamente propô-lo como uma potência. A interação não é parte inevitável do que chamamos de reconhecimento, antes ela pode muito bem provocar o seu contrário, o desprezo que vemos sempre tão bem representado como prática e potencialidade infinita de um meio que funciona por eleição e ostentação.

Cotidiano como rede

A internet afinal é rede. "Rede" tornou-se uma categoria fundamental na análise das sociedades e da vida como um todo. A rede enquanto é internet é um campo ético-estético que se instaura entre nós como espaço epistemológico e gnosiológico. É nela que, hoje em dia, se dá grande parte da experiência de muita gente.

Para muitos só existe cotidiano virtual. Já não somos capazes de viver nem de pensar na existência de um mundo sem internet. Isso quer dizer que, na vida cotidiana, vivemos de tal modo "ligados", "plugados", que vivemos "em rede" Isso quer dizer também que, embora rede seja um termo muito amplo para designar o universo das relações infinitas, qualquer sociedade (humana e animal) é uma rede, qualquer sistema é rede, a rede é, ao mesmo tempo, sempre uma armação na qual se é pego. Quem está na rede é o peixe, o animal preso numa armadilha da qual não pode escapar senão por esgueirar-se dos cabos, fios, nexos que a perfazem. A rede tem que garantir que o corpo será capturado. O corpo, nesse ponto, é o desafio e o limite da rede, é o corpo que pode escapar da rede, cortando-a em algum lugar.

A rede é uma teia. Um dispositivo de manipulação e imobilização. Em comum com o cotidiano ela possui o fato de cercar um indivíduo. De cercar um grupo que, num processo de dominação, torna-se idêntico. Identidade e não identidade continuam sendo categorias viáveis de análise desde que o conceito de rede tem parentesco direto com o sentido de sistema. A rede como sistema captura o particular e o enquadra no seu ventre. Quando Theodor Adorno[73] disse que o sistema hegeliano da pura identidade era o ventre feito espírito, não sabia que a internet se transformaria nessa verdade literal.

Rede, neste sentido, é uma estrutura como a da linguagem na qual nos movemos enquanto, ao mesmo tempo, estamos imóveis. Rede é onde estamos. O aparelho de Vilém Flusser é a rede: nem máquina, nem instrumento, algo com o que nos tornamos "jogadores", "funcionários" vivendo no con-junto. É, sem dúvida, como aquele "dispositivo" de que falava Foucault e que significa sempre algo pronto a devorar-me mansamente, primeiro amolecendo o meu corpo, docilizando-o diante do "aparelho" que, antes de me oprimir, me seduz. Assim, para todos nós, parece melhor aprender a viver na rede, pois fora dela o mundo desaparece, perdemos o "mundo", todo ele é transformado em rede virtual. Daí que a observação de Flusser, de que tantas pessoas transfiram o interesse que podiam ter com o mundo dito real para o mundo virtual, faça tanto sentido. Digo isso pensando que o mundo virtual ajuda pragmaticamente o mundo real, mas também o atrapalha. A medida dessa relação é impossível de ser estabelecida, pois jamais saberemos em que ponto a rede pode romper-se, se no tempo de décadas ou séculos, dias ou milênios. As redes são, neste aspecto, materiais-imateriais, ou seja, concretas e, ao mesmo tempo, como aquilo que sendo sólido se desmancha no ar...

Como tal, a internet configura um ambiente que, análogo à vida, é também um campo de múltiplas experiências ligadas pela linguagem humana. Não existe linguagem sem uso e, por enquanto, algumas formas têm sido as mais comuns naquilo que chamamos de cotidiano virtual. No cotidiano virtual temos a experiência da mosca capturada pela rede. Falo da rede de um modo geral, mas das redes sociais, principalmente. A principal dessas experiências põe em jogo o problema fundamentalmente ético-estético da "subjetivação" enquanto ele está intimamente entrelaçado com a interação que temos com o "meio" e "uns com os outros" através do meio. Seremos livres se somos desde sempre programados no âmbito do "meio"? É percorrendo estes tópicos e as questões que os envolvem que podemos propor que pensemos o lugar da ética enquanto reflexão sobre a ação na era do vazio da subjetividade que é a era da internet, levando em conta que esta era é a mesma dos programas que nos programam a viver assim ou assado a seu bel-prazer, num acordo em que não somos livres quando, contudo, parecemos ser.

Ora, o que são programas e por que eles nos trariam problemas éticos? Programa é, exatamente, o modo de ser da internet, e este modo de ser "programado" implica a nossa liberdade. Podemos dizer que o núcleo do problema ético, do qual derivam vários outros problemas, é este: quando falamos na reflexão sobre a ação, estamos justamente no ambiente do imponderável, do "improgramável", que é o ambiente da liberdade humana. Assim, o mundo da vida do qual a internet é parte. O tema da liberdade humana não anda muito em moda; digamos que suas ações estão em baixa. Então, vejamos o que isso quer dizer para, a partir daí, estabelecermos o sentido da improgramabilidade diante do contexto da internet, considerando que o que chamo aqui de "liberdade" define o sentido da interação humana na medida em que escapa da programação à qual de um modo ou de outro estamos todos condenados.

O que vem sendo entendido por "interação", portanto, faz parte da mitologia do cotidiano da internet. O termo soa como uma espécie de liberdade possível, a liberdade efetiva, o estado do que poderíamos chamar de liberdade em outras circunstâncias, o modo como ela pode ser apreendida em nosso tempo. Rastro ou resquício que se oferta como uma totalidade imediata. A liberdade, contudo, é uma ideia complicada — como qualquer ideia —, e os modos de sua efetivação concreta jamais alcançaram a sua forma de ideia enquanto algo superespecializado. Mas mesmo não sendo um fato, e justamente por não ser um fato, a liberdade é um valor que nos orienta, sobretudo quando assume a forma concreta da emancipação. Ainda podemos desejar que os seres humanos sejam livres mesmo que isso seja utópico e, como tal, cause desconfianças nos que esperam da vida a mais crua materialidade sem vestígios de outras possibilidades. O problema é também de gradação. É evidente que o *quantum* de liberdade que há na vida concreta é um problema: este *quantum* implica mais ou menos autoritarismo em contextos específicos, como em regimes de governo ou em instituições, mas o problema da liberdade enquanto emancipação não é o ponto onde ela se realiza como simples escolha. Ela se refere ao corpo que transcende a docilização que se espera dele. Para que uma escolha seja possível, muita coisa tem que ter acontecido. E esse desenrolar dos "acontecimentos" na história da vida se confunde com a própria liberdade. A liberdade diz respeito, portanto, muito mais a uma experiência com o "outro" e com o "meio", no caso do que nos interessa pensar aqui: a internet como um meio que podemos usar a favor de nossa emancipação e não à qual devemos servir como escravos ou dependentes estético-maníacos.

Pessoas e coisas

Em nossas relações eminentemente voltadas para a economia, o mercado é o lugar do cotidiano. Nele, a mercadoria substitui a ética como foco de experiência. O mundo e a vida estão, nesse registro, coisificados. Neste contexto, a diferença entre pessoas e coisas é ainda mais importante. Enquanto as coisas de um modo geral têm preço, seres humanos são aqueles seres que não têm preço, justamente porque no lugar do preço encontra-se sua dignidade (penso também nos animais e sua dignidade como seres vivos e cognitvos). A dignidade de ser humano é uma característica individual e universal a um só tempo, partilhada por todos em uma sociedade democrática, aquela em que valores relativos à emancipação fazem sentido. É claro que este não é um valor para todos, mas pensemos que deva ser para que continuemos fazendo a experiência ética de pensamento sempre envolvida com o questionamento do que é em nome de um possível dever-ser.

Podemos dizer que a relação ética entre seres humanos é uma relação em que entram em jogo diferenças. Mas, ao mesmo tempo, a igualdade, que é sempre uma só, se estabelece pelo reconhecimento da dignidade. O modo de ser dessa relação é mais ou menos experimentado pelo sentimento do respeito. O estatuto da relação humana implica justamente a dignidade que está em jogo na própria relação. Assim, para com as coisas, os seres humanos teriam um tipo de respeito que Kant, por exemplo, chamou de inclinação. O conceito de respeito de Kant tem limites históricos, pois não se estende a animais, aos quais ele sugere a inclinação. Mas isso pode ser corrigido hoje em dia. Em relação à natureza (um tópico ontológico), somos tão miseráveis que desprezá-la é simplesmente uma projeção de quem não encontra mais um lugar nela.

Falo da inclinação como uma espécie de respeito devido às coisas, porque, em nosso tempo marcado por tecnologias, tornou-se muito importante refletir sobre nossas relações com as coisas, ou seja, com o mundo dos objetos concretos, mas também com tudo aquilo que fazemos, com o que produzimos e usamos, aquilo com que entramos em contato, aquilo que amamos e aquilo que rejeitamos. A natureza no seu sentido de primeira natureza é uma delas; a outra, que é nosso tema no contexto cultural que buscamos analisar também como segunda natureza, é a cultura; a internet, que hoje ocupa um lugar eminente na cultura, seria nossa terceira natureza, uma natureza novamente devolvida à magia, mas uma magia que nos serve uma transcendência falsificada — talvez, contudo, em nossa mentalidade secularizada, a única que faz sentido.

Foi Vilém Flusser que falou de nossa relação com as coisas em um livro chamado *O mundo codificado*.[74] Como em quase todos os seus livros, nesse ele levantou a questão da diferença entre nossa vida antes e depois das tecnologias. Classificou, assim, a vida de quem se relacionava com coisas como arados, bois e vacas (mesmo que esses dois últimos não sejam coisas, eram entendidos como coisas) e a vida de quem se relacionava com informações, ou seja, "não coisas". Podemos acrescentar as mulheres e os escravos, os quais, ao longo das épocas, valeram como coisas ou menos do que coisas. Os operários e todos os tipos de trabalhadores também devem ser considerados quando falamos disso. Hoje é o usuário da internet (e antes como audiência de cinema e de televisão) que, como número, torna-se também coisa. E, como número, coisa abstrata.

Dessas formas de vida resultam o que chamamos de processos de subjetivação. Aquilo que toda a tradição filosófica desde Marx entendeu como um mundo feito pelas mãos dá lugar ao que Flusser chamou de homem sem mãos. Aquele a quem podemos chamar hoje de "*homo digitalis*" precisa apenas da ponta dos dedos para viver; é como se não precisasse mais do lado concreto da vida, reduzido ao mínimo de existência necessária para estar e ser. Estar e ser, nesse contexto, não concerne mais às "coisas" materiais em geral, mas apenas aos *bits*, aos dados que são transmitidos numa aparente mágica que é a cortina de fumaça de séculos de teorias orientadas por tecnologias. Um "adeus ao corpo"[75] está, sem dúvida, em cena, em nome de uma estranha forma de vida do espírito na base da Inteligência Artificial. É como se tivéssemos nos tornado livres do mundo e agora pudéssemos viver em um mundo paralelo. As relações que organizam qualquer mundo organizam também este mundo. Mas com a diferença de que, no mundo material, vivemos as relações em função das coisas e, no imaterial, as coisas em função das relações. Esta é uma contradição que não pode ser perdida de vista se queremos entender o sentido da vida dos "meios" que usamos para viver psíquica, emocional, ética e politicamente.

Cotidiano enquanto medialidade

Na chamada era digital, os meios valem mais do que as coisas. Perdemos, muitas vezes, a noção da "medialidade" que constitui o nosso mundo de seres de linguagem.

É nesse contexto que podemos nos perguntar "o que é a internet?". Ora, a internet é uma coisa e, ao mesmo tempo, uma "não coisa". Enquanto "não coisa" a internet é também um "meio". E sua questão é a "medialidade".

É nesse contexto também que podemos colocar a questão sobre "o que as pessoas têm feito com a internet", mas, muito mais, devemos colocar a questão sobre "o que a internet tem feito com as pessoas". Isso quer dizer, em termos muito simples, por exemplo, que, enquanto cremos que somos nós que manipulamos o computador, na verdade é ele que nos manipula e controla como dispositivo performático que é. No entanto, há uma questão ainda mais interessante; ela diz respeito a "o que estamos fazendo uns com os outros por meio da internet".

A internet é, nesse sentido, um meio que faz pensar sobre nós mesmos como seres relacionados em outras modalidades de meios. Como todo "meio", a internet ajuda a construir o que somos enquanto fins. Podemos dizer que a "medialidade" é hoje a esfera ético-estética da nossa experiência, mas aquilo que, sobretudo, define o que realizamos hoje enquanto "política". Se a ético-política dos autores antigos, como, por exemplo, Aristóteles, definia o contexto das relações humanas com base na interação pela razão, pela linguagem expressa na voz, o que significa a ético-política nos tempos da internet, em que o modo da relação é o que chamamos "virtual"? Nele corpos e vozes só entram em cena como representações, simulações, na forma de imagens, avatares, sinais que jamais dão a dimensão concreta do ser humano que está por trás dessas representações.

Alguém poderá objetar que essa é uma falsa questão na medida em que, mesmo em tempos e espaços dos encontros ao vivo e em cores, temos daquele com quem encontramos apenas uma impressão baseada no modo como cada um representa a si mesmo (conscientemente ou não) para o outro. E essa objeção tem muito sentido se consideramos que parte da vida se confunde com algo como o teatro. Por outro lado, há uma diferença radical de estatuto entre o que chamamos de real e o espetáculo, por mais que eles possam se confundir. Quando me refiro à experiência virtual, quero dizer que somos atravessados por uma nova experiência ético-estética sem precedentes na História. O que tantos chamam de interação é, em sua base, o conceito que está no cerne dessa ético-política, mas que seria muito mais bem traduzido como "performatividade", ou seja, o que causamos uns aos outros, o que provocamos uns nos outros. Isso implica perguntar: que efeitos geramos em nossas relações na base da "medialidade"? O mundo da medialidade é justamente onde estamos enquanto somos seres de linguagem, é nosso "modo" de ser. É nesse mundo, em que o estético se confunde com o ontológico, que se organiza a nossa liberdade como movimento de ação que é, ao mesmo tempo, não apenas inter-ação, mas também interferência, desprezo, prejuízo. Toda análise sobre as condições de desenvolvimento de relações éticas tem que partir desse pressuposto, de que estamos na medialidade, não a organizamos simplesmente segundo nosso desejo (se tivermos algo como um desejo livre), mas somos levados por ela, pois que ela é o meio onde a linguagem se torna possível e é, ao mesmo tempo, forjada pela potência da linguagem.

A esfera da internet, a esfera da medialidade, é o lugar do "entre nós", em que uma fantasia de nós mesmos entra em cena, assim como a fantasia do outro. Em que nós mesmos jogamos com a fantasia do outro enquanto nos relacionamos com a sua múltipla dimensão existencial: uma que nos põe medo, a alteridade radical do desconhecido; outra que resulta de nossas projeções, a alteridade que é efeito do que queremos excluir de nós mesmos e que, autoritariamente, se coloca como uma espécie de má fantasia do outro. A questão que se apresenta é: sem subjetividade, podemos pensar o outro? Essa pergunta não oculta uma outra ainda mais elementar: podemos pensar sem subjetividade? Em um mundo voltado para a aparência e o espetáculo, considerando que a própria internet faz parte de uma sociedade do espetáculo, a dimensão subjetiva não é um valor. Que a subjetividade não seja um valor quer dizer que ela não faz parte do espectro dos interesses sociais compartilhados. Mas dizer que ela não interessa não é afirmar sua inexistência, antes significa que está dado o seu abandono.

Entre o império e a religião dos meios

Uma das características fundamentais de nossa época é, portanto, o triunfo do que podemos chamar de medialidade sobre o todo da experiência vivida. Dos circuitos especializados ao senso comum, o que chamam de "mídia" nada mais é do que a instituição que administra a medialidade, instituindo o que podemos chamar de império dos meios. Esse império, contudo, não é somente político e econômico, mas também religioso. Nesse caso, não é de espantar que donos de Igrejas sejam donos de redes de televisão. Mais assustador, no entanto, é que qualquer imagem bem-colocada, com a retórica e o teatro convenientes, tenha o poder de ser o ídolo como "o caminho, a verdade e a vida" para tantas pessoas. Há uma afinidade radical entre esses meios: da Igreja à publicidade, as vítimas da medialidade inconsciente são crentes mesmo quando parecem pagãs.

Medialidade, como temos visto, é, em um sentido muito básico, a categoria que serve para explicar nosso convívio com os meios que são o lugar da linguagem. Imagem, palavra, ou tudo o que, estando entre nós, permite nossas relações uns com os outros e com o mundo no qual vivemos. E medialidade é definitivamente a estrutura do espaço do cotidiano virtual, pois ela prepondera sobre qualquer outra característica. Ela inclui a comunicação e seus meios, considerando que não há comunicação sem meio de comunicação, seja ele a palavra falada, que se articula por meio da voz, ou a palavra escrita, por meio do texto, que são "meios" quase naturais, mais do que apenas "formas" de comunicação. Estando entre nós, meio é, ao mesmo tempo, forma e conteúdo. É tanto *o que* se diz, *quando* se diz e *como* se diz; tanto *o que* se faz com a internet quanto *como* a usamos. Assim, vejamos um exemplo: a expressão de amor precisa ser dita de uma forma amorosa para que não surja a contradição entre a forma e o conteúdo. Não posso dizer "eu te amo" fazendo violência à pessoa que digo amar. Ora, a pergunta que devemos nos fazer hoje diz respeito ao estatuto dos meios que organizam nossas vidas. Precisamos compreender os meios: desde o livro que lemos à televisão a que assistimos. Mas não apenas do ponto de vista do conteúdo. É importante que haja uma compreensão sobre a forma desse meio e o tipo de experiência que vivemos ao ler ou ver televisão. O que essa experiência faz comigo? O que eu faço com o mundo por meio de minha experiência? Assim, qual a diferença entre ler um livro e ver televisão? Ou entre conversar com alguém frente a frente ou por meio de um computador?

Ora, talvez tudo isso, toda essa maravilha, considerando a parte de delírio que ela possui, tenha começado com o telefone, que em sua forma de "aparelho celular" atinge o núcleo de nossas relações hoje.

Celular e reza — a religião digital na era da transcendência banalizada

Nossa época é caracterizada por crenças religiosas irrefletidas e inconscientes. O lugar da religião ou da religiosidade na vida cotidiana fica entre o autoritário fundamentalismo, como negação de outras religiões e da vida laica, e seu curioso complemento, uma religiosidade tão banal quanto profana relacionada a diários rituais compulsivos e repetitivos que sugerem liturgias.

Assim como o crente faz libações, oferendas e cultos, e, por meio deles, estabelece contato com a transcendência, os devotos do capital aderem gestualmente a práticas rituais mesmo que se considerem ateus em tudo. O desejo de transcendência, base de toda religiosidade, é administrado por quem promete melhor. O bom publicitário é o melhor pastor. Transcendência barata ao alcance de todos é a ladainha como subtexto do consumismo ritual na religião capitalista. Só que, no consumismo, o absoluto prometido em qualquer religião é elevado da esfera profana a uma ordem teológica ainda fundamentalista.

No cenário em que o profano se tornou sagrado, quem não usa celular posiciona-se como ateu. Na ausência de um aparelho de último tipo, a ovelha desgarrada pode ser vista como o próprio "pobre de espírito".

No contexto de danação e desespero coletivos, em que a sensação de desamparo e abandono é a forma da psique geral, as corporações telefônicas funcionam como Igrejas prometendo "acesso" absoluto, enquanto o acesso é, ele mesmo, elevado a absoluto e, portanto, deificado. As empresas de telefonia lutam por clientes como as Igrejas por crentes. O que ambas têm em comum é a promessa teológica da transcendência: estar em todo lugar por meio de uma conexão absoluta que será vendida a preço de um dízimo, o *chip* pré ou pós-pago.

A "ligação" total, a conexão infinita, a promessa de que, com nossos celulares, não estaremos sós, mas ligados no "acesso" total, feitos "Deus", dá a sensação de que fomos salvos do abandono mortífero que experimentamos nestes tempos melancólicos. Longe de um sentido para a vida, os desesperados vão em busca de ofertas baratas de "ligação", a redenção de toda dor. Que as bugigangas telefônicas promovam tão facilmente a aniquilação da subjetividade, aquilo que antigamente chamávamos de "alma", é o que importa se quisermos ver o lado negativo e diabólico dessa nova forma de religião.

O celular é tão religioso que em seu ser está a ligação (*re-ligare* é a velha palavra latina que ajuda o bom leitor) e, ao mesmo tempo, a sacralização que significa também separação: quem carrega um celular é totalmente encontrável, mas também intocável — o que vemos no gesto de concentração no aparelho por parte do usuário, sobretudo quando ele está com outras pessoas em situações concretas e prefere permanecer "ligado" no celular, desligado, contudo, dos presentes. O celular promete a autossuficiência mágica de um indivíduo absoluto, sacralizado por seu celular, ou seja, em estado de "deus" intocável e, ao mesmo tempo, totalmente conectado.

A nova religião implica outro gesto aparentemente novo que mostra o nexo entre arcaico e moderno. Dedos nas teclas são como dedos nas contas: a reza religiosa já previa a reza digital. Celulares lembram terços de contas usados pelas beatas nas intermináveis novenas de antigamente. A compulsão entre uma Ave-Maria e um SMS, entre um Pai-Nosso e um chat, dá-nos a noção de ritual digital. A ligação é a "re-ligação". Que os celulares apareçam substituindo as velas como na celebração da escolha do novo Papa é uma imagem que explica tudo isso.

Jovens e adultos, todos com seus celulares, digitando em telas como quem pratica alguma forma de mágica, são os novos adeptos da religião digital. Steve Jobs foi um de seus principais santos, aquele que ensinou sua catequese a uma geração de devotos. A aliança entre o tecnológico e a estética do "imaterial", característica dos *gadgets* da Igreja Apple, faz de Jobs o "deus do *design*" em um mundo que prefere o milagre da aparência a qualquer outro.

De volta ao problema da internet como meio

Vivemos em nosso tempo um elogio radical à internet. Afora suas vantagens como meio, ela aparece hoje como a Igreja na qual quem não entra é tratado como ateu, ou seja, como pária ou herege, alguém que não entendeu "a verdade". Por que a ideia de sociedade como lugar ao qual a internet pertence tem perdido espaço na experiência concreta dos crentes para a ideia de que a sociedade pertence à internet?

Essa é uma inversão tipicamente religiosa. Tendo transformado a vida das pessoas a ponto de determiná-las, ela surge não apenas como uma revolução, mas como a nova religião com o autoritarismo que lhe é próprio: quem não acredita no mesmo que eu acredito é herege e, como tal, é o inimigo a ser convertido ou eliminado. A internet aparece como transcendência total, um mundo melhor, ou, pelo menos, mais verdadeiro, do que o nosso mundo externo a ela. Ela é a própria vida após a morte no sentido de uma inversão, pois é na internet que nos tornamos espectros em cuja vida acreditamos hoje muito mais do que em nossa vida concreta, corporal, atual e real.

Como meio, a internet é boa para todo mundo. Permite pagar uma conta sem sair de casa, acelera a comunicação, transmite dados. Como fim, no entanto, ela não seria a deturpação da experiência vivida, caminho direto para o céu da comunicação sem fim e sem fronteira? Verdade é que ela libera os crentes de certas dores desse mundo, ou seja, deles mesmos e sua consciência. Permite realizar desejos no campo virtual que nunca seriam realizados no campo do real. Mas sabemos que essa "realização" no virtual é apenas a nova forma de enganação à qual se cede por conforto e medo.

Usuários despreparados são consumidos pela internet no esquecimento do seu caráter de medialidade. Trata-se do mesmo problema que temos com os outros meios de comunicação: esquecemos que são meios e começamos a experimentá-los como se fossem fins em si mesmos, mais importantes do que a própria vida concreta que é por meio deles recalcada. Nos comunicamos uns com os outros, vivemos dos meios. A comunicação resta intocada, bastando-se. Nós, os polos da comunicação, já não temos valor nenhum no tempo em que os fins foram substituídos pelos meios. Temos, então, um profundo amor pelo virtual. Esse amor corresponde à insatisfação com a vida real, sempre compensada no campo da internet.

Neobovarismo

"Bovarismo" é a expressão criada por Jules de Gaultier para explicar a insatisfação com a própria vida característica de Madame Bovary, heroína do romance de Flaubert que aprendeu nos livros a iludir-se sobre a possibilidade de ser outra. O fim de Emma Bovary foi o suicídio em explícita fuga do real, no ponto em que "o real" passou a ser problema. Bovarismo é, desde então, a postura daquele que, se negando a viver a própria vida, sonha com outra. O bovarista viveria como se fosse o protagonista de um romance ou, para falar mais adequadamente de nosso tempo, como um ator de filme ou, democraticamente, como um sujeito popular nas redes sociais, cheio de amigos e seguidores.

Antes da morte, para Emma, havia o livro, a única mídia sobre a qual Flaubert podia instaurar sua história em que a questão da função da ficção na vida estava em jogo. Desde as ilusões de Emma podemos tentar compreender nossa cultura, em que o livro já não conta tanto, dando espaço ao cinema e à televisão. Perguntar qual teria sido o destino da moça sonhadora em nossos tempos hiperpublicitários, em que toda insatisfação é resolvida com o tapa-furo existencial da mercadoria, não é absurdo. O que ela faria nestes tempos do prestígio da internet como domínio fantasmático é outra pergunta que nos serve para pensar no bovarismo nosso de cada dia.

Para além da literatura, do lado de cá da ficção a que chamamos ainda, por convenção, de "real", podemos dizer que todos os que estamos integrados a essa cultura hipertecnológica são avatares de Emma Bovary.

O termo "avatar" provém do hinduísmo e significa uma encarnação de um deus em forma humana ou animal. Em sânscrito é a descida do céu à terra. Não é tão curioso quanto lógico que o termo tenha feito carreira no universo do entretenimento tecnológico. Chama-se *Avatar* a um desenho animado de televisão e um jogo de videogame. À representação gráfica de um usuário no contexto da realidade virtual. O avatar é uma espécie de selo. Alguém que queira usar jogos ou brincadeiras ou simplesmente se expressar por meio de um ícone na internet deve necessariamente criar seu "avatar". Alguns sites falam do avatar como "*alter ego* virtual", outros apenas incentivam o usuário a trocar a própria foto em contextos como chats, MSN, Facebook, Orkut, Twitter nos quais alguém precise se apresentar. Avatar é algo que apresenta e, no seu caráter de máscara, fala, de certo modo, por quem se apresenta. Vale como brincadeira quando a identidade virou uma brincadeira com o ônus de que em uma vida de brincadeira todos estamos livres de responsabilidades. O paradoxo do avatar é o seu próprio prazer, que por meio dele alguém se apresente sem se apresentar. Como máscara virtual, o avatar permite entrar no virtual sem ser visto no real que carrega por trás de sua máscara. A afirmação do real não vem ao caso no jogo da internet. A propósito, *in-lusio* significa entrar em jogo. O avatar entre nós promete essa mágica. E quem não gostaria de dominá-la?

Dissimulação

Crianças são incentivadas a criar seu avatares — corpos, cabelos, cor da pele, cor dos olhos, roupas, moradias, profissões, gostos, objetos de uso pessoal... —, fazendo deles o outro que algo como um "si mesmo" almeja ser: o idealizado, o "pertencente a uma tribo" ou o mero sinal, o design, o ícone que todos podem acessar. O bonequinho — como um botão que substitui o ego — que permite "interagir" é o sonho da identidade. Está em jogo também o destino do que um dia se chamou de "representação".

A internet não é mais o lugar de "representações", uma categoria que servia para explicar tanto a política quanto a estética. Ela é o lugar de "simulações". Uma nova ético-política aparece no contexto estético da medialidade. Podemos dizer que por trás de toda representação há um irrepresentado, algo que não se contempla, que escapa, que fica de fora no esforço de exposição e de demarcação daquilo que se tem a dizer por meio da representação. Essa sobra é o velho e apavorante "real". Pode haver enganação na representação, quando alguém tenta representar aquilo que não é, o que não é não é real, logo é evidentemente bem mais agradável de experimentar.

Simular pode ser um modo de fazer arte de computador, mas quando ela chega na vida concreta as coisas podem se complicar. Simular é recriar o real sem representá-lo. Se o real comparece na representação como uma alusão, na simulação ele é a novidade. No entanto, se ao representarmos nos referimos ao real como algo que foi imitado ou alterado, na simulação o real é desconsiderado como o que em nada surpreende. A simulação parece ser mais próxima da mentira. Por trás da simulação há, portanto, o que se dissimula, mas não saber disso faz parte do seu jogo. Quando escondemos algo, deixamos de impor, abertamente, manifestamos tão somente, como que por viés, aquilo que não pode ser dito no "olho no olho". Dissimular é um desvalor em um contexto que valoriza a verdade, mas, se simular tornou-se óbvio, é porque algo como a "verdade" já não importa. Capturar a dissimulação em pessoas com quem convivemos é muito difícil, mais ainda no discurso de quem conhecemos apenas por meio da internet.

No começo da modernidade, um autor chamado Torquato Acceto defendeu a ideia de uma "dissimulação honesta"[76] como a necessidade própria do caráter precário da condição humana de adiamento da verdade na esfera pública. Não seria necessariamente a sustentação da mentira, mas um jeito de sobreviver em um mundo de paixões. Um mundo que deseja a honestidade, mas ao mesmo tempo a teme e, portanto, se especializa em contatos indiretos com ela. Caillois, um autor preocupado com a forma como se dão os jogos na natureza, mostrou que o mascaramento era uma prática lúdica própria da vida humana e animal.[77] Sem moralismo, enquanto simular é mostrar o que não está presente, dissimular é não deixar aparecer aquilo que está presente. O dissimulado disfarça, mas quem poderá ver sua dissimulação? Para além do prazer de usar máscaras ou de fingir, ou de atuar, é, para muitas pessoas, a única chance de viver uma vida menos insatisfatória. O neobovarismo seria a chance de ser a expressão do que não se é. Seria também a inexpressão pessoal que encontra um jeito de não aparecer? Na internet a separação entre simulação e dissimulação torna-se clara para nós?

Mutilação existencial

A hipervalorização da vida privada como algo passível de "aparição" (blogs, fotologs, videologs, culto às celebridades ou a si mesmo) corresponde ao extermínio do espaço público que se sustenta em caricaturizações da política, da arte e do próprio conhecimento. Essa hipervalorização resulta de uma espécie de mutilação existencial. A privação de biografia leva à caricaturização da vida privada. A experiência pessoal não aparece na parafernália impressa ou virtual senão como fantasmagoria.

A biografia da qual somos privados ressurge em sua versão larval nesses meios como promessa de identidade, de inserção, de contemplação por parte do outro. O outro é alguém a ser enganado fundamentando a minha esperteza. Afinal, sou "avatar", tenho uma encarnação virtual com a qual ataco e me protejo. Cada um está facilmente desincumbido de ser si mesmo até quando faz guerrilha psíquica. Isso pode ser uma vantagem enquanto estratégia política, mas na esfera do cotidiano ético a coisa se torna muito questionável.

Ao mesmo tempo que avança a caricaturização da privacidade por suas representações nos meios de comunicação e até pelas artes que incorporaram o princípio do *reality show*, vemos crescer o aumento da clandestinidade na política e a manipulação das notícias pelos meios de comunicação. Enquanto isso, neobovaristas, nem artistas, nem políticos, criamos nossos avatares. Bem mais fácil do que reinventar a vida real. É a contemplação de si mesmo o que está em jogo quando entra em cena a máscara que barra qualquer relação com o espelho. Sua falta é a única certeza real. Bovaristas, na internet temos o sonho inteiro à nossa disposição enquanto o real apodrece sem que o computador nos deixe sentir seu cheiro.

Sobre Twitter e Severinos

No contexto da dissimulação, mesmo que ela seja de algum modo honesta, encontramos o controle e a redução da linguagem criativa a um pequeno espaço permitido na lógica do aparelho. Nesse caso, temos o exemplo do Twitter.

O Twitter é mais do que a marca de uma ferramenta atualíssima da era digital, é mais do que o microblog em que milhões de pessoas se divertem, é mais do que uma rede social em que informações são partilhadas. Ele é também a expressão estrangeira que migra da vida digital para a vida não digital (como "deletar", "*start*" e "e-mail") e que, como palavra-brinquedo, é usada para enfeitar ou facilitar a fala quando se trata de não despender muito esforço de expressão. A dissimulação funciona melhor numa ordem econômica estrita. Palavrinhas substitutivas, tão bem-vindas como estrangeirismos, sejam eles turistas ou exilados em nossa pátria, obrigam a pensar uma economia política da língua, ou seja, a questão da produção da linguagem, do valor que damos ao que dizemos, e do poder objetivo do discurso no tempo da expressão colonizada.

Proponho, nessa linha, traduzir o texto do Twitter, feito linguístico de 140 caracteres, pela palavra "piada". Se é correto traduzir Twitter por "piador", e se é possível dizer que, cada vez que um pássaro pia, temos dele uma "piada", eis que se mostra o conceito-imagem claro do Twitter: ele é o espaço ideal do dito engraçado ou espirituoso. É esse dito que vale como graça, como palavra final, ou como grande iluminação que faz sucesso entre os usuários da plataforma. A piada é o maior capital do Twitter. Piada é também o chiste. Chiste, por sua vez, é palavra que, assim como Twitter, tem origem onomatopeica. Piada, no entanto, também pode ser o estertor sem sentido, o chiado no corpo dos animais que anuncia doença ou morte. Mas até aí nada demais, pois uma piada, para sê-lo, não precisa necessariamente ter graça. A questão, no entanto, ainda é outra.

O Twitter radicaliza a natureza babélica da língua, o que nela é balbuciante e inarticulado. O uso de onomatopeias e abreviações nos textos de seus usuários é prova da experiência pré-articulada com a linguagem. Se a fala articulada é o cerne de toda relação e o que lhe dá base política, não fica difícil imaginar que o Twitter privilegia algo como uma antipolítica. Responder hoje à pergunta "o que está acontecendo?" não diz respeito ao que penso, nem ao modo como interpreto o mundo, mas deve reduzir-se ao que eu mesmo experimento no aqui e agora dos fatos. A ação é reduzida à narrativa protocolada em 140 caracteres. É, portanto, transformada em slogan. Essa é uma economia de espaço que é também uma economia de tempo, e, não devemos nos esquecer, toda economia é também política.

No entanto, posso dizer que um slogan é política? Apenas naquele sentido afirmado por Antonin Artaud de que a propaganda é a prostituição da ação. Política vendida, ou prostituída seja a que preço for, eis o que temos ali como potência protocolada. O Twitter mostra assim sua alma publicitária diante da qual o diálogo como forma básica da relação verdadeiramente política é impossível.

Um cofrinho na economia política da fala

A tecnologia tem como efeito existencial a amputação do tempo de nossa experiência. Em nossa cultura digital, a velocidade é proporcional ao encurtamento do tempo que era experimentado antes nas trocas orais. A humana necessidade de conversação não é nada diante da administração discursiva da qual fazemos parte. O tempo da oralidade é justamente o que, podendo ser cortado sob a alegação de improdutividade, não fará falta na economia política da fala. Ao reduzir a potência da narrativa a 140 toques (considerando espaços entre palavras), o que o Twitter providencia é a imersão em um suposto tempo presente.

A restritividade da linguagem devém da experiência com o tempo, esse deus morto a pauladas em nossos dias. No Twitter a restrição é protocolarmente administrada por sua própria reprodutividade em um toque final que, ao mesmo tempo que mudo, é também o mais falante: "*send*". Esse toque de número 141 não é computado pelo sistema — ele representa seu lucro, a prova de que é o sistema quem ri por último. Ponto final na piada pronta a que é reduzida a liberdade de expressão, ao mesmo tempo incompreensível para usuários ingênuos.

Nesse contexto, podemos falar do caráter de avareza do Twitter. Ele é contenção da expressão e da comunicação, cujo efeito é a histeria ansiosa que surge como escape pela expectativa dos sujeitos do Twitter, os twitteiros, pelo número de *followers, retwitters, lists*. Na lógica do lucro reduzido à linguagem, tudo é contado como num cofrinho em que cada letra-moedinha é guardada como um ponto no desejo de reconhecimento que sustenta as comunidades da internet. Economizar palavras é o jeito de inscrever-se na ordem simbólica dessa comunidade espectral em que dizeres não valem nada no grande varal panóptico das frases feitas. O preço da entrada em espaço tão exíguo é pago com a expressão extirpada sob a alegação da síntese partilhada. O troco é devolvido em histeria por mais "seguidores", discípulos do esvaziamento do vivido diante do modo de expressá-lo.

O Twitter é a forma ideal do nexo entre capital e discurso e, na banalidade do cotidiano, moedinha acessível para vastos grupos que já dominam aparelhos tecnológicos na efetivação de uma era democrática digital. Discurso é, por sua vez, a forma própria do poder que, desde que temos notícia, define tanto formas de governo quanto as mais micrológicas relações humanas. A base do poder discursivo é biopolítica, pois o poder do discurso vem de uma determinada articulação da voz que, como corpo que é sob a aparência de espírito, penetra outros corpos, indo reverberar neles como verdade espiritual. O que ouço é sempre incorporado e transformado na alquimia oculta desse espaço existencial chamado corpo. Corpo, no entanto, é aquilo que se perde ou se joga fora nesses tempos digitais em que a ponta dos dedos projeta o mundo. Para os mais otimistas, contudo, a ponta dos dedos pode "cutucar" o sistema com frases perturbadoras.

Será possível escrever poesia depois do Twitter?

O Twitter representa o uso constrangido da linguagem elevado a regra. É a lírica da "piada". Pode soar divertido para quem não se importa com o parnasianismo do padrão, para quem sente prazer, por outro lado, com o romantismo dos fragmentos, mas pode parecer, para quem pensa na potência revolucionária da linguagem, um mero brete. Cheirando a regras de versificação mesmo que faltem os versos, a estrutura fixa em 140 caracteres sugere um formalismo de metrificação rigorosa. Passar à percepção do caráter sacro da forma não é exagero diante da interdição de um "toque a mais" com o qual não é possível acionar o mágico *send* que permite a visualização das mensagens. Impede-se, assim, a desmedida, a errância que a poesia sempre potencializou como terra de palmeiras onde canta o sabiá e que a internet como campo — e como lugar de exílio em relação à vida — de exercício político veio substituir.

O Twitter parece, como estrutura formal, oferecer o veneno-remédio para o exercício da expressão: limitando-a, ele acaba por permiti-la, mas, permitindo-a, conclui por impedi-la. Enovela, assim, a sua ação num paradoxo. Desse modo, o Twitter mostra poesia estranha, como uma espécie de lírica do banal, ou a antilírica totalmente desejada pelos "seguidores". Os pássaros que gorjeiam no Twitter não têm a mesma chance em nenhum outro lugar da internet. O Twitter é, assim, mais do que o tempo-espaço da banalidade do poético, a própria poética da banalidade. Lírica do banal, ele promete a expressão de uma subjetividade apagada pela forma. Haverá ali a esperança de que um dia, para além do espectro do grupo, estejamos finalmente juntos? Mas quem pensa que líricos do vazio querem encontro se engana. A prática que sustenta o Twitter é a garantia da avareza do dizer como um prazer, característica básica de uma cultura cujo desejo de voz e, portanto, de poder foi colonizado.

O cinismo é inevitável na noção de política que surge nesta rede de relações: não partilhamos grandes direitos, mas pelo menos temos alguma coisa em comum: 140 toques. Twitteiros, somos todos Severinos como no poema "Morte e Vida Severina", de João Cabral de Melo Neto: vítimas da ironia de seu próprio destino social e cultural. A poesia como metáfora da esperança de uma vida boa e justa não cabe no Twitter, "cova medida", ao mesmo tempo que é a "parte que querias ver dividida". Alerta sobre o espaço que cabe a cada um no infinito latifúndio da internet.

Complexo de Roberto Carlos

"Eu quero ter um milhão de amigos" é o famoso verso da linda canção "Eu Quero Apenas", de Roberto Carlos. Adaptado aos nossos tempos, o verso representa o anseio que está na base do atual sucesso das redes sociais. Desde que Orkut, Facebook, MySpace, Twitter, LinkedIn e outros estão entre nós, precisamos mais do que nunca ficar atentos ao sentido das nossas relações. Sentido que é alterado pelos meios a partir dos quais são promovidas essas mesmas relações.

O fato é que as redes brincam com a promessa que estava contida na música do Rei apenas como metáfora. O que a canção põe em cena é da ordem do desejo cuja característica é ser oceânico e inespecífico. Desejar é desejar tudo, é mais que querer, é o querer do querer. Sempre o do outro. Mas quem participa de uma rede social ultrapassa o limite do desejo e entra na esfera da potencialidade de uma realização que vem tornar problemática a relação entre real e imaginário. Se a música enuncia que "eu quero ter um milhão de amigos", ela antecipa na ala do desejo o que nas redes sociais é seu cumprimento fetichista. E o que é o fetichismo senão a realização falsa de uma fantasia por meio de sua encenação sem que se esteja a fazer ficção? Torna-se urgente compreender as redes sociais quando uma nova subjetividade define um novo modo de vida caracterizado pelo que chamaremos aqui de complexo de Roberto Carlos.

Tal complexo se caracteriza pelo desejo de ter um milhão de amigos no qual não está contido o desejo de ter um amigo verdadeiro, muito menos único. A impossibilidade de realização desse desejo é até mesmo física. Não seria sustentável para o frágil corpo humano enfrentar "um milhão" de contatos concretos. Na base do complexo de Roberto Carlos está a necessidade de sobrevivência que fez que pessoas tenham se reunido em classes sociais, famílias, igrejas, partidos, grêmios, clubes e sua forma não regulamentada que são as "panelas". Um milhão de amigos, portanto, ou é metáfora de canção ou é fantasmagoria que só cabe no infinito espaço virtual que cremos operar com a ponta de nossos dedos como um deus que cria o mundo do fundo obscuro de sua solidão. Complexo de Roberto Carlos, de Rei, ou de deus...

Questão fantasmagórica

A questão é da ordem do imaginário e de sua eficiente colonização. Não haveria o que criticar nesse desejo de conexão se ele não servisse de trunfo exploratório sobre as massas. Refiro-me às empresas de comunicação digital que usam o desejo humano de conexão e comunicação como isca para conquistar adeptos. Amizade é o nome dessa isca. Mas o que realmente está sendo vendido nessas redes se a amizade for mais que isso? Certamente não é a promessa de amizade, mas a amizade como gozo: a ilusão de um desejo realizado. E quando um desejo se realiza? Apenas quando ele dá lugar à aniquilação daquilo que o impulsionava.

Logo, o paradoxo a ser enfrentado nas redes sociais é que a maior quantidade de amigos é equivalente a amizade nenhuma. A amizade é como o amor, que só se sustenta na promessa de que será possível amar. Por isso, quando se sonha com o amor, ele sempre é desejo de futuro, no extremo, de uma eternidade. O mesmo se dá com a amizade. Um amigo só é amigo se for para sempre. Mas quem é capaz de sustentar uma amizade hoje quando se pode ser amigo de todos e qualquer um?

De todas as redes sociais, duas delas, Orkut e Facebook, usam a curiosa terminologia "amigo" para nomear seus participantes. Certamente o uso da palavra não garante a realidade do fato, antes banaliza o significado do que poderia ser amizade, como mostra o recente filme *A rede social* (*The Social Network*, 2010), dirigido por David Fincher. O filme não é apenas um retrato de Mark Zuckerberg, o jovem e bilionário criador do Facebook, mas uma peça que pode nos fazer pensar sobre o sentido que nosso tempo digital dá à amizade. Mark Zuckerberg, como personagem do filme, é o sujeito excluído de um clube. Dominado pelo básico desejo humano de "fazer parte", ele decide criar seu próprio clube. No filme, ele consegue ter milhares de "conectados" — na realidade, o Facebook hoje conecta milhões de pessoas ou "amigos" — e perder seu único amigo verdadeiro, Eduardo Saresin. A amizade é a básica e absoluta forma da relação ética, aprendida como função fraterna no laboratório familiar e na escola; ela é uma qualidade de relação. Tratá-la como quantidade é a autodenúncia de seu fetiche e de sua transformação em mercadoria. O valor do filme está em mostrar a inversão diante da qual não há mais nenhuma chance de ética: um amigo não vale nada perto de milhões, como uma moedinha que perde seu valor diante de um cofre cheio. Amigos transformados em números não são amigos em lugar nenhum, nem na metáfora de Roberto Carlos, que serve aqui para denunciar criticamente o mundo do qual somos responsáveis junto com Mark Zuckerberg.

Cultura do logro — sobre o gozo do descompromisso

Na internet se vive a dissimulação como regra banal. Essa dissimulação funciona como logro. Vejamos o exemplo de um artista conhecido. Ele viveu a seguinte situação: fez uma campanha para angariar dinheiro destinado a ajudar uma instituição de caridade. Tendo recebido, em nome da campanha, um apoio incrível de seus milhares de fãs cadastrados em seu mailing e redes sociais, ele imaginou que conseguiria arrecadar um bom valor, suficiente para o fim destinado.

    A promessa era grande. Acontece que quase ninguém se moveu para, de fato, apoiá-la concretamente. O dinheiro conseguido foi irrisório em relação ao esperado. E o que era esperado? Ora, algo que parecia estar sendo prometido. Mas havia promessa? Que tipo de relação está em jogo quando posso prometer sem cumprir e sem sequer ser criticado por isso? Prometer tornou-se algo vazio e aceito em seu vazio. Se a ética produz performatividade pelo "falar que é fazer", que tipo de discurso é esse que tem a potência do falar-fazer e que, ao mesmo tempo, realiza-se tranquilamente como um falar-não fazer?

    A confusão entre o que se insinua e o que se promete é questão importante. Insinuar é o gesto de subprometer. No mercado amoroso, por exemplo, a insinuação se constitui como mero sinal que pode ou não implicar realização de fato. Insinuar sempre pode significar outra coisa. A insinuação é um tipo de pré-prática. Ela se coloca como a antessala dos fatos em que muitos se acomodam tranquilamente. No campo sexual, ela é um gozo em si mesmo. Preâmbulo da sedução, a insinuação não implica compromisso. A sedução é mais perigosa, exige que algo entre o poder e a impotência se verifique na prática. A insinuação, não. Ela fica aquém da sedução no prazer sinuoso daquilo que compraz porque não compromete.

Nesse contexto é que podemos falar de uma cultura do descompromisso em vigência entre nós. Ela se alegra com a ameaça, não com o feito. É o falar sem precisar fazer, embora saibamos que falar é, de algum modo, sempre fazer. A irresponsabilidade é uma potência das promessas na internet que se tornam curiosas "promessas digitais". Abstratas, virtuais, sem nenhuma relação com o mundo que está fora delas.

Outro exemplo é o de inscritos previamente em debates, lançamentos e aulas abertas. Quando são abertas inscrições gratuitas, há sempre um excesso de inscritos que não compareçam. Sem inscrições as pessoas comparecem, pois têm medo de perder o evento. Mas a inscrição prévia quando o evento é de graça abre a possibilidade de descumprir o compromisso assumido sem nada perder. O chamado "ativismo de sofá" pode também entrar nessa categoria. Ou a participação na festa que transita pelo Facebook. Em qualquer caso, há uma satisfação complexa nessa promessa feita para ser descumprida: é o gozo do logro.

Vantagem pela enganação

Mas que tipo de gozo é esse capaz de caracterizar nossa cultura? O logro é a vantagem pela enganação. Se estamos de fato vivendo em uma sociedade do espetáculo que hipervaloriza a imagem, o gozo se realiza, por exemplo, no "aparecer". Se digo que vou, me valorizo. Verdade que também me "banalizo". Posso dizer que já ganhei alguma coisa, já tenho um lucro narcísico só de imaginar o outro me esperando.

Se digo que vou e não vou, engano quem me valorizou e aí, mais que lucro, o que obtenho é logro. Enquanto o lucro é positivo, o logro é negativo.

O logro é um procedimento capitalista e religioso ao mesmo tempo: logra-se um deus ao acender para ele uma vela pedindo-lhe muito mais do que se pode dar em troca. Logra-se um fiel que paga o dízimo prometendo-lhe o que não pode ser cumprido. Logra-se um trabalhador com seu salário. O comprador com a mercadoria. Logra-se qualquer pessoa para quem se faz uma promessa em cujo nome se consegue algo em troca. A lógica da publicidade é a do logro.

A universalidade da promessa em nossos dias vem mostrar que, ao mesmo tempo, ela se tornou banal. Por isso, os casamentos em igrejas já não valem nada: prometer companheirismo até "que a morte nos separe" é expressão vazia bancada pela cultura secularizada. Ritual sem significado, ritual pelo ritual, as pessoas já não desejam que ele diga o que realmente quer dizer. Ao contrário, o cumprimento exige responsabilidade; em outras palavras: um preço a pagar. E o "preço a pagar" é o contrário do logro. Neste último, a conta ou o prejuízo fica na mão do outro.

Nossa cultura do descompromisso encontra satisfação radical na promessa descumprida. Seja no amor pregado na igreja, na rede social em que se podem apoiar abstratamente todas as revoluções, seja nos compromissos genéricos, que exigem o que antigamente se valorizava como a "palavra" de alguém. Em nossos dias, esse significado da "palavra" foi reduzido ao *flatus vocis*, ao sopro inútil de uma voz emitida pelo simples prazer de falar, como quem se libera de um excesso entregando ao outro seu próprio mal-estar.

A ratoeira da internet

Atualmente se fala em "cultura do medo", uma expressão que designa a função antipolítica do medo enquanto fomentada pelos poderes existentes. O medo fomentado também é uma cortina social. Por antipolítico refiro-me àquilo que destrói a política. No entanto, o medo faz parte do pensamento político, como sentimento que está na fundação do Estado moderno em uma teoria tal como a de Hobbes, para quem o Estado tem a função de administrar o medo da morte violenta, não de eliminá-lo. O medo da morte é a cortina usada pelo Estado para garantir-se no poder. Não interessa uma sociedade justa, nesse contexto, porque o poder precisa da violência para conseguir continuar em seu lugar. Daí que a polícia seja tão importante para os governos, pois representa a violência autorizada que não precisa enganar que não é violência. E temos medo dela.

O medo que sentimos em nossa cultura é o medo da violência que nos tira da impagável sensação de segurança pela qual todos pagam muito em nossos dias. Aquela de, por exemplo, estar protegido de assaltos, assassinatos, de ser expropriado de bens pessoais, de ter direitos perdidos. Por outro lado, os meios de comunicação oferecem a violência física nas telas, páginas de jornais e na internet, de modo que sua prática vira uma mercadoria e, desta forma, aparentemente controlável por quem a compra. Os meios são, eles mesmos, violentos, mas as pessoas esquecem que são meios, e que são violentos, e se satisfazem elas mesmas com o sofrimento alheio e com a proteção própria no cenário da grande ilusão social. Na origem, a ideia de felicidade estava ligada à de segurança — lógico que o dinheiro, que pode nos livrar de certos medos, seja tão valioso e ligado à noção de felicidade possível. O dinheiro é a promessa de felicidade de nosso tempo. A internet, em sua abstração capital, também. Nela somos todos protegidos por meio das máscaras disponíveis.

Verdade que vivemos em uma cultura do medo; no entanto a expressão não deixa claro que há uma produção cultural do medo e corre o risco de sinalizar, no campo do senso comum, a uma relação natural com sua existência. Se entendemos como cultura o campo das representações as mais orgânicas (confundimos, por isso, cultura e natureza), é porque esquecemos seu caráter fabricado.

Sem discordar da formulação, gostaria, no entanto, de sugerir que pensemos em outra que parece ir mais longe, aquela que designa a existência de uma "Indústria Cultural do Medo". Ela exige que repensemos justamente o sentido do medo em nossa cultura totalmente transformada pela indústria cultural que, nunca é demais dizer, não é só a fabricação de obras de consumo disfarçadas de arte, mas a transformação de tudo o que é feito pelos seres humanos e seus modos de vida, na direção da publicidade, do mercado, da igualação, da estereotipificação e, por fim, da aniquilação do pensamento. O medo, como conteúdo e como forma, precisa de tudo isso.

Redes sociais como ratoeiras

Ora, em sua divisão afetiva, a Indústria Cultural propõe a fabricação do medo. Por meio dele venderá dispositivos de segurança e vigilância. Por meio dele tentará deixar todos quietos, calar todas as bocas. Criará até espaços para que, todos juntos, sintam-se protegidos, como nas redes sociais.

A função social do medo é evitar que os seres se tornem políticos, que ajam contra o Estado e outros poderes. O poder sabe que quem teme não se subleva. O estado de revolta é fruto de uma má administração do medo. Há furos no sistema do medo. Daí que os meios de comunicação de massa se esforcem por mentir quanto ao estado de manifestações sociais no Brasil e no mundo e, ao mesmo tempo, usem véus como o futebol para desviar a atenção do povo, como acontecia na ditadura militar. Do mesmo modo que as novelas e os jornais nacionais propiciam aquele estado que faz parecer que no reino doméstico, da ordem privada, tudo está em paz. Muitos descobrem esse jogo, mas, infelizmente, não a maioria. Não a ponto de desligarem a televisão.

Hannah Arendt disse que a violência sempre necessita de implementos e aproveita as tecnologias. Ora, podemos dizer, todo implemento do medo é como uma ratoeira. A Indústria Cultural do medo, ao favorecer-se das novas tecnologias, especializa sua ratoeira. Patrocinado pelo Estado, pela Religião, pela Política, o medo hoje é também questão dos meios de comunicação, inclusive da instituiçao da internet. A perseguição a denunciantes como Julian Assange ou Edward Snowden é o extremo do que já acontece a qualquer um em escala menos espetacular: nas plataformas da internet todos somos digitalmente vigiados, todos caímos na ratoeira. É claro que vigilância e democracia não combinam, mas as redes não funcionam sem democracia. E é aí que se cai na ratoeira da vigilância.

O estado de vigilância global confirma o paradoxo da democracia nas redes: todo mundo é livre para usar a ratoeira. Só vai doer quando se descobrir que se foi pego pelo rabo. Dependendo do grau de cinismo ao qual o indivíduo estiver atrelado, não doerá nada.

Posfácio:
Sobre o desejo de uma filosofia prática

A expressão "filosofia prática" é velha, mas soa — antes de mais nada, em nossa época, acostumada a defender a prática isolada da teoria — como um paradoxo. Tornou-se lugar-comum dizer entre nós que a filosofia é abstrata. Que a filosofia é teoria sem relação com a chamada "prática". Acostumamo-nos a pensar — e não a "filosofar" — que a filosofia é teoria da teoria, de modo que seria uma teoria que bastaria a si mesma. Habituamo-nos a dizer, vendendo-nos ao mais banal dos clichês, que a filosofia somente poderia ser entendida por iniciados que estudaram a lógica e as estruturas profundas da área que já foi chamada por certos filósofos de a "rainha das ciências". Intocável, essa rainha permanece para muitos, inclusive tantos professores que trabalham burocraticamente em seu nome, um metapoder que, enquanto monárquico, é, sem dúvida, também antidemocrático.

Nessa linha, uma "filosofia prática" ou não seria filosofia, ou não seria prática. Mais que um paradoxo, uma "filosofia prática" seria até mesmo um contrassenso, um despropósito, um equívoco. Considerando que o lugar-comum da "filosofia pura" ainda se expressa entre nós em referência aos voos metafísicos que caracterizam certa linhagem filosófica — como se eles fossem o cerne da filosofia como um todo, e sem esquecer que a filosofia acadêmica em seu sentido mais estrito ainda age como se "filosofia de verdade" fosse algo livre da impureza interdisciplinar e cotidiana — então uma filosofia prática pode ser até mesmo um incômodo, um desconforto inútil. Como manter essa rainha em sua torre de vidro tomando banho nos sais do burocratismo acadêmico? A pergunta se torna séria, sobretudo quando vemos as lutas que se passam para além do fosso do castelo medieval da universidade, onde tantos ascetas exercitam a habitual moral do pensamento falsamente livre.

Contra o burocratismo acadêmico pretendo que haja uma filosofia mais suja de vida, mais viva, mais crítica, mais aberta. Uma filosofia que se encanta e se enfrenta com o lado sujo da vida, o cotidiano, ele mesmo "não pensável". É assim que penso a filosofia prática: como uma prática em que complexidade e simplicidade se dão as mãos justamente porque parece que a vida se dá assim no dia a dia.

Podemos dizer, levando isso em conta, que filosofia é um tipo de experiência caracterizada pela reflexão, ou seja, pelo pensamento sobre o pensamento, e que, como qualquer outra experiência, tal como a das artes (do teatro, do cinema, da literatura) ou a das ciências (as ditas humanas, as ditas "exatas"), depende do que fizermos dela. Se hoje a filosofia é acadêmica, amanhã poderá não ser. Nunca há uma filosofia pronta, ainda que haja um cânone da filosofia, ele, sim, sempre pronto, com o qual muitos confundem a filosofia como um todo. Verdade que esse cânone é bastante interessante de estudar e ajuda a manter viva a luz da filosofia que surge e que sempre há de vir quando a luta de vida e morte entre a lucidez e a ignorância não tenha cancelado seu movimento diário. Mas a inconclusão — que é também dinamismo, no sentido do devir incessante de um processo — é que é a característica mais própria da definição de filosofia que nos interessa neste livro. Essa "inconclusibilidade" é a característica principal que nos põe diante do momento prático da filosofia, não apenas como aquilo que a filosofia gera, mas também como aquilo que gera a filosofia enquanto ela mesma é fim e meio. Filosofia, neste sentido, não é a mágica da "coisa feita", antes é o fazer da coisa que se autoexpõe enquanto ao mesmo tempo procura entender aquilo que está a fazer entendendo-se a si mesma. Um trabalho de detetive, um trabalho de criança, um trabalho de quem se alegra com a própria experiência de pensamento como algo que se "faz".

Se levarmos a sério que "fazemos" filosofia de um modo ou de outro (bem ou mal, academicamente, vagamente, ou mais amplamente), não veremos apenas uma ênfase na linguagem que nos pede atenção por meio de termos adequados. Filosofia é um fazer que depende, em seu íntimo, de algo que é do chamado campo da prática no qual, na verdade, ela mesma está contida enquanto, ao mesmo tempo, se acha especial e cuidadosamente separada. Neste sentido, toda teoria está contida na prática, muito mais do que o contrário; ao mesmo tempo, uma prática que não se relacione à teoria é aquilo que poderemos, com pesar, definir como prática cega. Ela é vivida entre nós como prática mistificada, aquela que se propõe como independente de algo como "teoria" e que, ao mesmo tempo, apenas mostra que sua teoria é a do ódio à teoria ou outro tipo qualquer de negação do ato de teorizar que é, ele mesmo, prático. Ato prático que acompanha tudo que somos, pensamos, fazemos.

Entretanto, na verdade, não existe prática sem teoria. Por mínima que seja, há algo de pensado — mesmo que seja por outrem — em tudo o que se faz. Esse "pré-pensado" pode sobreviver inconscientemente no autor de uma ação que, muitas vezes, para sua própria desgraça, não faz ideia em nome do que ou de quem acaba por agir.

Filosofia prática é, então, para começo de conversa, aquela filosofia que nós podemos fazer tentando ir além do possível. E certamente é uma filosofia mais profana do que sagrada, mais desmistificatória do que conformada. Não é a filosofia como ideologia disfarçada, como vemos na imposição da teoria da "história da filosofia" em nosso tempo. Ao contrário, trata-se de uma filosofia despida, autocrítica e desavergonhada de seus próprios limites. Ela é pensamento selvagem contra o pensamento pronto. Ela é, em si mesma, um convite a pensar sem créditos ou credenciais, sem diplomas, apenas com o pensamento em núpcias com a vida simplesmente vivida.

Teoria e prática do autodesmascaramento

Há entre o ato de teorizar e o ato complexo de "filosofar" uma diferença essencial. Toda filosofia é teoria, mas nem toda teoria é filosofia. Filosofia é o pensamento que apresenta sua própria autocrítica e que, para poder fazer isso, precisa se autoanalisar, tem que estar atento a seus próprios processos, aos seus cenários mais íntimos. Àquele processo básico que concerne ao uso da linguagem. Isso quer dizer que a filosofia sempre se faz de alguma maneira específica. Ela se apresenta ao modo de uma linguagem que sabe o motivo pelo qual é usada. Isso quer dizer que, para ser filosofia, a teoria não pode ter uma intenção por trás; antes, que sua intenção deve estar explícita.

O filósofo é uma espécie de "narrador", o que implica sempre algo de pessoal e de impessoal, de particular e de universal. É o sujeito que sempre "pensa junto" de um outro que ele fantasia. Nesse ato ele sempre expressa o seu motivo, sempre precisa justificar "qual é a sua relação" com a questão em jogo. Sempre expõe seu pressuposto. Do contrário é apenas um ideólogo disfarçado. Se a teoria é o pensar de qualquer modo, o que torna o ato de teorizar perigoso, pois pode cair em falsidades e construção de meras crenças, a filosofia é um ato de autodesmascaramento e de desmascaramento do mundo. É o pensar cuidadoso que busca sua própria qualificação a ser definida apenas pela exposição da experiência que permite que seja comunicada a outra pessoa, alguém com quem se dialoga, para quem se escreve.

A diferença tão radical quanto básica está em que, enquanto a teoria pode levar ao mito, a filosofia age sempre "contra" ele, para desmontá-lo. Essa desmontagem do mito pode se dar pela crítica, que é, quando concreta, um caminho seguro para avançar no campo filosófico (ele mesmo um campo marcado por muito de "inseguro"). Mas pode se dar também pelo diálogo, um ato que envolve as diferenças presentes. Se o mito depende de uma construção linguístico-mental, a filosofia depende de uma desconstrução que não tem medo de perder a certeza. A certeza é a grande vantagem do mito, não da filosofia.[78]

Nesse sentido não é errado dizer que a tradição do pensamento filosófico era feita de "teorias" na medida em que buscou explicações míticas. Se levamos isso a sério, muitos dos chamados filósofos foram mais "teóricos" do que filósofos, propriamente falando. Sobretudo aqueles que defendiam ideias abstratas que chamamos até hoje de metafísicas, as ideias deslocadas do mundo, como se fossem explicações alienígenas, como, por exemplo, a famosa ideia de Leibniz sobre o conhecimento relativo ao modo como Deus pensa.[79]

Hoje, vemos que a vida cotidiana ainda está cheia dessas ideias metafísicas, apesar dos esforços de tantos filósofos para desmantelá-las. Podemos, nesse sentido, dizer que a luta contra os preconceitos é uma luta antimetafísica. Isso porque os preconceitos não têm outra base do que ideias prontas, abstratas e que não analisam de fato os problemas em jogo. Ideias que não atendem à liberdade concreta das pessoas em contextos diversos. Os preconceitos têm pretensão a-histórica como ideais que ganham força por serem esvoaçantes. Podemos dizer que antigamente a metafísica era a *teoria da teoria pela teoria* como vontade de explicar o mundo por meio de uma visão de mundo devoradora. O que vemos hoje em nossa cultura é a metafísica como conjunto de ideias prontas compradas e vendidas no cenário da mistificação geral. A própria mistificação da prática, como se ela não tivesse nada a ver com a teoria, é uma delas.

Todavia, se levarmos em conta que toda teoria está em relação a uma prática, que toda prática é desde algum lugar algo de teoria, começamos a perceber que todo isolamento entre elas é artificial. A filosofia é a ação de reunião desses dois momentos. Dizer, nesse sentido, que há uma filosofia prática é criar uma potencialidade. Podemos, a partir de então, reformular a questão: o que acontece com a teoria quando ela chega à filosofia, e com a prática quando ela chega à filosofia?

O filósofo no laboratório do pensamento

Teoria e prática circulam uma pela outra sem se confundirem. Como gases que se misturam na natureza, mas que podem ser isolados em um laboratório quando se trata de compreendê-los. Podemos dizer que, quando fazemos filosofia, estamos no laboratório do pensamento que separa ideias e conceitos, discursos e problemas reais. Levemos a sério essa espécie de metáfora do laboratório para ver aonde podemos chegar.

No laboratório da filosofia não podemos simplesmente confundir teoria e prática. Pois bem, é no laboratório que o cientista tenta fazer avançar sua pesquisa. Não podemos esquecer que um laboratório é um lugar concreto, mas também há algo nele de abstrato. Ele está dentro do mundo, mas parece um lugar fora dele. Um lugar onde se testa, se analisa, se tenta provar algo. Por isso, o filósofo é, de certo modo, como esse cientista que observa, que estuda as teorias, que captura os dados da realidade do mundo a ponto de, muitas vezes, questionar o sentido da realidade desse mundo. Assim como o cientista no laboratório, o filósofo está dentro do mundo, mas, ao mesmo tempo, fora dele. Vive numa espécie de zona cinzenta, de estado de exceção: dentro do laboratório que é fora do mundo, embora o laboratório esteja dentro do mundo. Por isso, as pessoas simples do dia a dia (os filósofos também podem ser pessoas simples, mas uso aqui a expressão com a intenção de mostrar peculiaridades que todos temos em mente) pensam tantas coisas estranhas sobre os filósofos e temem quando seus filhos mostram pendores na direção de assumirem tal profissão. Pensam que um filósofo é um sujeito fora do mundo, que não terá emprego e nunca poderá se sustentar com seu trabalho, porque, aliás, pensam que filosofia não é um trabalho. Se ouviram falar da história de Wittgenstein, que abandonou a universidade para virar jardineiro, ou de Nietzsche, que ficou em casa doente, ou dos perseguidos políticos de todas as eras, de Spinoza a Marcuse, então o pavor familiar à filosofia não deixará os jovens pensantes em paz. Bom lembrar que nem todos os filósofos sofreram tanto. Tratar mal esse momento da vida pode resultar em efeitos subterrâneos péssimos. Mas deixemos essas questões de lado e voltemos ao nosso filósofo como cientista no laboratório.

Na pesquisa o filósofo, assim como o cientista, percebe que precisa ter uma metodologia e que ela não pode ser abstrata, que ele precisa chegar de algum modo a algum lugar. Isso acontece com qualquer pessoa que estuda ou trabalha. Por exemplo, agora estou escrevendo meu livro e pensando em como expor da melhor forma meus pensamentos. Quem me lê pode estar mais preocupado em como resolver o problema da reforma no banheiro ou em como falar abertamente a um amigo sobre um problema delicado. O "como"[80] é fundamental para tudo, para qualquer tipo de ação. Também é para o pensar filosófico que se expressa em palavras. Contudo, diferentemente do que acontece com o cientista, o filósofo sabe que esse "como" pertence a ele, que, mesmo que ele resolva fazer filosofia "como" Nietzsche, esse "como" será diferente de Nietzsche (a propósito, um filósofo que escreveu toda a sua obra no sentido de uma prática: fazer filosofia "como" confissão.[81]) Assim é que podemos dizer que o filósofo não pode retirar da cena uma parte da pesquisa que é, nada mais, nada menos, ele mesmo. O cientista pode dizer que pesquisa para uma empresa ou universidade e esconder-se atrás de uma marca ou emprego técnico; o filósofo, não, embora muitos façam isso e, portanto, não façam nenhuma diferença.

A pesquisa do filósofo constitui a subjetividade. Ela molda esse espaço nebuloso da alma filosófica encarnada pelo filósofo. Não é possível, para o filósofo, esconder-se — subjetiva e moralmente — no que ele pesquisa. Ele não é um burocrata da ciência ou da religião, do governo ou do patrão, que segue um deus, um chefe, um método abstrato. A característica do filósofo é ser autônomo. Ele pensa livremente. Por mais que esteja em diálogo com o seu laboratório, ou o mundo, ele é o protótipo do indivíduo intelectual e moralmente livre para buscar a "verdade", mesmo que aquilo que chamamos de verdade não vá além da desmontagem diária e sistemática dos mitos.

O filósofo pode acabar sendo apenas um cientista que não quis ser filósofo. Assim é com aqueles professores de filosofia que, ventríloquos, vendem a ideia de que filosofia é história da filosofia e não poderia ser outra coisa. O cientista pode ser filósofo e também continuar sendo cientista. Mas como um se torna o outro? O filósofo seria como o cientista que, depois de um tempo trancado no laboratório, percebendo que sua pesquisa o encerrou numa solidão de tubos de ensaio (ou de livros mortos), decide sair para a rua e entender o mundo ao seu redor. Mas ele só fará isso se tiver alguma curiosidade, se o laboratório se tornar sufocante, se perceber que o laboratório também é uma caverna (como aquele de que Platão falava no famoso livro 7 da *República*) e que há algo impressionante como a vida lá fora que não se explica pelos experimentos, embora aquilo que se descobre no laboratório possa ajudar a melhorar em diversos aspectos o que se dá lá fora. Ao mesmo tempo, como que quebrando os muros, temos o filósofo expandindo o seu laboratório para o mundo lá fora. Nessa hora, o filósofo está solto num campo expandido. Esse é o verdadeiro campo filosófico. O campo do cotidiano. Se ele se contentasse com o laboratório, permaneceria fazendo metafísica, ou seja, explicando o mundo sem ter nenhuma relação com ele. Como, na verdade, não é possível não ter alguma relação com o mundo (pois que a ideia de mundo já implica qualquer lugar onde estamos), o filósofo sem relação com o mundo mais pareceria uma múmia ou uma estátua que, mesmo tendo uma relação com o mundo, nos obriga a pensar desde sua passividade: "Qual seria sua relação com o mundo?" Ou, melhor ainda: "como" se relacionam com o mundo estes que não têm relação com o mundo?

Mas, indo adiante, digamos que, quando o filósofo expande o laboratório para além dos seus estreitos muros, ele chega à ética. O cotidiano é a realidade da vida, a *vita ativa* como a chamou Arendt, que se opõe ao laboratório, está para além de suas portas.

Então, o filósofo sai com o que aprendeu, mas também com tudo o que não viveu. Ele encontra seres humanos como ele, mas totalmente lançados na vida imediata — assim como ele estava antes lançado em seu laboratório que se lhe apresentava como nada imediato. As pessoas da vida "imediata" não pensam no que são, no que fazem, no modo como vivem, senão para confirmar que já é. É o que o filósofo percebe. De tanto pensar, ele descobre que sua grande descoberta foi o estranhamento que adquiriu no laboratório onde se preocupou com conceitos que implicam um olhar sempre distanciado das coisas (microscópios, telescópios, pinças, tubos de ensaio...). Então, ele tenta conversar com as pessoas, mas não sabe muito bem como fazer isso, pois que suas teorias adquiridas em laboratório, aquele ambiente frio, não servem a quem vive em outro ambiente, e usa outra terminologia. Entre ele e o mundo da vida construiu-se uma distância que parece intransponível. O filósofo se entristece porque seu saber não diz nada ao mundo. As pessoas simples do dia a dia também se entristecem porque, próximas demais de seu próprio mundo, não podem sentir nem pensar nada. A pura aproximação causa muita confusão, até mesmo sofrimento. O puro estranhamento também.

O movimento filosófico é como a saída do laboratório e a chegada ao mundo onde os que tentam saber — ou pensam que sabem — descobrem o que não sabiam e os que pensavam que não sabiam descobrem que sabem algo, diferentemente do que imaginavam saber e não saber. Se falamos em ética, só podemos falar dela enquanto pressupomos que, independentemente de nossas especialidades, estamos de um modo ou de outro juntos, mesmo quando nos reservamos em nossos lugares isolados, separados, estamos todos agindo na direção do que vai além de nossa solidão.

O diálogo torna-se aí uma potencialidade. Um caminho para as descobertas mútuas. No meio dele, todo desentendimento comum dá lugar à busca de entendimento, todo entendimento faz desconfiar e produz desentendimento saudável. Respostas não nos ajudam muito, melhor duvidar, duvidar...

Uma filosofia encarnada

Quando falamos de uma filosofia prática, da ética que ela é, dizemos de uma filosofia encarnada. A filosofia prática de nada valeria se não falasse de nós mesmos enquanto somos pessoas comuns, indivíduos concretos e, ao mesmo tempo, talvez por isso mesmo, muito perdidos, tanto de nossa condição individual quanto de nossa condição coletiva. O pensamento, na forma como o buscamos, refere-se a essa figura difícil de um movimento contra nosso estado de perdição que é, na base, um estado de alienação.

Precisamos de uma filosofia prática porque estamos perdidos, porque nos encontramos com o grande mistério do outro, ele mesmo tão perdido quanto nós. Uma filosofia prática fala de todos nós, e fala conosco, encarnados que estamos, sujeitos e objetos de um mundo que nos programa, colados como figuras no movimento e na repetição das coisas na composição de uma cena geral que não escolhemos viver. A filosofia prática que aqui proponho fala de nós enquanto seres que agimos e fazemos, em cujo agir e fazer está inclusa a nossa oportunidade para pensar e mudar o mundo que habitamos.

Que ela nos forneça, como toda filosofia, a inteligibilidade sobre a realidade é algo que nos interessa, mas uma filosofia prática não é espelho da natureza. Antes, ela é um caminho ao mundo, o que nos coloca nessa grande ideia estranha que é o "mundo", nos situa como óculos que, bem posicionados, expandem nossas consciências. Em nossa perspectiva está incluso o mais simples estranhamento, aquele do qual, sem filosofia, buscamos fugir. A filosofia prática é ela mesma uma experiência teórico-prática, prático-teórica com o mundo da vida, da vida simplesmente vivida, enquanto esse mundo deixa de ser codificado para aquele que pergunta.

Que uma filosofia prática nos forneça conceitos operatórios com os quais podemos fazer coisas é algo que nos importa no instante mesmo em que percebemos que o que pensamos é performático. Ou seja, que o que pensamos nos leva além de nós mesmos, realiza algo no mundo, provoca efeitos. Refiro-me a toda forma de pensamento enquanto formulação da linguagem que se expressa simbolicamente em nossos gestos, em nossa voz, em nossas atuações, em nosso modo de ser e estar onde somos e estamos. Que pensar é parte da existência, não a simples profissão do filósofo perito nas técnicas filosóficas, mas a vida filosófica como ação contemplativa-ativa. E que não pensar, característica dessa cultura da qual somos — em certa medida, mas apenas em certa medida — contemporâneos, é a tarefa de quem algum dia percebeu o poder transformador do diálogo, ele mesmo um conceito dinâmico, performativo e operatório. O diálogo não é palavra que se possa propor sem muito esforço, sem a consciência de limites relativos ao próprio entendimento do que possa significar diálogo. Que uma ética seja possível dependerá dessa oportunidade a ser criada diariamente por meio de uma filosofia prática que, penetrando no mundo vazio de pensamento, seja o ar que nos faça respirar espiritualmente.

A metáfora que é a "filosofia prática" implica esse movimento ao qual se deu, da antiguidade à modernidade, o nome de dialética. Como metáfora, não pretendo apenas mudar o "nome dos bois", mas ativar o elemento substantivo e expositivo, o caráter, portanto, poético, mais do que estético, da construção de uma teoria que carrega, ao mesmo tempo, a sua prática. Assim é que acredito que seja possível salvar o pensamento de seu exílio na metafísica do mercado que reduz a análise e a crítica a estorvos sociais enquanto favorece o lugar do pensamento conservador como mercadoria mais aprazível. A filosofia prática é a metáfora contra o pragmatismo e o utilitarismo do pensamento. Estes levam à renúncia da negação do estado das coisas que é próprio ao pensar em nome de uma confirmação do *status quo*.

Pensar é pensar na contramão. Isso implica desde o questionamento mais elementar até o ato extremo de entrar em guerra contra o que está dado. Nossa filosofia prática é a tentativa de salvar a ação sem mistificá-la, justamente por desmistificá-la.

Filosofia com as pessoas

O nome desse gesto está dado na História. Os antigos chamaram de ética a essa capacidade de estabelecer relações com o outro com quem compartilhamos o mundo humano. Ética hoje é o codinome da "filosofia prática" enquanto ela é o movimento entre teoria e prática dado pelo desejo de um mundo em que haja justiça para todos, justiça que começa pelo direito a pensar livremente. Reivindicar o termo e o conteúdo de "prática" é objetivo da filosofia prática ao entender que o termo "prático" carrega sua própria teoria.

Quando imaginei a filosofia prática, pensei, portanto, em um necessário livro de "ética" para nosso tempo. Ou melhor, um livro que pudesse dialogar com o nosso tempo, mas que pudesse, mais ainda, estar disponível àquilo que chamo de "presença" e suas vicissitudes. A presença é, para mim, esse "estado de pensamento" que me faz estar no mundo com meu corpo-espírito. O termo "ética", no entanto, não trazia a ênfase necessária à urgente e essencial relação entre pensamento e mundo no tempo do vazio do pensamento. Que é, como vimos, também vazio da emoção e da ação, vazio da linguagem.

A filosofia prática é a tentativa de fazer filosofia no mundo. Mas também *com* as pessoas do mundo o qual partilhamos *com* as pessoas. Não é filosofia "para alguém", mas "com" quem se sentir chamado por ela. Filosofia prática é mais do que uma moral no sentido de um conjunto de regras para agir. Essas regras não podem compor uma ética, sob pena de eliminar a liberdade que caracteriza a atitude de alguém que, como uma criança que aprende a andar, almeja viver eticamente. A imagem da criança que dá seus primeiros passos é a mais clara imagem da pessoa ética enquanto ela também deseja, tenta, aspira, segue adiante cheia de desejo, sem muita certeza do que faz, mas carregada da alegria iluminadora da aventura do mundo a descobrir. A filosofia prática é esse caminho da criança, portanto é mais que método, é expectativa, potência e possibilidade, na intenção de poder seguir pelos caminhos que serão abertos no caminhar.

A filosofia prática é dedicada a todos aqueles que não se enquadram, não se adaptam, a todos aqueles que experimentam a sensação de inadequação em uma sociedade de aparências, poderes e dominações, e, portanto, empobrecida em termos de experiência. Que a experiência de ser e estar nos seja devolvida, eis o seu intuito último, a prática fundamental de sua teoria já contida em sua prática...

Filosofia como processo ou pensamento como autocriação

Precisamos tomar muito cuidado com a relação entre teoria e prática desde que sua mistificação nos atinge secretamente. Por isso, apesar de percebermos o que há de falso na separação, é preciso perceber que nela também há algo de verdadeiro. O momento da verdade da separação implica justamente a percepção não idealista do mundo, do mesmo modo que se deve evitar a percepção neurótica (aquela que pensa o mundo na direção de uma pura explicação a partir de si e contra os outros). Em termos muito simples, a postura idealista (ela mesma uma teoria-prática) pode fazer crer a alguém que "pensar o mundo" seja o mesmo que "criar o mundo". Mas não é porque "penso" o mundo que surge algo como "o mundo", os sonhos não se realizam por um ato mágico do pensamento.

A relação entre o pensamento e o mundo não é imediata. Antes é mediada por mil fatores, sejam eles históricos, sociais, corporais, situacionais. Sonhos, em um sentido metafórico de desejos, não se realizam apenas porque são sonhos sobre os quais podemos pensar "com força", em nome dos quais sempre se pode rezar muito para obter um milagre, mas podem se realizar porque projetamos de modo organizado, material e corporal aquilo que queremos ver realizado.

Ao mesmo tempo, é verdade que tudo aquilo que pensamos (os nossos processos mentais) são mediação em relação ao mundo. O que quer dizer que nossa vida é causa e efeito do nosso conteúdo mental/corporal, enquanto, ao mesmo tempo, a linguagem é o cerne de nossa experiência com o mundo, ela mesma uma experiência teórico-prática que equivale, em certo sentido, à experiência mental-corporal que nunca é definitivamente a mesma para quem pensa. Por mais que pensar só seja possível pelo corpo, é verdade que — pelo menos no que podemos pensar até hoje — ao pensar, o corpo é objetivado, tomado como uma coisa ou ideia pensável. Há algo que é nosso puro poder de abstração. É ele que nos faz pensar e ter as melhores ideias. É ele também que pode nos enlouquecer. E, mesmo que o pensar esteja totalmente enganado sobre o corpo, é verdade que se refere a ele como "algo". Algo, nesse caso, é um resíduo material que nos remete ao momento de "coisa" do que pode ser pensado.

O mundo é e não é um efeito do pensamento, mas a questão está em entender o que significa "efeito". Assim como temos que nos ocupar sempre com o que significa pensar enquanto somos corpo pensante e não a cartesiana *res cogitans* que pensava enquanto a *res extensa* existia. Pensamos no mundo, com o mundo, em nome do mundo e contra o mundo. E é porque penso em certa medida "contra" o mundo que surge o pensamento como ação para além da ação em si que o pensamento sempre é enquanto processo corporal/mental no espaço/tempo. Nesse sentido, a ação pura não existe. Toda ação está inscrita em um processo. O que há de mais parecido com a ação pura ou é estase ou é repetição obsessiva. Mas é verdade que é em função de que o pensar esteja ligado mais aparente e imediatamente ao "tempo" do que ao "espaço" que costumamos confundi-lo com algo abstrato. A dificuldade dos filósofos e do senso comum de chegar ao pensar-agir se deve à dificuldade de aceitar o lugar do corpo no processo do pensamento. Um corpo rejeitado pela filosofia ao longo de sua história. Um corpo rejeitado em grande medida pela própria ética ao longo de sua história. Mas quando pensamos que a ação é o pensamento do corpo, sabemos que precisamos estar atentos à ética e à política que surge desse corpo. Isso é o que espera fazer uma filosofia prática.[82]

Foi isso, a propósito, que filósofos os mais tradicionais sempre fizeram: criaram "filosofia", e essa criação foi uma ação muito concreta e prática que exigiu muito esforço, um vasto e insistente trabalho de estudos e de escrita, de atenção, de organização e de pesquisa. Se os filósofos da mais antiga tradição em geral já dividiam a filosofia em teórica e prática, era porque entenderam que havia uma necessidade nesse gesto. A necessidade da liberdade que promete verdade diante daquilo que está dado ou que, sendo tomado como verdadeiro, serve apenas para enganar. Nesse sentido é que podemos dizer que a filosofia nasceu como encontro, em um contexto de diálogo, o que já implica diferenças de perspectiva; nasceu ainda como espanto, o que implica um não saber, um desconhecer experimentado; e como negação concreta, o que implica um projeto relacionado ao querer-saber.

Esse é o conjunto das qualidades do pensamento filosófico ao qual podemos nomear com o termo "crítica". A crítica não é uma atitude isolada, não é uma mera contraposição abstrata às coisas, ao mundo, aos objetos da atenção do pensamento. A filosofia não é apenas o encontro que implica sempre a conversação e o contato, mas precisa dele. Tampouco é meramente o espanto que nos leva à poesia. Ou tão somente a negação que conduz àquilo que Hegel chamou de crítica abstrata. A filosofia é um processo que nos leva além de nós por meio do encontro com os outros seres que pensam e com as coisas existentes.

A crítica é, portanto, o pensamento que é ação, a ação que é pensamento. É importante trabalharmos com esse conceito expandido de crítica quando pensamos em filosofia, pois que não é incomum uma compreensão estreita que define a crítica como evitação, rejeição ou mero julgamento de gosto. Jamais, portanto, podemos pensar em crítica em um sentido imediato. A necessidade de crítica enquanto encontro-espanto-negação se faz por meio de um distanciamento das coisas, através do qual se alcança justamente uma outra aproximação ao objeto criticado. Quando "filosofamos" agimos pensando, pensamos criando impulso ativo. Isso não quer dizer que a filosofia "sirva" ao mundo. Ela é o que promove a aproximação entre pensar e pensado, entre pensar e pensável, tendo em conta que essa aproximação jamais é imediata, jamais é confirmadora, jamais é acomodada. O estranhamento é, nesse aspecto, algo positivo como tendência para se chegar à coisa; é aquilo que, parecendo impedir, na verdade potencializa uma relação. Esse estranhamento está na base de toda filosofia, mesmo a mais seca, mesmo a mais árida, tanto quanto a mais poética, a mais afetiva e pática. É justamente esse estranhamento que experimentamos no processo filosófico. Estranhamento é, portanto, o modo de ser da experiência filosófica que permite que ela se organize como crítica.

Isso quer dizer que há algo de performativo, ou seja, de efeito que se produz entre teoria e prática. Dizer filosofia prática é enfatizar o caráter concreto, metabólico e orgânico do pensamento que, enquanto reflexivo, pode também ser revolucionário. Todo pensamento, toda teoria, é performativo no sentido de produzir efeitos concretos em graus diversos de densidade. Assim como precisamos ficar atentos ao que dizemos uns aos outros, muito mais do que costumamos imaginar em nosso dia de afogo e atropelos.

Para além do mito da história da filosofia

O que quero dizer com prática em "filosofia prática"? Quando lemos um livro de filosofia, muitas vezes esperamos que ele traga os argumentos dos grandes filósofos do cânone que transita pelo mundo da filosofia de manual, que orienta como um vade-mécum tanto dentro quanto fora das salas de aula dos cursos de filosofia, onde as capacidades criativas de estudantes são institucionalmente cortadas por sacerdotes da moral acadêmica. Muitos esperam que livros de filosofia expliquem "A Filosofia" entendida como bloco de uma história das ideias. Ou que sejam traduzidas ou facilitadas as reflexões de pensadores escritas em outros livros. Se alguém fala fora do jargão acadêmico é logo tratado como "facilitador". O jargão permanece intocável. A ventriloquacidade dos eruditos cansa, mas é proibido falar assim: nenhuma desmistificação é bem-vinda no campo minado do mito da erudição disfarçado de filosofia.

Os sacerdotes da filosofia acadêmica fazem do que chamam de "A Filosofia" com F maiúsculo o mito que ela mesma deveria combater. Por isso, o filósofo crítico precisa ser como o mitólogo, no sentido proposto por Roland Barthes: ele estuda o mito até poder destruí-lo. Se todo mito transforma a história em natureza, vemos que a teoria da história da filosofia ao essencializar a "história da filosofia" como "essência" da filosofia trata o esclarecimento como mito enquanto, ao mesmo tempo, mitifica. Desmistificar a filosofia é tarefa de uma filosofia prática comprometida com a lucidez da própria prática filosófica que não quer se deixar ser mera superstição de si mesma, que não quer se deixar ser resenha de livros estrangeiros. (Infelizmente, no Brasil, pensar livremente e, nesse espírito, mencionar o nome "filosofia" sempre exige justificação. Por isso, este posfácio se faz necessário. Em um contexto em que o pensamento está sitiado por regras estranhas a muitos de seus operários que, como Eichmann, justificam seu modo de agir em termos de trabalho com a filosofia, pelo recurso antiético à instituição, uma filosofia prática é também "prática da liberdade de pensar".)

Levando tudo isso em consideração, não se trata, neste livro, de fazer um histórico do tema da prática, da ação ou da ética, embora em alguns momentos eu me utilize desse recurso. Não penso que a história tenha sido tão bem contada, nem tão bem escrita, que possamos simplesmente confiar na construção de uma sequência histórica ou de uma interpretação de sua lógica. Creio que a lógica é sempre a da dominação e que convém à história apenas aquilo que convém ao interesse do "sujeito" historiador. O historiador da filosofia também tem seu direito de historiador. Por que ele dá por encerrada a questão da filosofia no limite da história das ideias é questão que não se pode resolver sem levar em conta os limites que ele mesmo camufla com seu trabalho. O agir do historiador depende de aspectos gnosiológicos, mas, principalmente, políticos e éticos, que precisamos levar em consideração. Não se trata, portanto, de resumir ideias principais dos pontos de vista dos pragmatismos ou das críticas. Antes, se trata de pensar e escrever tendo a noção de que esse ato é eminentemente prático e que essa prática tem um alcance cotidiano, seja um leitor, seja um conjunto de leitores. Essa prática pode ter alcances em gradações diversas e provocar mudanças de pontos de vista e de ações que deles resultam. Isso não é nenhuma novidade, pois toda teoria, toda filosofia, mesmo a mais metafísica, produz efeitos no mundo. Além disso, se eu fosse fazer história da filosofia, faria como a maior parte dos investigadores: perceberia que a filosofia de Spinoza e de Nietzsche já resolveu quase todos os nossos problemas práticos (exceto os feministas) e levaria o meu trabalho à resenha que tanto nos alegra como estudiosos quando mostramos que entendemos algo. Mas minha, ou nossa (se assim o leitor sentir-se bem para afirmar), "filosofia prática" declara aquilo que pouca gente ou ninguém quer declarar, sob a máscara de uma "Filosofia" que fala do ponto de vista da "verdade", que faz de tudo para não deixar aparecer a sua face "ventriloquaz".

Nesse sentido, este é um livro de ética, mas antes de mais nada precisa ser um livro ético. Um livro ético não é aquele que age do ponto de vista de uma "reta razão", nem que está do lado "do bem". Creio que seja apenas um livro honesto, que expõe suas ambições, seus limites e se entrega aos leitores pagando o preço por ser impresso. Que façam dele o que ele é: apenas e tão somente um livro dentro de seus limites.

Por isso, grande parte dele é dedicada a trabalhar o núcleo comum entre pensar e agir reflexivamente que caracteriza o que chamo de ética. A natureza de algo como "ética" está em jogo, pois que, desde que podemos ser sutilmente desonestos e as camadas ocultas dos textos podem permanecer assim, algo antiético sempre pode ser escrito em seu nome. Do que estamos falando, quando falamos "ética"? De uma qualidade das relações. A deformação da ética se dá não apenas pela ação, mas também pelo discurso que, ele mesmo não livre, não promove a liberdade de quem o escuta e, a partir dele, age ou interage.

Assim, contra a ventriloquacidade acadêmica autossatisfeita em sua imitação escolástica, proponho/propus uma experiência de pensamento, aberta e democrática, com os temas propostos. Isso implica assumir erros e inconsistências possíveis advindos de uma filosofia que usa como método a inspiração — e um pouco de saudável conspiração — que não se deseja ocultar. Atuar no risco, fazer da experiência filosófica uma aventura à qual até agora demos o generoso nome de ensaio. Ensaiemos juntos, pois não há livro sem o elo crítico-poético entre escritor e leitor.

Chaves: concluir para abrir

Um livro de filosofia é como aquelas chaves soltas que encontramos no fundo de gavetas abandonadas. Chaves perdidas não são objetos quaisquer. Elas perguntam se algum dia abrirão portas onde verdades mortas permanecem trancadas. Por isso não temos coragem de jogá-las fora, pois que uma chave, mesmo quando parece já não valer nada, guarda a promessa de um dia realizar seu desígnio.

Chaves soltas parecem inúteis como perguntas sem respostas. Sabemos no entanto que, no reino das perguntas e das respostas, não apenas perguntas andam soltas, mas há respostas que perderam suas perguntas e que, como um fantasma que perdeu o corpo, flutuam por aí nos assustando de vez em quando. Essas respostas transitam entre nós ao modo de espectros cuja aparição é verdadeira e falsa ao mesmo tempo. São fantasmas. Cremos neles. Se não nos deixam em paz, aprendemos a conviver, carregamos o fardo que nos legam a cada dia, o de não poder duvidar. Parecem miasmas esvoaçantes e, no entanto, pesam como o mais pesado de todos os pesos.

Que uma resposta encontre sua pergunta: eis o momento sublime do pensamento que soa como vida em movimento. Para além da vida dos fantasmas, esse é o encontro espiritual totalmente diverso do anterior, encontro que é sempre desejado a cada vez que nos pomos a pensar reflexivamente. Sim, pensar é necessário. E é possível. Pensar reflexivamente implica lançar-se na compreensão sem medo do que possam nos mostrar os espelhos soltos no cenário do mundo em que passeamos com nossas velhas chaves nos bolsos. Mundo é este lugar onde vivemos sendo e não sendo, tornando-nos, à revelia do que podemos ser, aquilo que simplesmente somos.

Quando as evidências do mundo, tudo aquilo que acreditamos saber, têm a chance de mostrar-se em seu vetor alucinado, somos os espectadores das viagens do espírito — o impulso que nos leva além do que somos, o que em nós não se acostuma ao fato de que possa existir algo que simplesmente "é". A porta não está aberta, mas levamos a sério a potência de nossas velhas chaves abandonadas. A porta a abrir torna-se outra.

Dominados pelo vir a ser de nós mesmos e do mundo ao nosso redor, a viagem que fazemos, carregando aquelas chaves nos bolsos, não se dá de avião, carro ou trem, mas em uma grande roda-gigante. Há companheiros, mas eles sentam a metros de distância e agora giram como nós. Tentamos fazer que nos ouçam, mas um vento fortíssimo leva embora todas as palavras. Queremos desesperadamente tocar em suas mãos, mas a distância é maior do que nossa imaginação pode suportar. Então, assistimos como crianças ao grande sonho da História ocultado no cotidiano. Sem poder brincar com a roda-gigante que nos carrega, encontramos, no entanto, a visão extasiada das coisas.

Ali é que percebemos a novidade de estarmos dentro e fora do mundo. Tudo é inútil. Nos resta simplesmente viver a circunstância de sonho tentando entender o que acontece, pois que nada parece nos convencer de que haja realidade quando a roda gira em um parque de diversões que já não diverte ninguém, mas que espanta, e como espanta...

As velhas chaves nos bolsos pedem polimento enquanto nos angustia a dúvida quanto à sua utilidade real. O sentido da esperança que carregam, as potências da abertura a realizar-se um dia pesam mais do que o medo e suas cabeças infernais protegendo guardados mortos. A alegria vindoura acalma nossa curiosidade que, ameaçada de perder a promessa que a constitui, aceita viver uma aventura. A paz é promessa imanente a cada ato de coragem praticado.

O ato de coragem do espírito é o pensamento situado na existência ao qual damos, neste momento, o nome de filosofia prática. A filosofia não é a parte, não é o todo de coisa alguma. É o ato concreto do pensamento que não deseja sabedoria, mas o encontro das próprias dúvidas com o mundo que se partilha com outros. Filosofia prática é, então, o nome próprio da ética, não como teoria da ação, não como exegese dos atos, mas como projeto de devolução do pensamento à vida cotidiana depois de séculos de exílio.

Uma filosofia prática não é, portanto, o pensamento analítico ou expressivo da prática, nem a pura metateoria, mas a tentativa de fazer do pensamento reflexivo, esse pensamento que presta atenção em si mesmo, de fazer de sua concretização uma prática da vida. Filosofia como criação de conceitos, filosofia como *performance* ciente de seus efeitos no mundo, como desvendamento da vida cotidiana, suas alegrias, seus entraves, como ideia operante que nos permite viver juntos, como prática pensante, como uma espécie de dança do pensamento que ensina a dançar a vida.

Filosofia como nosso modo de viver. Promessa de retornar à casa que nunca mais será a mesma? Viagem para além de si, por meio de si mesmo? A intenção desta *Filosofia Prática* não é outra que se situar na experiência cotidianamente vivida de seus leitores, como se pudesse finalmente devolver as chaves às portas trancadas, dando luz aos recintos tumulares onde o pássaro da imaginação, não podendo encontrar seu ninho e chocar seus ovos, parecia morto para a vida do pensamento. Chaves abrindo portas trancadas há eras nos darão uma nova casa.

Aos habitantes da velha casa nova, a alegria do pensamento é a prática como realização de um desejo de ir além de si. Desejo que chamaremos de ética e que, estando nos livros, sonha atingir todos os espaços de nossa existência.

Notas

Filosofia Prática: da ética à ético-poética

1. Encontrei essa imagem em um livro de Zulmira Ribeiro Tavares chamado *Região, ficções, etc.* (Companhia das Letras, 2012), mais precisamente no conto "*A coisa em si*". A propósito, o livro é um maravilhoso arsenal de cenas cotidianas.
2. SCHOPENHAUER, Arthur. *O mundo como vontade e representação*. Lisboa: Ed. Rés, s./d., p. 357. No parágrafo em questão, Schopenhauer fala da "parte prática" da vida, mas afirma que a filosofia nunca sai da teoria. E se refere a uma filosofia que não prescreve. Portanto, o lado prático é também teórico. Mas ele se refere a um modo de estar no mundo.

1. Como me torno quem sou?

3. O poeta grego Píndaro (518-438) é autor da famosa frase "Torna-te quem tu és", que depois foi usada por Nietzsche como subtítulo de sua autobiografia filosófica intitulada *Ecce Homo* (São Paulo: Companhia das Letras, 2000). Na formulação de Nietzsche "como alguém se torna o que é", a dimensão imperativa dá lugar à pergunta.
4. ARENDT, Hannah. *Eichmann em Jerusalém, um relato sobre a banalidade do mal*. Trad. José Rubens Siqueira. São Paulo: Companhia das Letras, 2000.
5. Hoje em dia esse material está disponível e pode ser facilmente acessado em canais da internet. Partes das imagens televi-

sivas do julgamento são usadas no filme de Trotta. Ver em http://www.youtube.com/watch?v=Fv6xbeVozhU, acessado em 16/9/2013.
6. Sobre a questão do genocídio, convém ver o livro de Samantha Power: *Genocídio, a retórica americana em questão* (Trad. Laura Teixeira Motta. São Paulo: Companhia das Letras, 2004.). A obra de Thedor Adorno e Max Horkheimer, *Dialética do Esclarecimento* também é uma preciosa contribuição filosófica aos estudos sobre o antissemitismo (*Dialética do Esclarecimento*. Trad. Guido Almeida. Rio de Janeiro: Jorge Zahar, 1985). Sobre a questão do Holocausto, ver a obra *Homo Sacer — O poder soberano e a vida nua I* (Trad. H. Burigo. Belo Horizonte: Ed. UFMG, 2002), de Giorgio Agamben.
7. ARENDT, Hannah. *A vida do espírito*. Trad. Cesar A. R. de Almeida, e Antônio Abranches e Helena Franco Martins. Rio de Janeiro: Civilização Brasileira, 2012. Ela retoma o assunto "Eichmann" logo no início do livro.
8. ARENDT, Hannah. *A condição humana*. 11. ed. revista por Adriano Correia. Rio de Janeiro: Forense Universitária.
9. ARENDT, Hannah. *Origens do totalitarismo*. Trad. Roberto Raposo. São Paulo: Companhia das Letras, 1989.
10. A relação entre bem e mal, a história teológica e filosófica relativa à maldade, rendeu teses acadêmicas interessantíssimas, como a de Nádia Souki, que reconstitui delicadamente todos os passos do problema, mostrando a conexão entre o tema do mal e o vazio do pensamento em todas as obras de Arendt. Ver, da autora, *Hannah Arendt e a banalidade do mal*. Belo Horizonte: Ed. UFMG, 1998.
11. O livro de J. L. Austin é um dos trabalhos mais importantes para a filosofia do século 20. O título original em inglês é *How To Do Things with Words* (Harvard, 1962). Em português foi traduzido por *Quando dizer é fazer — Palavras e ação* (Trad. Danilo Marcondes de Souza Filho). Porto Alegre: Artmed, 1990.
12. No livro *Rituais de sofrimento*, de Silvia Viana (São Paulo: Boitempo, 2012), encontramos justamente esta ideia muito bem desenvolvida.

13. Trata-se do parágrafo 341, "O peso mais pesado", do livro *Gaia ciência*: "E se, um dia ou uma noite, um demônio viesse introduzir-se na tua solidão e dissesse: esta existência, tal como você a viveu até aqui, será necessário recomeçá-la sem cessar, sem nada de novo, muito antes pelo contrário. A menor dor, o menor prazer, o menor pensamento, o menor suspiro, tudo o que pertence à vida voltará ainda a repetir-se, tudo o que nela há de indizivelmente grande e de pequeno, tudo voltará a acontecer e voltará a verificar-se na mesma ordem, seguindo a mesma impiedosa sucessão (...) esta aranha também voltará a aparecer, este lugar entre as árvores, e este instante, e eu também! A eterna ampulheta da vida será invertida sem descanso, e tu, com ela, infinita poeira das poeiras. Você não se lançaria por terra rangendo os dentes e amaldiçoando este demônio? A menos que você já tenha vivido este instante prodigioso em que lhe responderia: 'Ora, você é um Deus, nunca ouvi palavras tão maravilhosas!' Se este pensamento o dominasse, talvez você fosse transformado ou talvez aniquilado. Você se perguntaria a propósito de tudo. 'Você quer isso? E querer outra vez? Uma vez? Sempre? Até ao infinito?' E esta questão pesaria sobre você com um peso decisivo e terrível! Ou então, ah! Como será necessário que você se ame e ame a vida para nunca *mais desejar outra coisa* do que esta suprema confirmação!" (p. 219).
14. HEIDEGGER, Martin. *La Autoafirmación de la Universidad Alemana*. Ver a tradução para o espanhol no site: http://www.heideggeriana.com.ar/textos/autoafirmacion.htm (consultado em 27/10/2013).
15. É o caso de Theodor W. Adorno em *The Jargon of Authenticity*. Routledge & Kegan Paul, Londres, 1973. Há vários livros que podemos ler para avaliar o todo complexo dessa relação entre Heidegger e o nazismo. Recomendo a leitura de *Política e Verdade em Heidegger*, de Pedro Rabelo Erber (São Paulo: Loyola, 2003).

16. ROSA, João Guimarães. "O burrinho pedrês". In *Sagarana*. Rio de Janeiro: José Olympio, 1978, p. 3-68.
17. MUSIL, Robert. *Da estupidez*. Lisboa: Relógio D'Água, 1994. Musil percebeu que a burrice muitas vezes se confunde com aquilo que os antigos chamavam de "espírito". Ele se referia a uma estupidez estética e afetiva que fazia com que povos fossem incapazes de amar a arte, por exemplo. Mas esta estupidez não oferecia nenhuma certeza, pois se tratava de uma questão de gosto. E o que poderíamos fazer com algo como gosto? Musil mostra em seu ensaio que a burrice é um pântano onde chafurdam os que se metem a falar nela. Mesmo mantendo a dúvida que salva qualquer um da estupidez, mas não por muito tempo, Musil sugeriu em seu texto que aquele que deseje falar da burrice comece sustentando a própria inteligência contra tudo e contra todos, em vez de atuar no politicamente correto, humildemente dizendo que é um burro falando de bestas. Pois para ele pode ser estúpido parecer inteligente, mas nem sempre é inteligente passar por estúpido. O medo de parecer estúpido também fará com que alguns se sintam inteligentes evitando dizê-lo. Pior ainda se seu desejo de parecer inteligente for associado à vaidade de não ser estúpido: o estúpido, por sua vez, seria sempre vaidoso porque não tem inteligência para ocultar. Mas a questão da burrice é, infelizmente, muito mais grave do que um problema de gosto e que se resolveria com a ironia.
18. Kant em seu *Ensaio sobre as doenças mentais* (*Ensayo Sobre las Enfermidades de la Cabeza*. Madri: Mínimo Tránsito, 2001) classifica a burrice como doença. Nietzsche, por sua vez, falou da estupidez de um jeito mais simples: uso de viseiras, ou "estreitamento da perspectiva". Com *Bouvard e Pécuchet*, de Flaubert, é que a crítica à burrice atinge seu ápice ao tocar no caso sempre notável da burrice dos inteligentes e da inteligência dos burros (Rio de Janeiro: Estação Liberdade, 2007). Ou dos que, querendo ser inteligentes, são sempre os mais abestalhados. O erro dos dois amigos trapalhões criados por Flaubert era a crença de

que a informação e a experimentação seriam suficientes para o sucesso da ciência. Ao final de *Bouvard e Pécuchet*, o famoso *Dicionário das ideias prontas*, um fichário de preconceitos de pensamento, é a prova linguística e histórica da acomodação mental que se expressa em palavras e da incapacidade de compreender que está em sua base.

19. ADORNO, Theodor; Horkheimer, Max. *Dialética do Esclarecimento*. Trad. Guido Almeida. Rio de Janeiro: J. Zahar, 1985, p. 195.
20. *Dialética do Esclarecimento*. Op. cit., p. 195.
21. No parágrafo 127 de *Minima Moralia*, Adorno dirá que "a inteligência é uma categoria moral". Adorno, Theodor. *Minima Moralia*. São Paulo: Ática, 1992, p. 173.
22. Adorno, Theodor; Frenkel-Brunswik, Else; Levinson, Daniel e Sanfor, Nevitt. *The Authoritarian Personality, Studies in Prejudice Series, Volume 1*. Nova York: Harper & Row, 1950. W. W. Norton & Company paperback reprint edition (1993). Uma versão em inglês pode ser lida na internet, no link: http://onlinebooks.library.upenn.edu/webbin/book/lookupid?key=olbp39268.
23. ADORNO, Theodor. *Educação após Auchwitz*. Há várias traduções, e uma delas, de Wolfgang Leo Maar, pode ser lida na internet, em: http://adorno.planetaclix.pt/tadorno10.htm (consultado em 27/10/2013).
24. FOUCAULT, Michel. *História da sexualidade*. Trad. Maria Thereza Albuquerque e J. A. Guilhon Albuquerque. Rio de Janeiro: Graal, 1999, p. 134.
25. SPINOZA, Baruch. *Tratado teológico-político*. São Paulo: Martins Fontes. O texto de Deleuze chamado Spinoza, onde ele afirma isso, está disponível em http://www.webdeleuze.com/php/texte.php?cle=194&groupe=Spinoza&langue=5. Em duas palavras: "E Spinoza diz, no *Tratado teológico-político*, que esse é o laço profundo entre o déspota e o sacerdote: eles têm necessidade da tristeza de seus súditos. Aqui, vocês compreenderão com facilidade que ele não toma 'tristeza' num sentido vago, ele

toma 'tristeza' no sentido rigoroso que soube lhe dar: a tristeza é o afeto considerado como envolvendo a diminuição da potência de agir." Ver também o livro de Deleuze intitulado *Espinoza: Filosofia prática*, traduzido por Daniel Lins e Fabien Lins (São Paulo: Escuta, 2002).

26. BENJAMIN, Walter. "Experiência e pobreza". In *Magia e técnica, arte e política*. Vol. I, Obras Escolhidas. São Paulo: Brasiliense, 1985, p. 114-9.
27. BENJAMIN, Walter. "O narrador." In Op. cit., p. 197-220.
28. Essa dialética é muito mais uma intimidade entre elementos muito opostos. Entre os bárbaros, Benjamin enumera Descartes, Einstein, Paul Klee. São gênios que construíram um império na filosofia, na ciência, nas artes, com muito pouco. Sem olhar para nada, como se estivessem abstraídos do mundo, simplesmente foram adiante. Desiludidos e, ao mesmo tempo, fiéis ao seu tempo, estes homens de gênio deixaram de lado um outro tipo de homem, "o tradicional, solene, nobre, adornado com as oferendas do passado", e dirigiram-se "ao contemporâneo nu, deitado como um recém-nascido nas fraldas sujas de nossa época". Op. cit., p. 116.
29. KAFKA, Franz. *A metamorfose*. Trad. Modesto Carone. São Paulo: Companhia das Letras, p. 7.
30. KAFKA, Franz. *Na colônia penal*. Trad. Modesto Carone. São Paulo: Companhia das Letras.
31. KAFKA, Franz. *O veredicto*. Trad. Modesto Carone. São Paulo: Companhia das Letras.
32. GOLDENBERG, Mirian. *O corpo como capital*. Estudos sobre gênero, sexualidade e moda na cultura brasileira. Rio de Janeiro: Estação das Letras e Cores, 2007.

2. O que estamos fazendo uns com os outros?

33. FREUD, Sigmund. *O inquietante*. In Obras Completas, volume 14. São Paulo: Companhia das Letras, 2010, p. 329.
34. "Notas marginais sobre teoria e práxis". In *Palavras e sinais, modelos críticos 2*. Petrópolis: Vozes, 1995, p. 203.

35. FRANKFURT, Harry. *Sobre falar merda*. Trad. Ricardo Gomes Quintana. Rio de Janeiro: Intrínseca, 2005.
36. GADAMER, Hans Georg. *A atualidade do belo — A arte como jogo, símbolo e festa* (São Paulo: Tempo Brasileiro, 2009). Gadamer, referindo-se às teorias do símbolo, conta sobre a "*Tessera hospitalis*", a pequena tábua partida ao meio cuja metade o anfitrião dava ao seu hóspede e que poderia ser usada por outro visitante, familiar daquele que recebera a *tessera*, para ser reconhecido anos depois, quando as tabuinhas pudessem ser novamente unidas.
37. Tomei emprestada a noção de inadequação que encontrei na autobiografia literária de Cristovão Tezza publicada sob o título *O espírito da prosa* (Rio de Janeiro: Record, 2012, p. 82).
38. KIERKEGAARD, Soren. *O conceito de angústia*. Trad. Álvaro Luiz M. Valls. Petrópolis: Vozes, 2010. A citação completa vale a meditação: "Acha-se num dos contos de Grimm uma narrativa sobre um moço que saiu a aventurar-se pelo mundo para aprender a angustiar-se. Deixemos esse aventureiro seguir o seu caminho, sem nos preocuparmos em saber se encontrou ou não o terrível. Ao invés disso, quero afirmar que essa é uma aventura pela qual todos têm de passar: a de aprender a angustiar-se, para que não venham a perder, nem por jamais terem estado angustiados nem por afundarem na angústia; por isso, aquele que aprender a angustiar-se corretamente aprendeu o que há de mais elevado (p. 163).
39. Ver Christoph Türcke. *Sociedade excitada*. Campinas-SP: Ed. Unicamp, 2010.
40. LACROIX, Michel. *O culto da emoção*. Trad. Vera Ribeiro. Rio de Janeiro: José Olympio, 2006.
41. BORDIEU, Pierre. *A distinção, crítica social do julgamento*. São Paulo: Edusp; Porto Alegre: Zouk, 2008.
42. NIETZSCHE, F. *Genealogia da moral*. Trad. Paulo César de Souza. São Paulo: Companhia das Letras, 1998.

43. Ver Baruch, Spinoza, *Tratado teológico-político*. Trad. Diogo Aurélio. São Paulo: Martins Fontes, 2003; *Tratado político*. Trad. Diogo Aurélio. São Paulo: Martins Fontes, 2009. O livro *Multidão — Guerra e democracia na era do Império*, de Antonio Negri e Michael Hardt (Trad. Clóvis Marques. Rio de Janeiro: Record, 2005), também é um grande trabalho sobre o tema.
44. CANETTI, Elias. *O poder e as massas*. São Paulo: Companhia das Letras, 1995. Massa é, para o autor, o "acontecimento" capaz de reunir em torno de si um grupo imenso de pessoas na forma de uma descarga em que todas as diferenças desaparecem em nome do igual (p. 16).
45. BENJAMIN, Walter. *Rua de mão única*. In Obras Escolhidas, Vol. II. São Paulo: Brasiliense, 1987

3. Como viver junto?

46. BARTHES, Roland. *Como viver junto*. São Paulo: Martins Fontes, 2002.
47. HELLER, Agnes. *O cotidiano e a história*. Trad. Carlos Coutinho e Leandro Konder. Rio de Janeiro: Paz e Terra, 2008.
48. MELVILLE, Herman. *Moby Dick, ou A baleia*. Trad. Irene Hirsch e Alexandre Barbosa de Souza. São Paulo: Cosac Naify, 2008.
49. CERTEAU, Michel de. *A invenção do cotidiano. 1. Artes de Fazer*. 19. ed. Petrópolis: Vozes, 2012, p. 61.
50. CERTEAU, Michel de. Op. cit., p. 62.
51. Desenvolvi esta ideia em meu *Filosofia em comum. Para ler-junto*. Rio de Janeiro: Record, 2010.
52. BARTHES, Roland. *Mitologias*, p. 7
53. O termo fisioteologia é encontrado na obra *Sociedade excitada*, de Christoph Türcke. Campinas-SP: Ed. Unicamp, 2010.
54. O poema "Cidadezinha Qualquer", de Drummond: "Casas entre bananeiras/ mulheres entre laranjeiras/ pomar amor cantar./

Um homem vai devagar./ Um cachorro vai devagar./ Um burro vai devagar./ Devagar... as janelas olham./ Eta vida besta, meu Deus." De *Alguma poesia* (1930).

55. O livro de Mikhail Bakhtin, *A cultura popular na Idade Média e no Renascimento — o contexto de François Rabelais* (São Paulo: Hucitec, 2010), é um excelente estudo sobre a oposição entre alto e baixo que se inaugura com a oposição entre tragédia e comédia. O lugar do corpo como o próprio "baixo", na obra de Rabelais, é particularmente elucidativo.
56. NANCY, Jean-Luc. *L'Impératif catégorique*. Paris: Flammarion, 1983.
57. AGAMBEN, Giorgio. *Homo sacer*. Belo Horizonte: Ed. UFMG, 2002.
58. BENJAMIN, Walter. *Para uma crítica da violência*. Há várias traduções do texto para diversas línguas. Uma completa, em espanhol, encontra-se no link http://www.philosophia.cl/biblioteca/Benjamin/violencia.pdf, consultado em 22/10/2013. Em espanhol: *Para una Crítica de la Violencia y Otros Ensayos*. Trad. Roberto Blatt. Madri: Taurus, 2001.
59. Há muitas notícias de jornais, processos criminais relativos a esse tipo de crime. Na internet encontram-se alguns que podem ser acessados facilmente, como, por exemplo, da Universidade Federal de Goiás: http://www.ascom.ufg.br/pages/41124.
60. BARTHES, R. *Mitologias*, p. 58. Barthes fala da ideia de "profundidade" promovida pela publicidade de produtos de limpeza; a mesma ideia de profundidade está no trato da pele das mulheres. O texto de Barthes é bem engraçado, sugiro sua leitura na íntegra.
61. Em meu livro *Olho de vidro — a televisão e o estado de exceção da imagem* (Rio de Janeiro: Record, 2011), trabalhei estes aspectos.
62. ADORNO, Theodor. *Minima Moralia*. São Paulo: Ática, 1992.
63. BARTHES, Roland. *Como viver junto*, p. 25.

64. CARNEIRO, Maria Teresa; Rocha, Emerson. "Do fundo do buraco". *O drama social das empregadas domésticas*. In Souza, Jessé e colaboradores. Belo Horizonte: Ed. UFMG, 2009.
65. BLOCH, Ernst. *O princípio esperança*. Trad. Nélio Schneider. Rio de Janeiro: Ed. Uerj, Contraponto, 2005.

4. Ética e cotidiano virtual

66. NEGROPONTE, Nicholas. *A vida digital*. Trad. Sérgio Tellaroli. São Paulo: Companhia das Letras, 1995.
67. Como fez Claudia Giannetti em seu livro *Estética digital. Sintopia da arte, a ciência e a tecnologia*. Trad. Maria Angélica Melendi. Belo Horizonte: C/Arte, 2006.
68. O conceito de aparelho é desenvolvido na obra de Vilém Flusser, sobretudo em seu *Filosofia da caixa preta*. Rio de Janeiro: Relume Dumará, 2002.
69. O conceito de dispositivo foi desenvolvido por Michel Foucault em vários de seus trabalhos, mas é em uma entrevista de 1977, publicada em *Microfísica do poder* (Rio de Janeiro: Graal, 12. ed., 1996), livro organizado por Roberto Machado, que encontramos uma perfeita definição de dispositivo que será depois usada por Giorgio Agamben no desenvolvimento do conceito em *O que é um dispositivo?*. In *O que é o contemporâneo e outros ensaios*. Chapecó: Argos, 2009.
70. TÜRCKE, Christoph. Op. cit., p. 121-172.
71. Remeto à leitura do meu livro *Olho de vidro — a televisão e o estado de exceção da imagem*. Rio de Janeiro: Record, 2011.
72. DEBORD, Guy. *Sociedade do espetáculo*. Trad. Estela dos Santos Abreu. Rio de Janeiro: Contraponto, 1997.
73. ADORNO, Theodor. *Dialética negativa*. Trad. Marco Antonio Casanova. Rio de Janeiro: Jorge Zahar, 2009, p. 28.
74. FLUSSER, Vilém. *O mundo codificado*. São Paulo: Cosac Naify, 2007, p. 51-65.
75. LE BRETON, David. *Adeus ao corpo. Antropologia e sociedade*. Trad. Marina Appelzehler. Campinas: Papirus, 2003.

76. ACCETO, Torquato. *A dissimulação honesta.* Trad. Edmir Missio. São Paulo: Martins Fontes, 2001.
77. CAILLOIS, Roger. *I Giochi e gli Uomini. La Maschera e la Vertigine.* Bologna: Tascabili Bompiani, 2007.

Posfácio: Sobre o desejo de uma filosofia prática

78. Quando Descartes queria algum tipo de "certeza", referia-se à vontade de escapar da superstição e do mito no sentido de se contrapor à crença religiosa. Neste sentido, a questão de Descartes é a questão dos filósofos de todos os tempos, da antiguidade até hoje: a luta pela verdade que é uma luta contra verdades...
79. Sobre esse tema, ver o curioso livro de Immanuel Kant: "Os sonhos de um visionário explicados pelos sonhos da metafísica." In *Escritos Pré-Críticos.* Trad. Joãozinho Beckemkamp. São Paulo: Ed. UNESP, 2005, p. 142-218.
80. Sobre a "estrutura como", ver o texto de David Gamez "A filosofia como sabedoria profunda e rasa". In *Filosofia contemporânea em ação.* Org. Havi Carel, David Gamez e colaboradores. Trad. Fernando José da Rocha. Porto Alegre: Artmed, 2008, p. 231-242.
81. Um belo estudo sobre a "confissão", na história da filosofia, é o de Carla Damião, intitulado *Sobre o declínio da sinceridade: filosofia e autobiografia de Jean-Jacques Rousseau a Walter Benjamin.* São Paulo: Loyola, 2006.
82. Pensar de modo prático não é idealizar. Pensar de modo prático também não é fazer algo como o pragmatismo nem em sentido vulgar, nem em sentido especializado. A postura pragmatista em filosofia refere-se a um sequestro da prática para o território do útil e do inútil, reducionismos que não nos levam longe. Antes, o uso do termo prático poderia relacionar-se ao "pragmaticismo" tal como o concebeu um filósofo americano, Charles S. Peirce, preocupado em não deixar confundir o amplo espectro da ideia e de seus desdobramentos práticos, ou seja, do entrelaçamento entre o teórico e o prático. Do mesmo modo, me parece que

podemos nos aproximar muito mais da "filosofia do processo", aquela filosofia que em A. N. Whitehead relaciona pensamento filosófico e experiência do mundo. O intuito da própria filosofia em sua história de atingir a experiência humana. De entender a experiência em jogo. Ver, de A. N. Whitehead, o livro *Simbolismo e o seu significado e efeito* (Lisboa: Ed. 70, 1987) e *Process and Reality — An Essay in Cosmology*, de 1927-28, que se encontra disponível para download em http://ge.tt/8MAfl5J/v/0 (consultado em 22/10/2013).

Índice de nomes e temas

aborto 209-11
ação cega 105-6, 204
ação espetacular 155-7
Acceto, Torquato 261
Adorno, Theodor 39, 60-65, 97, 106-7, 160, 168, 175, 195, 216-7, 244
Agamben, Giorgio 201-2
alegria criativa 111
Alemanha 34-5, 61
Alien, o oitavo passageiro 238
alienação 15, 111, 137-143, 151, 171, 287
Allen, Woody 130
alteridade 26-7, 48, 63, 103, 129, 142-3, 221, 252
Alves, Lindemberg 92
anacronismo 189-91
anestesia ética 150-3, 197
angústia 105, 137, 144-6, 192, 197, 232, 299
Anticristo 206
antipolítica 68, 70, 72, 138, 150, 158, 264, 274
antirrelação 48, 116-7, 138
Apple 256
Arendt, Hannah 34-51, 53, 58, 61, 64, 98, 276, 286, *ver também* Eichmann, Adolf
Artaud, Antonin 132, 264
Assange, Julian 276
Assis, Machado de 222

Austin, John Langshaw 41, 42
autocrítica 44-5, 59, 63, 96, 280
autoridade e humilhação 70-1
avatar 128, 139, 160, 241, 251, 259-60, 262

banalidade 104, 148, 153, 173, 187, 194, 196-202, 238, 242, 254, 266-7, 271-3, 277
    do mal 38, 40-4, 46-55, 61-64, 68, 84, 87, 90, 93-4, 104-5, 204-8, 220, 238
banimento e abandono 199-202
Barthes, Roland 11, 19, 63, 185, 195-6, 223, 295.
Bartleby 220
Beauvoir, Simone de 207
Beckett, Samuel 222
Benjamin, Walter 73, 75-78, 81, 177, 202, 233
biopoder 68, 82, 212
biopolítica 18, 69, 266
Blade Runner 238
Bloch, Ernst 229, 233
boate Kiss 92
Borges, Jorge Luis 220
bovarismo 258-9, 261-2
Brasil 48, 57, 66, 87, 90-92, 124, 166, 168, 204, 209, 225, 276, 295
Brecht, Bertolt 89

burguês/burguesia 63, 79, 110, 166, 168, 185, 198, 218-22, 225-8
burrice 16, 53, 57-64, 68, 71, 92, 238

Caillois, Roger 261
Camus, Albert 212
capitalismo 20-1, 39, 46, 53, 88, 90, 96, 101, 104, 107, 109-10, 126-39, 147-8, 153-61, 165-8, 171-83, 193, 211, 215, 219-21, 228, 230, 254, 263, 266, 273, 275
Carneiro, Maria Teresa 225
Certeau, Michel de 194
Cohn, Mariano 163
coisificação da consciência 103, 153, 165, 175, 217, 232
Constituição Federal 92, 221
consumo 19-21, 43, 77, 95-97, 104, 108-9, 134, 137-9, 157-9, 161, 171-2, 175-9, 183, 193, 213, 216-7, 226-7, 254, 257, 275
Corbusier, Le 163
corpo 17-28, 45, 48, 60, 68-9, 72, 74-5, 78-84, 95-7, 106, 120-1, 125, 128, 131, 144, 152-56, 162-5, 168-9, 174-9, 187, 193-4, 202-3, 206, 210-7, 223-4, 229, 232-3, 236-7, 240-50, 255, 257, 260, 262, 264, 266, 268, 290-3, 298
   corpo-alma 20-1, 25, 26, 28, 69, 82-3, 96
   corpo-espírito 25, 156, 290
   culto ao 96-7, 162-3
   e dança 106, 120-1, 300
   e decoração 215
   e linguagem 119-20, 154, 210, 243
   inadequado 162
corrupção 32, 45, 84-93, 104, 134
   e negligência 90-2
cotidiano 12, 17-9, 21-27, 31, 36, 38, 40, 43-4, 49, 74, 84-5, 91, 103-5, 109-13, 116, 122, 125, 134, 139, 155, 158, 161-3, 168, 177, 182, 185, 187-205, 208, 211, 213-9, 222-32, 235-6, 238-9, 242-7, 250, 253-4, 262, 266, 278, 282, 285-6, 296, 299-300
   e ética 185-192, 195-8, 203
   e ficção 222-30
   virtual 27, 235-6, 238, 243-7, 253
crime cotidiano/banal 204-5
cristianismo 97, 161
crítica e filosofia 293-4
culpabilização da vítima 206-8
culto da emoção 155
cultura da corrupção 84, 90, 93
cultura do descompromisso 272-3

Debord, Guy 241
decoração e moradia 214-5, 218
Deleuze 71
democracia 28, 42, 49, 55, 63, 65, 71, 92, 104, 134, 137, 157, 173, 177, 196, 211, 221-2, 228, 235, 247, 258, 266, 276, 277, 297
depressão 71, 73, 199, 156, 170, 172, 197, 212
Descartes 75
desigualdade social 211, 9
dialética 57, 61, 77, 116, 136, 289
Dialética do esclarecimento 60-2, 97, 168, 175
dicionário Houaiss 200
dignidade 32, 79, 110, 202, 220, 226, 247-8
discurso 12, 17, 20, 52-3, 57-8, 61-2, 95, 115-6, 121-2, 125, 127-8, 148, 156, 163, 172, 181, 208-11, 222, 227, 232, 261, 263, 266, 271, 283, 297

ditadura estética 155, 164, 211-5
ditadura militar 66, 276
Drummond de Andrade, Carlos 197
Duprati, Gastón 163

educação 49, 57, 65, 86, 91, 93, 134, 214
Educação após Auschwitz 65
Eichmann, Adolf 34-47, 50-54, 58, 61, 68, 81, 83, 95, 296, *ver também* Arendt, Hannah, *Eichmann em Jerusalém* 34
Einstein, Albert 130
Erfahrung 81, *ver* Benjamin, Walter
Erlebnis 81, *ver* Benjamin, Walter
escravidão estética 164-70
Estados Unidos da América 34, 39, 65
esteticamente correto 161-5, 174, 191, 227.
estranhamento 27, 35, 118, 138, 143-4, 286, 288, 294
estupro 48, 207
esvaziamento da política 176
ethos 186, 189-92
ética
 do cotidiano 18-29, 110-4, 140, 186-9, 192, 195-8, 203, 217, 235-40, 286, 290, 300
 ético-estético 240, 243, 245, 250-1
 ético-poético 11, 16-25, 55, 117, 141-2, 185
 ético-político 18, 57, 72, 94, 142, 158, 250-1
 virtual 28, 235-40
Eu quero apenas 268-9
experiência 11, 13, 16, 19-28, 32-4, 60, 68, 72-84, 88, 95-7, 104, 106, 110-1, 113-4, 117, 119-21, 125, 127, 131, 133, 135, 138-48, 153-7, 161, 166, 176, 179, 182, 188-9, 193, 195-8, 202-4, 212, 216-7, 219-20, 222-4, 228, 230, 232-3, 235-7, 239-43, 245, 247-8, 250-7, 260, 262, 264-5, 278-9, 281, 285, 288, 290-4, 297, 300
 e perda 78, 106, 197
 empobrecimento da 68, 73-4, 76-7, 79-83, 104, 125, 291
 virtual 235, 251

Facebook 128, 160, 259, 268, 270, 272
fama 101, 127-33
 e reconhecimento 101, 127-32, 175
fantasia e realidade 19, 95, 101-2, 151, 252, 268, 281,
fascismo 63-67, 162, 208, 222
favela 49, 86, 91, 201, 209
felicidade
 filosófica 28, 171, 173
 indústria cultural da 170-3, 215
 plastificada 97, 156, 170-3
 publicitária 161, 170-3
feminicídio 205-7
feminismo 48, 66, 94, 206-7, 211-5, 296
Ferrari 169
filosofia e diálogo 12, 17, 20, 23, 27, 31, 58, 63, 69-70, 101, 115, 120-7, 158, 172, 194-5, 204, 210, 228, 230, 232, 264, 281, 285, 287-9, 293
filosofia empirista 21, 32, 74-5
fingimento da vida 211-6, 215-6, 226-7, 261
Flaubert, Gustave 258-9
Flusser, Vilém 244, 248-9
fome 109, 224, 228-32, 274

Foucault, Michel 68, 82, 174, 212-3, 244
Frankfurt, Harry 116
Freud, Sigmund 19, 69, 102, 182

Gadamer, Hans Georg 75
Gainsbourg, Charlote 206
Gaultier, Jules de 258

Hanisch, Carol 94
Hegel, Georg 116, 244, 293
Heidegger, Martin 51-55
Heller, Agnes 192
Heráclito 116
hinduísmo 259
hiperconectividade 150
História da sexualidade 68
Hitler, Adolf 35, 61, 214
Hobbes, Thomas 274
homem do lado, O 163
homem sem qualidades, O 194
homo digitalis 249
Homo sacer 201-3,
honestidade 15, 87-9, 95, 236, 261, 263
Horkheimer, Max 39, 60-1, 97, 160, 168, 175
Hume, David 75
humilhação 33, 49, 56, 68-74, 78, 88, 155-6, 166-8, 175-7, 225-7

identidade 25, 242, 244, 259, 260, 262
ignorância 31, 52, 56-8, 66, 69, 80, 135, 176, 180, 278
igreja 71, 128, 172, 175, 186, 208, 236, 252-6, 269, 273
inação 71-2, 181-3
inadequação do ser 138, 140, 142-7, 152, 162, 166, 180, 223, 290

inclinação e respeito 248
inconclusão 279
indivíduo/individualidade 15, 24, 31-2, 38, 45, 48, 51, 56, 63-5, 68-71, 73-4, 82, 89, 92-3, 98, 111, 128, 134-5, 142, 148-51, 158-9, 166, 171, 174-6, 179-80, 202, 212-3, 218-9, 225, 240, 244, 247, 256, 276, 285, 287
Indústria Cultural 70, 131, 160, 180, 214, 275
   da Felicidade 170-3, 215
   da Saúde 148
   do Medo 275-6
Indústria da Cultura Automobilística 67, 164-70
insubstancialidade 26-7, 33, 98, 100, 141-2, 185
inteligência artificial 238-9, 249
interação virtual 28, 33, 140, 186, 235-8, 240-1, 243-5, 251-3, 257-9, 262, 269
internet 28, 109, 118, 122-3, 128, 135, 139, 178, 235-53, 256-62, 265, 267, 271-2, 274-6
intersubjetividade 69-70, 102, 120, 129, 158-9, 161
irracionalidade 39, 205
islamismo 161

Janus, cabeça de 60
Jobs, Steve 256
judaísmo 35-9, 47-8, 53, 161
julgamento 34-9, 46-7, 51, 54, 165, 294

Kafka, Franz 78-9, 81-94, 211, 225
Kant, Immanuel 54-5, 75, 248
Kierkegaard, Soren 145

lazer 107
Leibniz, Gottfried 281
Lemkin, Raphael 35
liberdade 13, 15, 23, 25, 32, 95, 107-8, 110-11, 136, 138, 145, 159, 177, 182, 186, 238, 245-7, 251, 265, 282, 290, 293, 296-7
   de expressão 23, 136, 265
linguagem 16-7, 20, 41, 42, 50, 63, 70, 73-5, 77-8, 81, 116-7, 119-27, 131, 153-4, 160, 168, 188, 194-5, 210, 225, 227-8, 233, 236, 238, 242-5, 250-3, 263-6, 279-80, 288, 290, 292
   e humilhação 68-78
   e experiência 20, 73-84
LinkedIn 268
Lins, Osman 222
Lispector, Clarice 222
literatura 59, 78-92, 192-3, 197, 212, 222-33, 258-9, 278
literatura de massa 173-180
lugar e convivência 22, 26, 186-7, 191, 221

machismo, 15, 16, 54, 66, 207
Madame Bovary 258-62
mais-do-mesmo 49, 83, 108, 195
manipulação 11, 17, 71, 80, 155, 178-9, 209, 229, 233, 244, 250, 262
Marcuse, Herbert 283
Marx, Karl 107, 249
massificação 76, 135-6, 161, 168, 173-80, 181, 219, 276
medialidade 121, 250-3, 257, 260
meios de comunicação 20, 57-8, 61, 71, 76, 88, 104, 122-, 155, 242, 254-8, 262, 274, 276
meios de produção 182, 199

Melo Neto, João Cabral de 267
Melville, Herman 220
Memórias póstumas de Brás Cubas 222
metamorfose, A 78-9, 224-5
metapensamento 112-3
Minima Moralia 216-7
mito 21, 69, 75, 168, 195-6, 215, 218, 222, 238, 246, 281, 285, 295-8
Mitologias, 195-6 *ver* Barthes, Roland
Moby Dick 192-3
Moebius, faixa de 103
morador de rua 222
moral 12-3, 18, 20, 32, 44, 46, 47, 59-64, 66, 68, 71, 85-90, 95, 147-8, 161-5, 174-5, 177, 181, 203, 205, 226, 238, 271, 278, 284-5, 290, 295
Morte e vida severina 267
mundo codificado, O 248
Musil, Robert 194
MySpace 268

Na colônia penal 80
Nancy, Jean Luc 201
narcisismo 96, 130-2, 160, 272
narrativa 12, 19, 76, 78-9, 131, 204, 222-33
nazismo 34-39, 46-8, 51-3, 61, **65**
   ver também Eichmann, Adolf e Hitler, Adolf
neobovarismo 258-62
New hit 207
Nietzsche 44, 72, 144, 162, 175, 189-91, 283-4, 296

O outro como enigma 101-4, 238
Ódio 44, 63-7, 71-2, 97, 155, 206-8
Origens do totalitarismo 40

Orkut 259, 268, 270
ostentação
   da acumulação 49, 132, 157, 162, 165-70
   e publicidade 157-161

pânico 144-5
Para Roma com amor 130
performativo/performatividade 14, 40-47, 50, 54, 56, 59, 99, 102, 104, 143, 185, 188-9, 205, 236, 250-1, 271, 288, 294, 300
periferia 167-9, 225
personalidade autoritária 63-6, 68, 80, 116
Photoshop 131
Pimentel, Eloá 92
Platão 126, 285
polícia 85, 87, 90, 93, 231, 274
pornografia 131, 134, 208, 214
Portugal 200
práxis 105-6
preconceito 63, 65-7, 100, 116, 194, 282
Princípio esperança, O 229
propaganda 18, 41, 71, 132-3, 169-70, 172-3, 218, 264
prostituição 67, 130-2, 137, 183, 201, 264
pseudoatividade 104-9, 154, 183
psicanálise 37, 140, 143, 171, 180, 229
publicidade 32, 57, 93, 95, 110, 132-7, 138, 144, 180, 253, 273, 275
   e vida cotidiana 132-7

Racionalidade 36, 39, 62-4, 72, 74, 77, 106, 133, 162, 167, 220, 240-1
ralé brasileira, A 225-8
Ramos, Graciliano 223, 228, 230, 232
Razão de Estado 90-4

Realengo 92
reality show 71, 262
rede de relações 243-7, 267
redes sociais 128, 146, 175, 235, 236, 245, 268, 268-272, 275-6
   Facebook 128, 160, 259, 268, 270, 272
   Orkut 259, 268, 270
   Twitter 128, 259, 263-8
   MySpace 268
   LinkedIn 268
   Youtube 51
rede social, A (*The Social Network*) 270
relação, questão da 114-20, 128, 141-2, 165, 187, 248, 250, 264, 275
religião 21, 88, 95, 133, 157, 159, 160, 180, 204, 210, 252, 254-7, 273, 276, 284
   o capitalismo como religião, 19, 109, 158, 160-1, 166, 172, 254-6
República, A 285
Roberto Carlos 268-70
Rocha, Emerson 225
Ronaldo (Fenômeno) 129
Rosa, Guimarães 59
Ruiz, Alice, 152
Russel, Diana 206

Saresin, Eduardo 270
Sartre, Jean-Paul 186
Schiller, Friedrich 229
Schopenhauer, Ernst 22
Segunda Guerra Mundial 35, 66
Senna, Ayrton 168
senso comum 20, 22, 41, 67, 112, 124, 138, 176, 194-5, 197, 209, 252, 275, 292

simulação e dissimulação 241, 260-3, 271
sistema carcerário 85, 89
Snowden, Edward 276
Sobre a utilidade e a desvantagem da História para a vida 189
sociedade 16, 23, 43-5, 48, 57-8, 64-5, 70, 83, 91, 93, 95-6, 101, 104, 107, 110, 112, 128, 131-2, 144-6, 150-1, 154-7, 159, 164-6, 169, 181, 211-2, 214, 219-22, 243-4, 247, 252, 256, 272, 274, 290
   do espetáculo 23, 112, 127-8, 133, 145-6, 154, 160, 162, 223, 240, 252, 272
Sócrates 126
solidão 117, 140, 148-52, 174, 186, 269, 285, 287
Souza, Jessé 225, 228
Spinoza 71, 136, 174, 283, 296
subjetivação/subjetividade 27, 37-8, 41, 69, 73, 76, 82-3, 89, 96-8, 100, 129, 132, 141, 143, 150, 157-9, 161, 173, 174, 176, 179, 181, 225, 237, 239, 245, 249, 252, 255, 267-8, 284
suicídio 212, 258

tecnologia 28, 73, 95, 123-4, 167, 191, 235-6, 242, 248-9, 256, 259, 264, 266, 276
teoria e prática filosófica 280-294
thanatos 182, *ver* Freud, Sigmund
Thoreau, Henry 149
tortura 36, 43, 80, 145-4
totalitarismo publicitário 135-6
Tratado teológico-político 71

turismo 107-8, 263
Twitter 128, 259, 263-8

unheimliche 102, *ver* Freud, Sigmund

vazio
   da ação 104-13, 119, 124, 153, 156, 157, 181
   da emoção 152-7, 290
   da linguagem 119-27, 290
   da subjetividade 181
   das relações 134
   do pensamento 34-9, 50-1, 94, 98, 104-5, 113, 119, 127, 131, 137, 153, 160, 290
ventriloquacidade 20, 50, 95, 285, 295, 297
veredicto, O 90
vergonha 143, 145-7, 193, 211, 215, 280
vida
   danificada 216-7
   e discurso 208-11
   virtual 33, 240-3
Vidas secas 222-30
violência 15, 24, 43, 54, 57, 71, 74, 76, 82, 90, 93, 121-2, 136, 140, 148-9, 151, 161, 170, 203, 207, 225-6, 253, 274, 276
Von Trier, Lars 206-7
Von Trotta, Margareth 34, 51

Wittgenstein, Ludwig 194, 283

Youtube 51

Zuckerberg, Mark 270

Este livro foi composto na tipologia Minion Pro
Regular, em corpo 11,5/15, e impresso em
papel off-white no Sistema Cameron da
Divisão Gráfica da Distribuidora Record.